비즈니스
모델로 본
영국
사회적기업

Social Enterprise UK
Business Model Approach

account

TURNING POINT
inspired by possibility

community links

out of the blue

bikeworks

hct group

CO-OPERATIVE & COMMUNITY FINANCE
the leader for social purpose

THE YOUNG FOUNDATION

CHARITY BANK

UnLtd

Oomph!

한 신 대 학 교
사회혁신경영대학원
글로벌 사회적경제
현장 탐방 시리즈 *1*

비즈니스
모델로 본
영국
사회적기업

장종익
오창호
황세원 외 지음

alma

머리말

이 책은 한신대학교 사회혁신경영대학원의 교수와 학생 들이 2015년 2월 8일부터 16일까지 영국의 사회적기업을 기획 방문하여 심층 조사한 결과물이다. 서울시 강북구 수유동에 소재한 한신대학교 사회혁신경영대학원은 우리 사회의 공공성과 연대성의 가치를 높일 수 있는 사회 구성의 원리를 연구하고 교육하는 활동을 통해 사회혁신에 기여하는 것을 목적으로 하여 2014년에 출범했고 사회적경제 석사과정을 시작했다. 사회혁신경영대학원은 주로 협동조합과 사회적기업에 관한 경제학·경영학·사회학·정치학·철학 등 다학제적 접근을 통해 사회적으로도 환영받고 경제적으로도 지속가능한 조직의 형성 및 발전 원리를 연구하고 배우는 장을 마련한다. 또한 이론 공부뿐 아니라 국내외 현장 탐방을 통해 보고 배우고 공감하고 교류하는 능력을 키우고자 매년 3회 국내 현장 탐방, 1회 해외 탐방을 실시하고 있다.

2015년 2월 첫 번째 글로벌 사회적경제 현장 탐방지로 영국을 선정했다. 영국은 협동조합과 사회적기업이 가장 먼저 발달한 국가 중 하나로, 사회적기업이 시민사회 영역과 정부 영역에서 가장 풍부하게 발전하고 있는 나라다. 사회혁신경영대학원은 글로벌 현장 탐방을 기획하면서 세 가지 목표를 설정했다.

첫째, 사회혁신경영대학원에서 습득한 사례 분석 능력을 활용하여 영국의 사회적기업과 협동조합 사례를 문헌과 현장 방문을 통해 조사하고 분석하여 발표하는 기회를 갖고자 했다. 학생들에게 일종의 학습 훈련의 기회를 제공하려 한 것이다. 둘째, 풍부한 사회적기업의 경험을 보유하고 있는 영국의 예를 후학들에게 소개하기 위해 사례연구 방법론에 입각하여 사회적기업 사례를 한 권의 책으로 발간하고자 했다. 기왕에 출간된 사회적기업 관련 책이 대부분 사회적기업의 개념과 역사, 정책 등에 치우쳐 있거나 사회적기업가의 혁신적 아이디어 실천을 간단히 소개하는 정도여서, 다양한 사례를 심층적으로 분석한 책은 찾아보기가 어려웠다. 이런 문제의식 아래 사회적 미션과 경제적 지속가능성을 동시에 달성하려는 사회적기업이 실제로 어떻게 출현하고 어떻게 작동하며, 어떠한 환경이 필요한 것인가를 경영학의 '비즈니스 모델'에 입각하여 분석하고자 했다. 더불어 대학교에서 사회적기업을 학생들에게 가르치며 마땅한 교재를 찾기 어려웠던 평소의 애로사항을 이 책을 통해 다소나마 해결하고자 했다.

이러한 목표를 설정하고 나니 기획 탐방의 일이 매우 많아졌다. 지역재생형·지역공동체 증진형, 사회서비스 제공형, 노동통합형, 사회혁신형, 사회적 금융 및 중간지원조직 등 다양한 유형을 드러내줄 수 있는 사례를 선정하여 인터넷 등을 통해 방문지에 관한 정보를 수집하고 분석하여 제공하는 일을 연수단에 참여하는 교수와 학생 들이 각자 분담하여 방문하기 2개월 전부터 준비했다. 또 인터넷 등에서 확인할 수 있는 궁금증을 해결하고자 방문하기 전에 미리 질문지를 이메일로 송부하여 이번 방문이 기획 조사 방문임을 분명히 했다. 이러한 사전 노력 덕분에 실제로 방문했을 때 심층적인 토론이 가능했고, 추가 정보를 파악할 수 있었으며, 최종 결과물로 이렇게 책까지 나오게 되었다.

물론 이번 탐방이 궁극적으로 책 발간에만 목적이 있었던 것은 아니다. 대부분 사회적경제 현장에서 활동하고 있는 대학원생들이 이번 기회에 영국의 사회적경제 리더들을 만나서 그들의 기쁨과 희망 그리고 고뇌를 같이 나누고 서로 교류할 수 있는 계기를 마련하려는 또 하나의 중요한 목표가 있었다. 이러한 목표 설정으로 런던에 위치한 사회적기업인 어카운트쓰리와 글래스고대학교 유누스센터, 스털링대학교 등과는 지속적으로 교류의 기반을 마련했다. 특히 어카운트쓰리와 한신대학교는 교류 협정을 체결하고 2015년 여름에 15명의 학생들의 런던 사회적기업 인턴십을 4주 동안 진행했다.

이 책이 나오기까지 적지 않은 분들이 도움을 주었다. 우선 지난 5월 28일 서울시청 시민청에서 이 사례 내용을 심포지엄 형태로 발표할 때 토론자로 나와 소중한 토론을 해준 사회투자지원재단 신명호 소장님, 호서대학교 사회복지학과 양용희 교수님, 가톨릭대학교 경영학부 라준영 교수님, SESNET 정선희 대표님에게 감사드린다. 이분들의 토론과 조언으로 원고의 내용이 향상되었다. 그리고 아이쿱생협과 우리은행은 이번 기획 탐방을 재정적으로 지원해주었다. 이 지원이 없었다면 이렇게 적지 않은 시간을 내기가 불가능했을 것이다. 또한 런던에서 통역과 사회적기업 방문지 접촉, 그리고 영국 사회적기업 제도와 정책에 관한 원고 집필까지 맡아준 사회적기업 스프레드아이SPREAD-i의 김정원 박사님과 임소정 씨에게도 감사드린다. 이 두 분이 아니었으면 이처럼 다양한 유형의 사회적기업을 선정하기 어려웠을 것이다. 그럼에도 당초 계획했던 노동통합형 사회적기업을 결국 방문하지 못한 것은 아쉬움으로 남는다. 마지막으로 커뮤니티링크스의 CEO 제럴딘 블레이크를 비롯한 우리가 만난 30여 명이 넘는 영국의 사회적경제 실천가들의 환대와 열정, 깊이 있는 답변과 토론 등이 없었으면 이 책은 나오기 어려웠을 것이다. 이 모든 분들에게 감사드린다.

2015년 10월

집필자를 대신하여 장종익

차례

community  links

bikeworks

out the blue

CO-OPERATIVE &
COMMUNITY FINANCE
the lender for social purpose

Y THE
YOUNG
FOUNDATION

CHARITY
BANK

1부

사회통합과
사회혁신에
기여하는
사회적기업

1장 해크니커뮤니티운수

지역공동체의 핏줄이 되는 사회적기업

이동수단이 없다는 것은 어떤 의미일까? 직장이나 상점, 학교와 병원에 가고 싶어도 이용할 교통수단이 없다면 어떤 일이 일어날까? 시간이 더 걸리고 불편하다는 게 문제가 아니다. 그 차원을 넘어서서, 취업이 어려워지고 교육을 받지 못하며 질병이 악화된다. 사회적인 교류의 기회도 줄어들고 각종 복지와 행정 서비스에 대한 활용도도 낮아진다. 그 결과 삶의 질이 전반적으로 떨어지게 된다.

이처럼 버스와 같은 운송 서비스는 삶의 질을 유지, 향상시켜주는 매우 중요한 수단이다. 하나의 지역공동체와 행정 체계가 제대로 작동하려면 꼭 갖춰야 할 기본 인프라라고 할 수 있다.

이 때문에 전통적으로 영국에서는 지역 내 각종 이동수단이 공공서비스 차원에서 제공됐다. 그러나 1980년대 대처주의 아래에서 대대적인 공공 지출 삭감, 공기업 민영화가 이뤄졌고, 그 여파로 수익성이 낮은 운송 서비스가 하나둘 사라졌다. 말 그대로 '돈 안 되는' 지역에는 버스도 다니지 않게 된 것이다.

버스가 없어짐으로써 삶의 질이 급전직하한 사람들이 나타나자 다시 시민단체, 지역공동체가 만든 운송 서비스가 생겨나기 시작했다. 해크니커뮤니티운수(Hackney Community Transport, 이하 HCT)도 그렇게 설립된 회사 중 하나다. 런던에서도 경제적으로 가장 낙후된 곳 중 하나인 '해크니' 지역에서 교통 약자를 실어 나르기 위해 미니버스 2대와 직원 2명으로 설립된 HCT는 그러나 거기서 머물지 않고 영국 사회적기업 Social Enterprise 역사에 기록될 도전기를 써나갔다.

2014년 말 기준 운영 차량 대수 500여 대, 종업원 930명, 연간 총 수입 4372만 파운드(약 740억 원)[1]의 기업으로 성장한 것이다. 런던의 상업 운송회사들 사이에서도 중견 이상으로 평가될 만한 규모다.

단순히 규모가 커지고 돈을 많이 벌었다는 게 핵심은 아니다. '사회적기업'의 정체성에 맞도록 철저하게 교통 약자와 공동체를 위한 미션을 지향하고 이를 위해 수익 전액을 사용하면서도 이와 같은 성장을 이뤄냈다는 것이 중요하다. 사회적기업이 그 사회적 영향력 Social Impact을 키우려면 과감한 도전과 혁신이 필요하며, 영리기업에 뒤지지 않는 경쟁력과 경영 전략이 필요하다는 것을 HCT는 보여주고 있다.

---

1 원화 계산은 2015년 2월 파운드화 환율을 기준으로 삼았다(1파운드=1,700원). 이하 이 책에 나오는 원화 환산은 모두 이 기준에 따른다.

▼▼▼ 연간 4300만 파운드 매출 올리는 중견 기업 ▼▼▼

HCT는 앞에서 언급했듯이 런던 해크니 지역에 거점을 둔 커뮤니티 운송 서비스 제공을 위한 사회적기업 그룹HCT Group이다. 1982년, 소규모 지역 시민단체NGO의 성격으로 설립됐지만 30여 년이 지난 지금은 지역을 대표하는 종합 운송 서비스 회사로서 위상을 확고히 하고 있다.

HCT의 주 사업 영역은 커뮤니티 운송Community Transport, 공공 부문 계약 운송Public Sector Contracts, 그리고 교육훈련 사업의 세 부문으로 구성되어 있다.

이 중 커뮤니티 운송은 취약계층을 위한 사회적 목적의 운송 서비스다. 건강 또는 금전 문제로 대중교통을 이용하지 못하던 사람들이 직장이나 교육기관, 병원, 복지시설에 접근할 수 있도록 맞춤형 버스 노선을 운영하는 것이다. 주로 런던 이슬링턴Islington과 브리스톨Bristol에서 운영된다.

지역 내의 NGO들이 활동을 효율적으로 할 수 있도록 저렴한 가격으로 버스를 제공하는 단체 운송Group Transport 서비스도 여기 포함된다. 고령자, 장애인 등 개인을 병원이나 복지기관에서 집까지 태워다 주는 도어투도어door-to-door 운송 서비스 '유어카YourCar'도 있다.

HCT의 두 번째 사업 영역은 '공공 부문 계약 운송'이다. 자치정부가 운영하고자 하는 버스 노선을 위탁받아 운영하는 것이다. 이 중 주목해야 할 것은 '시티플러스CT plus'라는 브랜드의 런던 시내버스다. 런던 시내버스는 관광객들의 사랑을 받는 빨간 이층버스인데, 런던 시와 계약한 14개 민영기업체 중 하나로 HCT가 10개 노선(런던 전체는 700개 노선)을

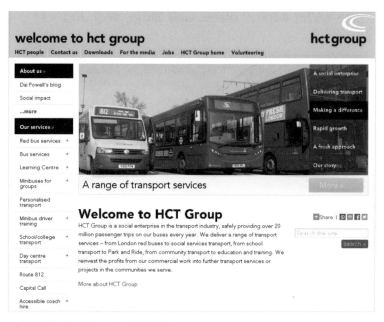

▶ 사회적기업 그룹 HCT Group의 홈페이지.

운영하고 있다. 이 계약은 경쟁 입찰로 따내는 것이어서 영리기업에 뒤지지 않는 경쟁력이 있어야 한다. 선정된 기업은 5년간 운영권을 가지며 런던 시로부터 기본 보조금과 버스비 일부를 지급받는다.

HCT는 런던 외에 건지Guernsey, 저지Jersey 지역의 노선버스도 운영하고 있다. 또 특수교육학교의 통학버스, 도어투도어 서비스, 돌봄day care 센터 방문 지원 운송 서비스, 환승주차장과 시내를 연결하는 버스 Park & Ride 등의 서비스도 자치정부와 계약 아래 운영하고 있다.

세 번째 사업 영역은 교육 서비스다. HCT그룹은 운송 서비스 이외에 실업자가 직장을 얻을 수 있도록 하는 자격 취득과 업무 역량 교육 사업을 해오고 있다. 초기에는 버스 운전 등 운송업에 관련된 교육훈련,

표1_1 HCT그룹 2013/2014 회계연도 수입 구성

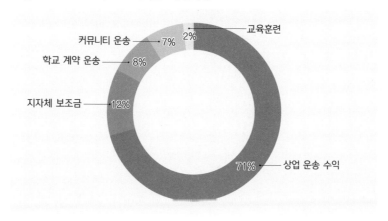

일자리 제공 프로그램만 운영했지만 지역사회의 수요에 맞춰 분야를 넓혀왔다. 현재는 돌봄, 패션, 광고 등 매우 넓은 범위의 직업교육 프로그램을 운영하고 있다.

위의 세 사업 분야로부터 나오는 매출은 2013/2014 회계연도 기준 연간 총 4372만 파운드(약 740억 원)이며, 이 중 71%는 상업 영역(공공버스 위탁 운영 요금 수입)에서 발생한다. 12%는 지방자치단체 보조금에서, 8%는 학교 계약 운송에서, 7%는 커뮤니티 운송에서, 그리고 2%는 교육훈련에서 창출된다.

▼▼▼ 미니버스 2대, 직원 2명의 시민단체로 시작 ▼▼▼

HCT가 처음으로 해크니 지역에서 운송 서비스를 시작한 것은 지금으로부터 30여 년 전인 1982년이다. HCT가 걸어온 길은 다음의 세 단

계로 요약할 수 있다.

첫 번째는 '지역 운송 분야 NGO 단계'(1982~1993)다. 지역 시민단체 30여 개가 힘을 모아 설립한 HCT는 미니버스 2대와 직원 2명, 운송 터미널이라고 할 만한 작은 공간을 기반으로 서비스를 시작했다. 이듬해인 1983년 법인을 설립했지만 비영리Non-Profit 조직에 가까웠다. 1993년까지 10년 동안 런던 시에서 운영비를 전액 지원받았기 때문이다.

두 번째는 '비즈니스 모델 확대와 사회적기업 전환'(1993~2001) 단계다. 이때 HCT는 중대한 위기를 맞는다. 런던 시로부터 "지역 커뮤니티 운송 서비스 보조금을 점차 줄여나가다가 지급을 완전히 중단할 것"이라는 통보를 받은 것이다. 지역 내 교통 약자들의 버스 수요는 여전히 존재했기 때문에 HCT는 사업을 계속하기 위한 돌파구를 찾았다. 당시 CEO로 취임했던 다이 파웰Dai Powell은 이런 생각을 떠올렸다.

> 만일 정부에서 받던 수입을 상업적 운송 계약을 통해 벌면 어떨까? 그리고 그 수익을 장기 실업자를 운전사로 교육시키는 것과 같은 사회적 가치 활동에 투자하면 어떨까?

NGO 성격에서 벗어나 사회적기업으로 변신을 꾀한 것이다. 그중에서도 영리 사업을 별도로 운영하고 그 수입을 사회적 미션에 부합하는 활동 유지에 사용하는Commercial Pays for Social 모델을 택했다고 할 수 있다.

그 첫 번째 시도가 1993년 상업 운송 시장 진출이었다. 그 과정은 순탄치 않았다. 지방자체단체 보조금에만 의지하던 운영 방식을 벗어던지고 사업계획서를 써 내고 계약을 따내는 일은 만만치 않았다. 당시

6명의 직원으로 뛰어들었으나 입찰에는 떨어지고 직원들만 자꾸 이탈하는 상황이 이어졌다. 그렇게 숱한 실패와 토론, 재도전이 이어진 끝에 드디어 첫 계약을 따낼 수 있었다. 그 계약은 6대의 미니버스로 환자를 병원에서 집으로 태워다주는 서비스였다. 이를 통해 HCT는 그해 20만 파운드(약 3억 4000만 원)의 매출을 올렸다. 이후 취약계층 운송 분야 직업훈련 사업(1995), 수요자 맞춤형 운송 서비스Community-led Service(1997) 등 새로운 사업 모델을 개발하면서 시장을 점차 넓혀갔다.

HCT에 또 하나의 커다란 전기는 런던 시내버스 노선에 진출하던 순간이다. 사회적기업에 대한 어떤 가산점도 특혜도 없는 경쟁 시장에서 영리기업들을 제치고 운영권을 따낼 수 있었던 것은 그동안 운송 서비스 품질과 원가경쟁력, 사회적 신뢰 등 경쟁력을 갖추기 위해 노력해온 결과였다. 이 시기를 거치면서 HCT는 상업적 수익 기반을 튼튼하게 갖춘 사회적기업으로 거듭날 수 있었다. 경제적 지속성을 확보한 동시에 사회적 가치 실현 차원에서도 지역에 더 많은 투자와 기여를 할 수 있게 됐다.

HCT 역사의 세 번째 단계는 '사회적기업 그룹으로 본격적인 성장 추진'(2001~현재) 과정이라고 할 수 있다. 사업 모델 개발과 사업 영역 개척에서 숱한 성공과 실패를 맛보며 HCT가 얻은 교훈은 "사회적 가치에만 매달리기보다는 운송 서비스 회사로서 경쟁력, 즉 가장 효과적이고 효율적인 서비스를 제공할 수 있어야 살아남을 수 있다"는 것이었다. 모든 사회적기업이 성장하고 규모를 키워야 하는 것은 아니지만 운수업의 경우는 '규모의 경제'가 경쟁력 확보에 매우 중요하다. 터미널 설치와 운영, 버스 구입과 유지, 운전과 정비 인력 확보 등 고정 비용이 많이 들기 때문이다.

HCT는 역량 강화를 위해 노선 추가, 사업 지역 확대, 타 커뮤니티 운송 서비스와 합병 등을 통해 규모의 경제를 지속적으로 추구했다. 2004~2007년 사이에 3개 버스 노선을 새로 맡았고, 두 번째 터미널을 개설했으며, 웨스트요크셔West Yorkshire까지 사업 지역을 확대했다. 2008에는 주변의 커뮤니티 운송 서비스 제공 기업인 ICT, LaSCoT, LAT 등과 합병해 'HCT그룹'을 구성했다. 2011년에는 브리스톨 지역의 '브리스톨커뮤니티운수Bristol Community Transport'를 합병해 규모를 더욱 키웠다.

흥미로운 사실은 이러한 합병이 HCT 주도가 아니라 각 지역기업들이 먼저 제안해 와서 이뤄졌다는 것이다. 보조금에 의존하는 NGO 상태로는 미래가 불확실하다고 생각한 기업들이 HCT와 같은 구조로 변모해야 한다는 판단 아래 제안한 것이다.

그 결과 HCT그룹은 산하에 8개의 자회사와 2개의 합작회사를 거느린 지주회사Holding company 성격을 띠게 됐다. 모든 기업의 소유주인 그룹 본체는 법적 성격이 비영리기관이면서, 사회적 목적을 위해 모든 자산을 묶어둔 등록자선단체Registered charity인 동시에 유한책임보증회사Company limited by guarantee[2]이기도 하다. HCT그룹 소속 자회사와 합자회사의 법적인 형태와 구조는 표1_2와 같다.

HCT그룹에 소속된 자회사와 합작회사가 이처럼 복잡한 형태와 구

---

2 유한책임보증회사란 공유된 자본과 주식이 없어 주주를 갖지 않는 대신, 회사의 법적 보증인으로 회원을 갖는 회사 형태다. 회원은 주주가 아니므로 회사 소유권이 없으며 수익에 따른 배당금도 받을 수 없다. 그 대신 경영진의 채무 책임은 정해진 보증 금액(보통 1파운드)으로 제한된다.

표1_2 HCT 그룹 소속 자회사와 합자회사 구조

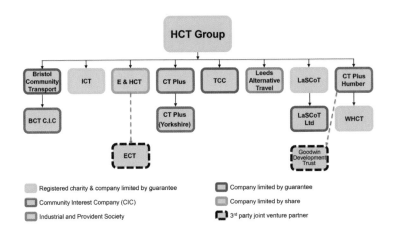

조를 갖게 된 것은 이들이 서로 다른 배경에서 설립되었고 법적 형태와 운영 지역도 다르기 때문이다. 그룹 내 소속 자회사 유형은 성격과 설립 배경에 따라 다음 네 가지로 분류된다.

첫 번째는 '타 조직 흡수 합병'형태다. 특정 지역 커뮤니티의 수요에 부응하기 위해 그 지역의 운송기업을 합병한 경우다. 런던 남부의 'LaS-CoT', 이슬링턴 지역의 'ICT', 리즈Leeds 지역의 'LAT', 브리스톨 지역의 'BCT'가 여기에 속한다. 두 번째 유형은 '상업 목적의 자회사Trading subsidiaries'다. 런던 이층버스 운영사인 시티플러스, 요크셔와 건지, 저지 지역의 시티플러스가 이에 해당한다. 세 번째 유형은 특별한 목적의 프로젝트나 특정 지역 대상 사업을 위해 파트너십과 합작으로 설립한 '조인트 벤처Joint Ventures'다. 이 밖에 이전에는 커뮤니티 운송 서비스가 없던 지역에 새롭게 운송회사를 만드는 '신규 설립' 유형도 있다.

이 자회사들은 법적인 설립 유형도 다양하다. 등록자선단체와 유한

책임보증회사가 있는가 하면 시티플러스와 같은 지역공동체이익회사Community Interest Company, CIC, 산업공제조합Industrial and Provident Society, 유한회사, 합작회사 등도 있다. 각 기업의 사업 내용과 수익 배분, 지역 특성 등에 따라 다양한 경영 전략을 활용하고 있는 것이다.

▼▼▼ "수익을 많이 내야 사회적 가치 더 실현" ▼▼▼

1993년부터 대표직을 맡고 있는 다이 파웰은 지금까지의 혁신과 성장을 이끈 인물이다. 그는 자원봉사 버스 세차요원으로 HCT와 인연을 맺었다. 당시 직업은 어부였다고 한다.

그가 특별히 강조해온 것은 사회적 목적을 위해서는 이익을 창출해야 한다는 것이다.

"기업으로서 존재하는 것이 먼저다. 왜냐하면 이익을 내지 못하면 사회적 사명도 달성할 수 없기 때문이다"라는 것이 그의 신념이다. 비즈니스를 통해 수익을 더 많이 내야 사회적 가치를 더 많이 실현 가능하며, 또 성장을 해야 더 훌륭한 인재들이 모여들어 사회적 가치가 높은 일을 더 많이 할 수 있다는 것이다. 또한 규모를 갖추고 이익을 창출하는 사회적기업에는 더 많은 이해관계자와 파트너와 협력 기회가 주어진다고 강조한다. 최근 증가하고 있는 사회책임투자 등 외부 투자자들도 HCT그룹처럼 상대적으로 규모가 큰 회사를 선호하기 때문에 HCT 역시 투자받을 기회가 많아졌다고 한다.

파웰 대표는 HCT를 지금의 규모로 키우고 이를 통해 지역 커뮤니티

▶ 한신대학교 연수단과 인터뷰하는 다이 파웰.

운송 서비스를 제공한 사회적기업 리더로서 인정받아 '올해의 사회적 기업 리더 상Social Enterprise Leader of the Year at the SEUK awards'을 수상하기도 했다.

HCT그룹은 조직 비전으로 "사회 구성원 모두를 위한 사회정의와 평등"을 내세우면서, 이를 실천하기 위한 사회적 사명으로 "운송과 교육 훈련을 통해 사람들의 삶을 향상시키고, 기회를 제공하며, 사람과 지역 공동체가 하나가 되도록 하는 것To enhance people's lives, provide opportunities and bring people and communities together through transport and training"을 제시한다.

이를 위한 사업의 구체적 목표는 두 가지다. 첫째는 연령, 질병, 장애와 경제적 이유로 인해, 또는 적절하고 안전한 공공 교통수단의 부재로 인해 운송 서비스를 필요로 하는 사람들을 위한 지역 운송 서비스 제공이다. 둘째는 교육훈련 프로그램의 제공을 통한 실업 문제 완화다.

그에 따른 HCT의 고객과 수혜자는 다음 두 그룹으로 나눌 수 있다. 첫째는 상업 운송 분야의 일반 고객이다. HCT가 위탁받아 운영하고 있는 지역 내 상업 운송수단을 이용하는 주민이다. 이들에게 HCT가 제공하는 가치는 '저렴하고 안전한 운송 서비스 제공'이다.

둘째 그룹은 지역의 사회적 약자와 교통 사각지대 주민이다. 이들은 사회적 가치의 수혜자라고도 할 수 있다. 이들은 선택할 수 있는 운송 서비스가 아예 없는 경우가 대부분이기 때문에 HCT를 통해 얻는 사회적 가치는 일반 고객보다 훨씬 크다. 이동의 자유를 얻음으로써 직장 생활, 사회적 교류, 상업 활동, 교육, 복지 서비스 이용 등이 가능해지기 때문이다.

이 중에서 HCT가 사회적 가치 실현에 더 중점을 두고 있다는 것은 운송 서비스 지역을 확대하는 경로를 보면 알 수 있다. 수익성보다는 커뮤니티 운송이 정말 필요한 지역 중심으로 서비스를 넓혀가고 있는 것이다. 그 결과 HCT그룹은 영국 전역에서 가장 빈곤한 15개 지역 중 6개 지역에 버스 서비스를 제공하고 있다.

▼▼▼ 낮은 원가, 관계, 우수 인력의 '경쟁력' ▼▼▼

HCT그룹은 혁신, 서비스 품질과 가격경쟁력 확보를 통해 사회적 신뢰를 구축함으로써 치열한 시장 경쟁 속에서도 지난 20여 년간 빠르고 꾸준하게 성장해올 수 있었다. HCT그룹의 커뮤니케이션 디렉터인 프랭크 빌레네브 스미스Frank Villeneuve-Smith는 "끊임없는 혁신으로 새로운 기회를 찾아내고 그에 적합한 비즈니스 모델을 개발하면서 진화해온 것"을 성장의 원동력으로 꼽았다.

성장의 배경에는 남다른 경쟁력이 있다. 첫째는 '원가경쟁력'이다. 이는 HCT가 일반 주식회사가 아니라는 데서 기인한다. 그룹 지주회사가 유한책임보증회사이자 등록자선단체이고, 자회사 중 가장 규모가 큰 시티플러스가 지역공동체이익회사CIC이기 때문에 '주주를 위한 수익 추구'에서 자유로울 수 있는 것이다. 그 때문에 원가 부담을 낮추고 가격경쟁력을 갖출 수 있었다.

두 번째는 '지역 커뮤니티와 밀접한 관계'다. 애초에 해크니 지역 30개 시민단체의 힘으로 설립됐고 지역 내 주요 기관, 학교, 단체와 긴밀한 협력 관계 속에서 사업을 전개해왔기 때문에 "HCT는 우리 지역에 꼭 필요한 기업"이라는 신뢰를 얻을 수 있었다.

세 번째는 '우수한 인력 확보'다. 사회적 가치를 추구하면서도 안정적으로 운영되는 대표적 사회적경제Social Economy 기업으로 주목받으면서 우수 인력을 확보하기가 수월해졌다. 파월 대표는 "갈수록 월급뿐 아니라 사회적으로 가치 있는 일을 하는지에 기준을 두는 젊은이가 많아지는 추세"라면서 "유능한 인재들이 제 발로 찾아온다"는 것을 사회적기업 운영의 장점으로 꼽았다. 5년 전 온 스미스 디렉터도 그전까지는 유명 다국적기업에서 일하던 브랜드 마케팅 전문가였다고 한다.

HCT 사업 성공의 핵심 요소는 상업 운송 서비스를 위탁하는 지방자치단체, 그리고 이를 이용하는 일반 고객, 지역 내 커뮤니티 운송을 필요로 하는 단체, 학교, 병원 등의 기관이나 개인과의 파트너십이라고 할 수 있다. 큰 범위에서 볼 때 HCT가 속한 비즈니스 생태계에는 이 모든 파트너십이 들어 있다. 이런 관계들은 터미널과 버스 등 수송수단, 운영 인력들과 함께 HCT의 핵심 자원을 구성한다.

고객과 접촉하는 핵심 경로Channel는 각 지역의 버스터미널, 그리고 버스 그 자체다. 버스 승객이 주된 고객이자 서비스 수혜자이기 때문이다. 고객과의 커뮤니케이션 경로로는 웹사이트(www.hctgroup.org)와 콜센터가 있다. 웹사이트에서는 HCT의 회사 개요와 각종 서비스 정보가 제공되고 운송 서비스 신청과 문의, 고객 불편 접수 등이 이뤄진다. 커뮤니티 운송 서비스 예약은 웹사이트, 이메일, 전화(콜센터)를 통해 가능하며, 콜센터의 경우 HCT 산하의 자회사인 TCC Transport Co-ordination Centre Hackney에서 담당한다. 장기적인 고객 관계는 직접적으로는 운송 서비스 이용 과정의 경험에 기반을 두며, 단기적으로는 서비스 과정의 소비자 반응과 피드백이라는 구체적인 형태를 통해 이루어진다.

▼▼▼ 경제·사회·환경·다양성이라는 4가지 성과 측정 ▼▼▼

HCT는 〈사회적 영향 보고서Social Impact Report〉로 자신들의 성과와 미션 충족 결과를 매년 제시하고 있다. 경제·사회·환경·다양성의 4가지 영역별로 구체적 성과를 수치화하는 방식이다.

2014년 보고서로 이를 살펴보면, 먼저 경제적 영향력 측면에서는 연 4370만 파운드의 매출을 달성했으며 순이익 중에서 지역사회를 위해

10만 파운드, 외부의 취약계층을 위한 사업에 50만 파운드가 재투자됐다. 연간 고용 규모는 926명으로 전년의 791명에 비해 17% 증가했다. 종업원 중 취약계층의 비율은 46% 수준이다. 전일제 근로 기준으로 2013/2014 회계연도에 HCT가 창출한 고용 인원은 총 135명이다. 또한 외부 협력업체(원자재 소모품 등 공급업체)에 지불된 금액은 720만 파운드에 달하며 그중 16%는 취약계층 관련 기업에 지불되었다.

사회적 영향력 측면에서는 연간 19만 7832명에게 커뮤니티 단체 운송 서비스를 제공했으며 27만 5568명의 취약계층 개인에게 이동 서비스를 제공했다. HCT에 근무하지 않으면서 HCT의 교육 지원 사업의 결과로 자격증을 취득한 사람은 모두 760명이며, 그중에서 HCT 외부에서 일자리를 얻은 사람은 81명에 이른다.

환경적 영향력 측면에서는 커뮤니티 단체 운송에 의해 절약된 개인별 이동수단 절감분은 7만 4187회며, 환경 친화적 운전 습관 교육을 받은 사람이 1,234명이다. 온실가스(이산화탄소) 배출량은 1만 2269톤, 운송 승객 1인당 배출량은 0.620킬로그램으로 지난 회계연도의 0.624킬로그램에 비해 약간 감소했다.

다양성 확보 측면에서는 관리자층의 여성 비율이 전년 31%에서 35%로 개선되었으며, 종업원 층에서도 여성 비율이 22%로 2% 개선되었다. 인종 다양성 측면에서 소수인종 비율은 12% 수준이다(HCT 〈사회적 영향력 보고서〉 http://hctgroup.org/social_impact 참조).

이상과 같은 내용으로 볼 때, HCT는 "운송과 교육훈련을 통해 사람들의 삶을 향상시키고, 기회를 제공하며, 사람과 지역공동체가 하나가 되도록 한다"는 사회적 미션을 잘 실천해가고 있다.

사업의 지속성 면에서 살펴봐도 HCT는 기업으로서 안정적 유지가 가능한 수준의 수익을 창출할 수 있는 사업 구조를 확보한 것으로 보인다. 특히 수입 중 70%가 상업 영역(요금 수입)에서 발생한다는 점이 기업 측면에서 긍정적이며, 초과 이윤 전액이 다시 지역사회를 위해 사용된다는 점이 사회적 미션에 부합한다.

HCT그룹이 추구하고 있는 상업적 사업 모델과 사회적 사업 모델의 관계는 표1_3과 같이 표현된다. 이처럼 HCT는 상업적 비즈니스 모델에서 충분한 경제적 성과를 창출하고 있으며, 이를 통해 사회적 가치 실현을 위한 사회적 비즈니스의 지속가능성 또한 매우 높다고 평가된다.

혁신성의 측면에서도 HCT는 주목할 만하다. 타 지역 커뮤니티 운송 서비스 NGO들이 지역 단위의 소규모 운송 서비스에 머물러 있을 때, HCT는 과감하게 상업적 운송 서비스 분야로 진출했고, 규모의 경제를 통한 사업 운영의 효율성과 경쟁력 확보라는 혁신적 시도를 했다. 그 결과 상업적 운송 서비스로부터 안정된 수익 기반을 확보할 수 있었고, 원래 추구하던 사회적 가치도 더 넓은 지역에서 더 많은 사회적 약자에게 제공할 수 있는 구조를 만들어냈다.

특히 정부 보조금 감축으로 기업이 위기를 맞은 순간에 운송 서비스 산업의 특성상 큰 규모의 고정자산 투자가 필요하다는 점, 기업 규모가 커질수록 인력과 재원 등 자원 확보가 용이해진다는 점을 제대로 짚었으며, 적기에 사업 전환을 이룬 것이 HCT의 탁월한 점이다. 여기에는 "사회적기업의 규모 확대는 사회적 영향력 확대와 연결된다"는 신념도 작용했다.

실제로 성장을 통해 얻어진 HCT그룹의 경험과 노하우, 기업 규모는

표1_3 HCT의 상업적 비즈니스 모델과 사회적 비즈니스 모델의 관계

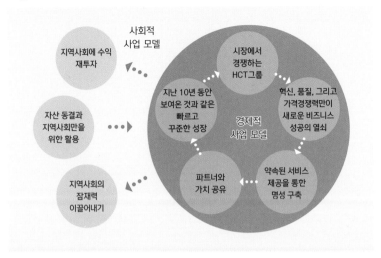

신규 서비스 지역 확장에 매우 유리하게 작용했다. 또한 외부 신규 투자도 쉽게 유치할 수 있어 '신규 투자 확보 → 경쟁력과 효율성 제고 → 기업 규모 확대 → 사회적·경제적 영향력 증대'라는 선순환을 만들어 낼 수 있었다.

사회적기업에서 중요한 또 하나의 측면이 지배구조, 즉 민주적 의사결정 여부다. HCT 그룹은 법적 형태가 다양한 자회사로 이뤄진 복잡한 구조여서 지배구조 문제에 대해 지금까지도 고민이 계속되고 있다고 한다. 지배구조의 큰 줄기는 비영리법인이자 유한책임보증회사인 지주회사가 산하에 수익 사업을 하는 다양한 법인격의 자회사를 거느린 구조다. 만일 파산하거나 매각을 하더라도 발생한 수익이 지역사회로 돌아갈 수 있도록 한 것이 이 구조의 핵심이다. 파웰 대표는 "자산이 개인에게 갈 수 없도록 법적으로 묶어두지 않은 기업은 엄밀히 말해 사

회적기업이라고 할 수 없다"라고 소신을 전하기도 했다.

또한 HCT는 다양한 파트너와 관계 유지가 사업의 핵심인 만큼 다양한 이해관계자가 참여하는 민주적이고 투명한 의사결정와 집행 구조를 확보하려고 노력하고 있다. 기본적으로 11명 이내의 업계 전문가와 회사 구성원 대표, 사용자 대표 들로 구성된 수탁이사회Board of Trustees 가 핵심 의사결정 주체의 역할을 하고 있다. 이사회는 매달 1회 개최되며 이사의 임기는 3년이다.

초기에는 각 지역별 사용자와 이해관계자도 수탁이사회에 다수 참여하는 구조였다고 한다. 회사가 성장해나가면서 경영에 대한 전문성이 더 필요해졌고, 그에 따라 이사회를 전문가들로 구성하는 대신 지역의 이해관계를 대변하기 위해 지역자문위원회Regional Advisory Committees, RACs를 별도로 두게 됐다. 2015년 현재는 웨스트요크셔, 웨스트컨트리 the West Country, 런던 서남부와 북동부 등 4개 지역에서 자문위원회가 운영되고 있다. 서비스 사용자와 수혜자 총 8명으로 구성되며 연 2회 개최된다. 이 위원회는 각 지역의 특성이나 상황에 대한 정보를 정기적으로 제공함으로서 HCT가 지역에 기반을 두고 더 효율적인 운송 서비스를 할 수 있도록 돕는 역할을 한다.

민주적 의사결정과 운영을 뒷받침하는 가장 중요한 요소는 회사 운영에 대한 정보를 외부에 투명하게 공개하는 것이다. HCT는 운영 내용과 성과를 정기적인 영향 보고서를 통해 모든 사람에게 공개하고 있다.

▼▼▼ 탄탄한 수익성, 확실한 미션이 주는 교훈 ▼▼▼

HCT의 사업 모델을 한국에 직접 적용하는 것은 적합하지 않다. 한국은 장애인과 고령자를 위해서는 지방자치단체에서 사회복지 차원의 운송 서비스를 제공하고 있으며, 접근성이 떨어지는 지역의 운송을 위해서는 마을버스가 운영되고 있다. 그 밖에도 대중교통수단이 매우 잘 발달해 있기 때문에 HCT와 같은 사회적기업이 일반적으로 필요하지는 않다.

물론 한국의 경우에도 커뮤니티 운송 서비스 역할을 하는 마을버스를 영리업체에만 맡기지 말고 지역의 비즈니스로 만들자는 시도는 나타날 수 있다. 주민의 필요에 딱 맞는 노선과 운영 방식으로 수익을 내서 이를 지역사회로 돌리는 방식이라면 지역 주민들에게 필요성을 인정받을 수 있다. 그러나 이를 추진하려면 기존 마을버스 사업에 얽힌 복잡한 이해관계 구조를 뚫어야 하기 때문에 쉽사리 추진하기가 어렵고, 그만 한 어려움을 감수할 만큼 수요가 크다고 볼 수도 없다.

그럼에도 HCT그룹의 사례에서 우리가 배울 수 있는 점은 많다. 첫째로 사회적 가치의 추구를 위해서는 탄탄한 경제적 수익 기반의 구축이 필요하다는 점이다. 사업을 지속할 수 있는 경제적 기반 없이는 사회적 가치 추구 자체가 존립을 위협받을 수 있으며, 사회적 가치 실현이 적용되는 범위도 제한될 수밖에 없다. HTC는 30년이 넘는 역사를 통해 이러한 성과를 거두었고 현재 지역 커뮤니티 운송 서비스 분야의 대표적인 사회적기업으로 우뚝 설 수 있었다.

두 번째 시사점은 지역을 대상으로 하는 서비스의 경쟁력은 지역 커

▶ 한신대학교 연수단과 함께한 다이 파웰.

뮤니티와 제대로 결합했을 때 확보될 수 있다는 것이다. 거의 모든 사회적기업이 그렇듯이 지역에 특화된 사회문제에 초점을 맞추고 이를 해결하기 위해 지역 내의 자원과 네트워크를 효과적으로 결합해야만 사회적 미션을 수행할 수 있다. HCT는 30년이 넘는 세월 동안 추구해온 원래의 사회적 가치와 사회적기업가 정신을 놓지 않으면서 지역 커뮤니티 내에서 이를 실현하고자 꾸준한 노력을 기울여왔고 그 결실을 이제 거두고 있다.

마지막으로 파웰 대표에게 어떻게 기업을 지금처럼 성장시킬 수 있었는지를 묻자 그는 이렇게 말했다.

처음에는 힘들지요. 주 7일 동안 매일 야근을 해도 성과가 안 나는 시기가 길게 이어지기도 합니다. 우리도 2002년 이전까지의 매출 그래프는 보여주고 싶지 않네요. 그래도 처음 가치를 잊지 말고, 열정과 헌신을 가진 사람들을 붙잡아야 합니다. 그리고 무엇보다, 즐기세요En-joy it!

열정, 끊임없이 지역의 필요를 생각하는 것, 본래의 가치를 잊지 않는 것, 그리고 매일매일 비즈니스를 고민하는 과정이 오늘의 HCT를 만들어냈다는 말로써 파웰 대표는 인터뷰를 마무리했다. 짧은 만남이지만 성의 있고 푸근한 태도로 맞아주고 설명을 해준 파웰 대표와 스미스 디렉터에게서 HCT의 밝은 미래를 보는 듯했다.

_오창호

2장 커뮤니티링크스

이웃과 이웃을 연결하기 위한 혁신

런던에서 가난한 지역을 꼽을 때 둘째가라면 서럽다는 동부 뉴엄 자치구Newham Borough의 브레이킹로드Barking Road. 주민 대상의 공공서비스 단체 '커뮤니티링크스Community Links'를 방문하기 위해 아침 일찍 이 길을 걷는데 눈길을 끄는 것이 있었다. '협동조합푸드The Co-operative Food' 매장이다.

그냥 봐서는 보통의 슈퍼마켓과 다를 바 없지만, 사회적경제 역사에 관심이 있는 사람이라면 반가운 곳이다. 1844년 설립된 협동조합의 선구 '로치데일선구자협동조합The Rochdale Society of Equitable Pioneers'이 이어져서 '협동조합푸드'가 되었기 때문이다. 지금은 '협동조합그룹The Co-operative Group' 산하 조직이고 매장도 4,000여 개에 이르기 때문에 그중 하나에 불과한 브레이킹로드 매장이 큰 의미를 가지는 것은 아니다. 그렇지만 영국의 가난한 동네에 와서, 사람들의 뜻과 노력을 모아 새 역사를 써가고 있는 조직을 방문하는 길에 만난 이 매장은 여러 생각을 던져주었다. 170년 전 로치데일선구자협동조합을 만들어야 했던 사람들의 상황과 지금 영국의 그리고 우리의 상황은 어떻게 다르고 또 같은지, 그리고 지역의 결핍을 채우려 했던 많은 노력 중에서 어떤 조건을 가진 경우에 결실이 맺어졌었는지에 대한 생각들이었다.

특히 8년여 동안 강원도 원주의 농촌 마을에서 커뮤니티 비즈니스[1]를 하면서 "어떻게 주민들이 원하는 하는 활동을 진행하면서 기업이 생존할 수 있을까?" "어떻게 주민들 사이의 신뢰와 소통 문제를 해결할 수 있을까?"라는 고민을 끊임없이 해온 처지라 이날 이 거리를 걷는 의미가 남다를 수밖에 없었다.

▼▼▼ 매년 1만 6000명이 찾는 주민 서비스 조직 ▼▼▼

협동조합푸드 매장 건너편에 커뮤니티링크스의 본부 건물이 있다. 이 거리에서 가장 번듯한 건물이다. 그도 그럴 것이 1886년 지어진 이 건물의 처음 용도는 구청이었다. 노동당 최초의 의원이 선출되기도 한 역사적인 장소였다고 한다. 그러다가 1960년대에 두 인접 지역이 통합돼 뉴엄 자치구가 되면서 구청이 이사를 나갔고, 이후 20년 동안은 학교 건물로 사용됐지만 1989년부터는 그마저 옮겨간 뒤로 관리되지 않

---

1 필자는 2004년부터 강원도 원주에서 공동육아협동조합인 '방과 후 부모협동조합' 창립 조합원으로 활동하다 2008년부터 농촌에서 커뮤니티 비즈니스를 해왔다. 현재는 사단법인서곡생태마을 사무국장으로 일하고 있다.

▶ 커뮤니티링크스 CEO 제럴딘 블레이크.

은 채 방치됐다.

1992년 커뮤니티링크스가 자치정부에 제안해서 이 건물의 사용권을 얻었고, 그 이후로 이곳은 구청보다도, 학교보다도 지역 주민들이 더 자주, 수시로 드나드는 장소가 됐다.

우리를 반갑게 맞아준 CEO 제럴딘 블레이크Geraldine Blake에 따르면 이 건물에 기반을 둔 16개 센터가 진행하는 프로그램들에 매년 1만 6000명의 주민이 참여한다고 한다. 그는 "주민들이 왜 이곳을 이용하는지를 늘 고민한다"면서 "우리가 만든 프로그램을 고집하지 말고, 주민들이 원하는 일에 신속하게 대처하고, 혁신적인 해결 방법을 찾으려 한다"라고 말했다.

이날 조직과 사업 설명, 현장 견학은 거의 한나절 동안 이어졌다. 그

만큼 커뮤니티링크스의 프로그램과 사업 대상, 방식이 다양했다. 이 내용을 전하기 전에 잠깐 다시 건물 이야기로 돌아갈 필요가 있다. 커뮤니티링크스가 무엇을 위한 조직인지를 먼저 설명하기 위해서다.

▼▼▼ 125년의 무상 임대 계약을 맺다 ▼▼▼

1992년 커뮤니티링크스의 대표는 뉴엄 의회를 찾아갔다. 옛 구청 건물의 수리와 재단장 비용을 모두 부담하고 앞으로도 관리를 할 테니 무상으로 쓰게 해달라는 제안을 하기 위해서였다. 어차피 방치된 건물이었지만 그런 식으로 사용한 전례가 없었기 때문에 의회는 '공평한 기회'를 이유로 건물 매각을 공개 입찰에 부쳤다.

"지역 주민의 이익을 위해 사용하겠다"는 목적을 내세워서 전국 규모의 영리기업을 제치고 건물을 낙찰받기는 했지만 의회는 한 가지 조건을 더 내걸었다. "2년의 준비 기간 내에 오픈을 하지 않으면 건물 사용권을 회수하겠다"는 것이었다. 작은 지역 조직이 건물 수리비용을 마련할 수 있으리라고 믿지 못했던 것이다.

커뮤니티링크스는 대대적으로 캠페인을 벌여 자금을 모으고 기업들로부터도 후원을 받아서 150만 파운드(약 25억 원)의 수리비를 마련했다. 그 덕분에 2년 2개월 만에 건물을 개장할 수 있었고, 의회와는 "125년간 건물을 무상 임대한다"는 계약을 맺을 수 있었다. 이렇게 마련된 공간은 주민 서비스를 위해, 말 그대로 '커뮤니티로 사람들을 연결하기 위해Community Links' 사용된다. 사람과 사람, 사람과 프로그램을 연결하

▶ 커뮤니티링크스 본부 건물.

는 데 공간이 큰 역할을 하는 것이다.

<h2>▼▼▼ 사람과 공간을 연결하는 다양한 사업들 ▼▼▼</h2>

커뮤니티링크스의 핵심 사업 부문으로는 '네이버후드센터Neighbor-hood Center'를 꼽을 수 있다. 이 센터의 주된 사업 중 하나는 주민 대상의 컨설팅·상담 서비스다. '오픈도어 서비스Open-door Service'는 주민들이 원하는 시간에 방문해서 상담을 받을 수 있도록 하는 것인데 주택 문제 와 고용, 소비생활 등 다양한 분야를 다룬다. 전문 컨설턴트들이 재능 기부 차원에서 상담을 해주고 주민들의 문제 해결에 도움이 되는 다양

한 프로그램과 연결시킨다. 실직 상태인 사람에게는 고용과 직업교육 서비스를 권하는 식이다. 이민자들이 많은 영국의 특성상 국적 취득 상담도 많다. 세금, 복지 문제로 어려움을 겪는 주민들을 위해서는 지방자치단체 행정 서비스와 재판소 대리변호Tribunal Representation 서비스도 맞춤으로 제공한다.

커뮤니티링크스에 따르면 이 프로그램으로 수혜를 본 주민들은 다시 기관을 찾아와 자원봉사자로 일하는 경우가 많다. 비슷한 문제로 이곳을 찾는 이웃들을 돕기 위해서다. 그 선순환 구조가 커뮤니티링크스의 프로그램들이 적은 비용으로도 잘 돌아가게 해주는 큰 동력이다.

유아와 어린이를 위한 '오픈 액세스Open Access' 프로그램은 아이들이 안전하게 잘 놀 수 있도록 공간과 프로그램을 제공한다. "당신이 어렸을 때 아마도 작은 공원에서 나무에 오르고 축구나 크리켓을 하면서 친구들과 놀았을 것입니다. 이곳은 모든 아이들이 상상력을 발휘하면서 모험적이고 창조적으로 놀 수 있는 기회를 제공합니다"라는 팸플릿 문구가 프로그램을 잘 설명한다. 커뮤니티링크스의 안전요원들은 교육기준청Office for Standards in Education, OFSTED 매뉴얼[2]에 따라 어린이들의 놀이가 안전하게 이뤄지는지 살핀다. 장애를 가진 아이도 스스로 잘

---

2 영국 교육기준청은 일선 교육기관을 정기적으로 감사함으로써 교육의 질, 교직원과 학부모의 협력 관계, 학교의 효율적 운영 등을 일정 수준 이상으로 유지한다. 유치원 교육과정에는 '아동 관찰' 시 주목할 사항을 구체적으로 명시한다. 예를 들어 아동이 놀이 시에 무엇을 가지고 노는지, 어떻게 노는지, 누구와 노는지, 교사의 질문에 어떻게 답하는지, 기어오르거나 균형 잡기와 같은 특별한 재주가 있는지, 집중력이나 과제 수행 능력은 어떤지 등에 대한 것이다. 교사는 아이들의 활동 사항에 대해 관찰한 결과를 상세하게 기록해 보관하고 학부모 등에 보고하도록 돼 있다(김병임, "원스톱 정보공시 서비스로 유아 교육기관 선택 돕는다", 〈한국교육신문〉, 2015. 3. 30. 참조).

놀 수 있도록 세심하게 배려한다.

이 프로그램은 단순한 여가 활동 차원이 아니라 빈곤 지역 아동들이 가질 수 있는 문제들을 예방하고 극복할 수 있도록 돕는 놀이 교육이라고 할 수 있다. 2014년 한 해 동안 1,500여 명의 어린이들이 이 활동에 참여했는데, 참가비용은 무료거나 아주 저렴하다.

청소년을 위해서는 대안학교이자 청소년 네트워크인 '교육 링크Education Links' 프로그램을 운영한다. 일반 학교에 적응하지 못한 학생들을

표2_1 청소년이 이용할 수 있는 교육 링크 허브

	Arc in the Park	Asta Centre	Chandos Fact	Play sow and grow	Rokeby
날짜 (시간)	화목 (오후 6:45~9:30)	화금 (오후 6~9)	화금 (오후 6~9)	화 (오후 6~9)	금 (오후 6~9)
모험 play ground	√				
요리	√	√	√	√	√
디제이 콘솔 Dj console	√	√	√		
운동기구		√			
게임 콘솔	√	√	√	√	√
인터넷 접속	√	√	√	√	
음악룸		√	√		
축구 테이블	√				
테니스 테이블	√	√	√		√
TV	√	√	√	√	√

위한 것인데 현재는 120명의 학생이 여기서 교육을 받고 있다. 일반 청소년을 위해서도 기술 배움터, 스포츠 교실, 상담 서비스, 진로 교육 등의 프로그램을 진행하며 '허브Hub'라는 이름의 공간을 제공해서 청소년들이 쉬거나 동아리 활동을 할 수 있도록 지원한다. 이를 통한 음악 동아리, 미디어 스튜디오, 도심 텃밭 활동, 체육 클럽 등에 연간 1,200여 명의 청소년이 참여한다. 이 프로그램들도 참가비는 거의 무료다.

커뮤니티링크스는 런던 동부 지역에서 국가가 인정하는 고용 서비스 기관이기도 하다. '뉴딜 프로그램'이라는 이름의 이 사업은 장기 실업자들에게 상담과 직업교육, 고용 알선 또는 창업 지원을 해주는 내용이다. 2014년 한 해 동안 3,000여 명의 실업자를 지원했는데 이는 런던 동부에서는 가장 많고 영국 전역에서는 두 번째로 많은 수치라고 한다.

집단 갈등을 예방하는 프로그램도 눈에 띈다. '셰어 이스트Share East'(동쪽 지역을 공유하자는 뜻)라는 이름이 독특한데 최근 몇 년 사이에 런던 동부에서 원주민과 이주민 사이에 갈등이 고조되고 있는 데 따른 프로그램이기 때문에 이런 이름이 붙었다고 한다. 특히 카나리워프Canary Wharf 등 동부 일부 지역은 최근 금융지구로 개발되면서 뉴욕은행, 모건스탠리 같은 유명 금융기관이 들어왔다. 이에 따라 고액 연봉 금융 종사자들이 인근으로 이주해 와서 원주민과 갈등 요인이 생겨난 것이다. 커뮤니티링크스는 '셰어 이스트'를 통해 원주민과 이주민이 같이 할 수 있는 활동을 마련해 접촉점을 만들어줌으로써 갈등을 예방하려고 한다. 이 프로그램이 '고가랜드'라는 부동산 개발업체의 지원을 받아 진행된다는 점도 특이하다.

이 같은 프로그램들의 성과에 대해 제럴딘은 "측정이 쉽지 않다"라

▶ 청소년들의 체험 텃밭을 유역 중인 시티팜.

고 했다. 그러나 "범죄율과 건강 지표에서 위험 신호를 낮추고, 지역민의 자부심과 자원봉사 유인을 높이는 효과는 분명하다"라고 설명했다.

커뮤니티링크스는 산하에 사회적기업도 두고 있다. 교육컨설팅 서비스, 중고 물품 경매, 지역 이벤트 진행, 야외 활동 등 4가지 사업을 사회적기업을 통해 진행하고 있다. 뉴엄 지역에 위치한 '시티팜City Farm'도 그중 하나인데 하수 처리 기업 '테임스워터' 소유지만 방치돼 있던 건물과 땅에서 주민들을 대상으로 한 야외 활동 프로그램을 운영하는 기업이다.

커뮤니티링크스 직원 캔디를 따라서 방문한 이곳에서는 꽤 노령으로 보이는 여성 주민 두 명이 텃밭을 가꾸는 중이었고 그 주위를 닭들이 뛰놀고 있었다. 이들은 자원봉사자로 거의 1년 내내 이 텃밭을 가꾸면서 프로그램 진행을 돕는다고 한다. 청소년을 위한 원예치료와 요리 활동, 유아들을 대상으로 한 텃밭 체험과 닭 키우기 등은 무료로 진행되는 프로그램이다. 또 지역 주민들이 소통하고 네트워크 할 수 있는 이벤트도 무료로 개최한다.

캔디는 "무료 프로그램을 운영할 수 있는 자원은 다양한 수익 사업과 자원봉사자들로부터 나온다"라고 설명했다. 대표적인 수익 사업은 야외 바비큐 파티 등 다양한 행사 공간과 케이터링Catering을 제공하는 형태다. 또 교육청의 지원을 받는 학습장애 어린이 대상 가드닝 프로그램, 지역 학교와 구청이 의뢰하는 학생 단체 야외 활동 프로그램 등도 수익 창출에 도움이 되고 있다. 대기업들이 파티와 세미나 장소로 이곳을 이용하고 직원 요리교실 등 프로그램에 참여하는 것도 주된 수입원 중 하나다.

▼▼▼ 주민 욕구와 수익 구조 복잡성은 비례 ▼▼▼

커뮤니티링크스의 사업과 프로그램은 다 기억할 수 없을 만큼 다양하다. 그럴 수밖에 없는 것이 주민들의 연령대, 생활수준, 건강 상태, 경제 상태 등에 따라 직면한 문제가 다 다르기 때문이다. 여기에 대한 맞춤 서비스를 하려면 프로그램도, 활용하는 자원도, 수익 구조도 다양해질 수밖에 없다.

매출을 유형별로 분석해보면 41개 프로젝트 사업에서 약 45%가 나오고, 고용 알선과 직업훈련 프로그램에서 35%, 교육과 기술훈련에서 15%, 기타 조사 활동과 캠페인에서 5%의 매출이 발생한다. 성과를 살

표2_2 커뮤니티링크스 2014년 재무보고서(총 매출액 896만 3413파운드)

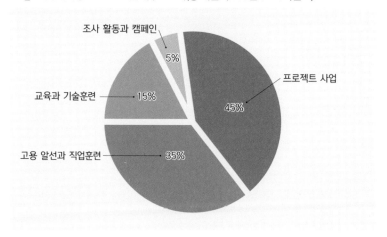

• 자료 출처: 커뮤니티링크스 홈페이지.

퍼보면 2014년 런던 동부와 인근 구직자들을 대상으로 한 직업 알선 프로그램에는 1,526명이 참여했고, 20명에 대해서는 창업을 지원했다. 개인 채무로 허덕이는 주민들을 위한 재무 컨설팅은 4,602명의 주민에게 이뤄졌다. 또 학교를 벗어난 청소년 231명이 '교육 링크'의 프로그램에 참여했다.

커뮤니티링크스는 컨설턴트를 양성하기도 한다. 지역 주민들을 교육해서 이웃을 위한 컨설팅에 참여하도록 하는 방식이다. 2014년에는 20명의 주민이 '컨설팅 챔피언Adivice Champions'으로 양성돼서 160명의 청소년에 대한 상담을 맡아 진행했다. 이 밖에 성인 1,108명과 청년 735명, 어린이 598명이 2014년 한 해 동안 커뮤니티링크스의 각종 공간 활용, 즉 '허브' 활동에 참여했다. 이렇게 커뮤니티링크스의 모든 사업과 프로그램에 참여하는 인원은 연간 1만 6000명 정도다.

▼▼▼ 주민 대상 사업의 창의성과 혁신성 ▼▼▼

커뮤니티링크스가 설립된 1970년대 런던 동부는 영국 전역에서 세 번째로 가난한 지역으로 매년 이동 인구가 20%에 이르렀다. 뉴엄 지구에 속한 가구의 25%, 어린이의 50%가 빈곤한 삶을 살고 있었으며 질병 비율과 조기 사망 비율이 런던 내에서 가장 높았다. 교육 수준은 낮고 장기 실업자 비율은 높았으며, 범죄가 끊임없이 발생하는 최고의 우범지대였다. 거기다 런던 도심이 확장됨에 따라 지역개발이 이뤄지고 빈부 격차 문제도 생겨났다.

이런 상황에서 1977년 케빈 젠킨스Kevin Jenkins와 데이비드 로빈슨David Robinson이라는 두 청년이 버스를 개조해 지역 주민을 위한 공간을 만들면서 커뮤니티링크스가 시작됐다. 여기에는 300파운드(약 50만 원)의 지역 보조금이 사용됐다. 현재는 직원 200여 명을 두고 41개의 프로젝트를 16개 센터에서 운영하는, 매출액 약 890만 파운드(약 150억 원)의 단체로 성장했다. 데이비드 캐머런David Cameron 전 총리는 커뮤니티링크스를 "영국에서 가장 고무적인 지역사회 조직 중 하나"라고 언급하기도 했다.

사회서비스를 하는 기관이 커뮤니티링크스만은 아닌데 이렇게 괄목할 만한 성과를 낸 데는 나름의 혁신성이 작용했다. 가장 큰 것은 '공간 확보' 능력이다. 앞서 설명한 옛 뉴엄 구청 건물을 본부 건물로 125년 장기 무상 임대한 일처럼, 방치된 건물을 주민들을 위한 용도로 사용하는 데 커뮤니티링크스는 독보적인 노하우를 가지고 있다. 그 핵심은 "방치된 공간은 마약이나 쓰레기 투기 등 불법의 온상이 된다"는 점과

46

▶ 시티팜에 대해 설명해주는 매니저 셀리(위쪽 첫 번째)와 캔디(가운데).

"주민의 공간으로 탈바꿈되면 지역이 살아나기 때문에 건물과 땅의 가치도 올라간다"는 점을 연결하는 '윈-윈 전략'으로 건물주인 정부와 기업을 설득하는 것이다. 제럴딘도 커뮤니티링크스가 많은 위기를 극복할 수 있었던 것은 다른 단체에 비해 공간 임대에 들어가는 비용이 현저히 적었기 때문이라고 했다.

커뮤니티링크스의 프로그램에도 혁신성이 있다. 주민 지향적인 프로그램을 만들되, 지역 문제를 효과적으로 해결할 수 있는 방안을 찾아나가는 데 초점을 맞춘다는 것이 단순한 흥미 위주 프로그램과 차별화되는 지점이다. 10년차 직원인 샬리는 "직원들에게 '주민들의 욕구를 어떻게 파악할 것인가?' '그에 대해 어떻게 대처할 것인가?'를 늘 자문해보도록 한다"라고 말했다.

커뮤니티링크스에서 일하는 자원봉사자는 연간 1,500여 명에 달하는데, 이들을 유인하고 조직하고 활용하는 노하우 역시 커뮤니티링크스의 큰 자원이다. 샬리에 따르면 자원봉사자들의 참여는 인증을 목적으로 하거나 활동 자체에 흥미를 느끼는 두 유형으로 나뉜다. 커뮤니티링크스는 이 유형에 따라 다른 활동을 맡긴다. 인증을 목적으로 참여하는 주로 그룹 단위의 자원봉사자들에게는 일을 통해 다양한 경험을 할 수 있도록 배려한다. 활동에 대한 흥미로 참여하는 봉사자들에게는 원하는 프로그램에 참여하여 창의력을 발휘할 자유를 보장한다. 또한 처음 참여하는 봉사자들은 커뮤니티의 여러 이벤트들에 참여하면서 즐거움을 느낄 수 있도록 하고 다음 단계로 센터의 활동을 방문자들에게 소개하도록 하는 등 자연스럽게 조직을 이해하고 공감할 수 있도록 신경 쓰고 있다.

▼▼▼ 애셋 매니지먼트 공동체 '로컬리티' ▼▼▼

'공간 활용'의 혁신성은 커뮤니티링크스 혼자서 만들어낸 것은 아니다. 커뮤니티링크스는 영국 800여 개 지역공동체 조직이 연합한 '로컬리티Locality'의 회원이다. 제럴딘은 런던로컬리티협회 의장이기도 하다.

로컬리티는 정부나 지방자치단체 등이 소유한 자산을 지역공동체 조직에 이관해 지역재생과 공동체 증진에 사용할 수 있도록 도와주는 지원조직이다. 로컬리티와 산하 조직들의 '애셋 매니지먼트Asset Management'(자산 운용) 프로젝트를 통해 영국 내 토지와 건물 7억 파운드(약 1조 2000억 원) 상당이 지역공동체 소유로 넘어왔다.

표2_3 로컬리티 방식

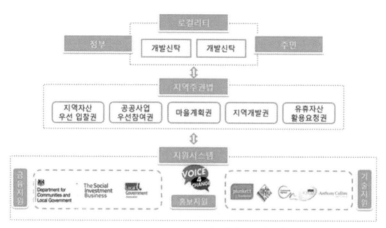

• 자료 출처: 2011년 목민관클럽 국제 세미나 자료집.

　　로컬리티의 이런 활동은 2011년 '지역주권법Localism Act' 제정 이후로 활성화됐다. 영국 정부와 지방정부, 공동체 등이 함께 추진해 만든이 법에 따르면, 지역에서 가치가 있는 자산이 매각될 때 토지 소유자가 6개월 동안 개인에게 이를 팔 수 없도록 유예기간을 둔다. 공동체가돈을 모을 때까지 기다려주기 위해서다. 이 법이 제정될 수 있었던 것은 한발 앞선 스코틀랜드의 사례가 있었기 때문이다. 같은 취지의 법을만든 후 스코틀랜드 해안가의 섬들 중 3분의 2가 지역공동체 소유로 바뀌는 성과가 나타났다.[3] 이 영향을 받은 지역주권법 제정과 로컬리티의지원 덕분에 커뮤니티링크스는 본부 건물을 포함한 8개 건물을 확보해16개 센터와 41개 프로그램을 위한 공간으로 활용하고 있다.

3　서울특별시 사회적경제지원센터 블로그 참조(http://sehub.blog.me/150178578528?Redirect=Log&from=postView).

▼▼▼ 위기의 해법은 연대 ▼▼▼

커뮤니티링크스를 방문했을 때 긍정적인 이야기만 들은 것은 아니었다. 제럴딘은 "몇 년 전부터 상황이 좋지 않다"고 했다. 경기가 나빠지면서 자치정부의 지원금이 감소하고 있기 때문이다. 2010~2015년 사이에 뉴엄 지구 위원회 예산 43%가 감소됐고 구 예산도 대폭 삭감됐기에 어쩔 수 없는 측면이지만 각각의 필요성이 존재하는 주민 대상 사업을 무턱대고 줄일 수도 없는 터라 어려움이 많다고 한다.

더 큰 문제는 지원금 지급 방식이 성과 중심으로 바뀐 것이다. 이는 사회 프로그램을 추진할 때 계량적 성과에 따라 보조금을 지급하는 방식이다. 특히 민간 투자자들이 관여하는 사회적 금융은 성과 대비 인센티브를 민간 투자자에 지급해야 하기 때문에 성과에 대한 압박이 심해졌다.

제럴딘은 "하나의 사회문제를 해결하는 데는 시간이 많이 걸린다"면서 "성과 측정을 강조하면 현장 조직들은 풀기 어려운 문제보다는 단순한 문제에 집중하게 될 수 있다"는 우려를 나타냈다. 자원봉사자가 중요한 자원이라고는 하지만 인건비 부족으로 직원을 줄이고 자원봉사자로 대체해야 하는 상황에서는 사업의 전문성마저 떨어질 수 있다고 걱정했다.

이 때문에 커뮤니티링크스는 성과 측정, 즉 하나의 사회문제에 대한 변화 측정을 4년 단위로 진행하는 조건으로 사회적 투자를 받는 방식을 취하고 있다. 더 근본적으로는 로컬리티의 전국 회원 단체와 공동으로 정부 정책 변화를 촉구하는 캠페인을 벌이고 있다. 지역의 문제를

▶ 커뮤니티링크스 본부 건물에서 CEO 제럴드 블레이크이 설명을 듣는 연수단 일행.

정치인들에게 알리는 일과 함께 '문제가 발생한 뒤 해결하는 것보다 예 방하는 편이 돈이 덜 든다'는 점을 알려 나가고 있다.

▼▼▼ 한국 사회적기업에 주는 시사점 ▼▼▼

한국에서 커뮤니티 비즈니스의 주체는 마을기업, 공동체회사, 지역 사회공헌형 사회적기업, 비영리사단법인, 그리고 주민자치센터까지 다 양하다. 하지만 내용 면에서 보면 서비스보조형 사업 모델Service Subsidi- zation Model, 노동통합형 사회적기업처럼 취약계층 대상 서비스나 고용 창출로는 기여하지만 지역 문제 자체에 다각적으로 대응하는 모델은 찾기 어렵다. 주민의 문제를 혁신적 비즈니스 모델로 해결해보려는 시도가 부족하기도 하고 아직까지 이런 서비스를 민간단체가 진행할 만한 환경이 조성되지 못한 탓도 크다.

커뮤니티 비즈니스는 대부분 공공 영역에서 자금을 지원받고, 지역 사회의 신뢰를 바탕으로 더 나은 서비스를 제공하는 데서 비즈니스 모델이 성립한다. 따라서 사회문제를 해결하는 데 드는 비용이 공공 영역에서 직접 수행할 때보다 저렴하거나 효과가 월등할 때 존재할 가치가 있으며 지속가능성도 확보된다. 그러나 마을기업 등 한국의 커뮤니티 비즈니스 주체 중에서 영리기업보다 월등한 효율성을 가진 곳은 거의 없다. 가장 큰 문제는 주민들 사이에서 신뢰를 얻지 못하고 있다는 점이다. 그런 가운데 주민자치센터 등의 주민 대상 프로그램의 내용은 시혜적이고 문화적인 차원에 머물고 있다.

커뮤니티링크스의 활동이 우리에게 주는 메시지는 지역의 문제, 주민들이 진정으로 변화를 원하는 문제에 집중하라는 것이다. 이것은 단순히 '주민들이 하고 싶어하는 활동'과도 다르고 영리성을 추구하는 것과도 구분된다. 동아리를 만드는 일이나 동업 기업을 세우는 것과 커뮤니티 비즈니스는 다르다는 사실을 커뮤니티링크스의 다양하고 세심한 활동들은 잘 알려주고 있다.

또 하나의 교훈은 지역사회에서 신뢰 자본을 쌓기 위해 더 많은 시간과 노력이 필요하다는 점이다. 로컬리티 직원 샬리는 "지역 주민의 어려움을 풀어주는 미션을 수행하려면 지속적인 성찰이 필요하다"고 했다. 목표를 성과에 맞추는 데만 집중하다보면 본래 취지를 잃어버릴 수 있기 때문이다. 샬리는 "커뮤니티 비즈니스는 어디까지나 주민이 주체가 되도록 하고, 갈등 해결에 중심을 두어야 한다"라고 충고했다.

마지막으로 제럴딘은 "아이들을 만나는 활동에서 치유가 되는 건지 두려움과 의심이 들 때는 의심이 지워질 때까지 컨설팅을 하고, 주민 사업에 두려움이 들 때는 두려움이 없어질 때까지 진행하라"고 조언하면서 인내의 중요성을 강조했다. 커뮤니티링크스 38년의 역사와 노하우, 주민들의 신뢰가 하루아침에 생겨나지 않았다는 것이다.

어찌 보면 우리와 너무 다른 상황과 환경에 기운이 빠지기도 하지만, 동시에 우리에게 부족한 점을 알았다는 것은 큰 성과였다. 이웃과 이웃이 연결되고, 공동체가 살아나며, 삶의 질이 높아지는 결과를 볼 수만 있다면 앞으로 몇십 년의 노력을 아까워하지 않을 사람들이 한국에도 존재한다는 것만으로 긍정적인 기대를 다시금 해본다.

_문병선

3장 아웃오브블루

out of the blue

—

자산 확보로 예술 사업에 날개를 달다

요즘 '젠트리피케이션gentrification'에 대한 우려가 높다. 도시의 낙후된 지역에 아이디어와 감각을 지닌 젊은 사업가, 예술가 들이 들어가서 활력을 불어넣으면 부동산 차익을 노리는 건물주들이 내쫓아버리는 현상을 말하는데, 한국에서도 그 폐해가 곳곳에서 나타나고 있다.

지역에 장기적으로 기여하는 활동을 하려면 공간을 소유할 필요가 있다는 주장도 나온다. 그러나 멀게 느껴지는 것이 사실이다. 월세조차 감당하기 힘든데 매입비용을 어떻게 마련하느냐는 현실적인 이유 때문이다. 또다른 문제는 그런 부담을 지면서까지 공간을 소유했을 때 어떤 변화를 겪게 될지 가늠하기 위해 참고할 만한 선례가 거의 없다는 것이다.

스코틀랜드 에든버러Edinburgh의 예술 분야 사회적기업 '아웃오브블루Out of the Blue'는 그런 면에서 귀중한 사례다. 스코틀랜드에서 대출을 받아 건물을 매입한 첫 번째 사회적기업이라는 독특한 이력을 가진 곳인데, 20여 년 전의 그 과감한 시도가 가져온 효과는 놀랄 만했다. 그렇게 소유하게 된 '아웃오브블루 드릴홀'(Out of the Blue Drill Hall, 이하 드릴홀)은 이 기업이 예술가들을 전방위로 지원하면서 지역에 든든히 뿌리를 박고 활동하게 해줬다. 무엇보다 안정된 수익 창출의 원천이 되었다. 세계적 예술 행사인 '에든버러 프린지 페스티벌Edinburgh Festival Fringe'의 주요 행사 장소 중 하나로 이용되면서 기업의 이름을 널리 알렸다. 사업 초기에 과감하게 자금을 조성해 건물 매입을 결정한 것이 이 기업의 활동, 그리고 지역 예술에 날개를 달아준 셈이다.

▼▼▼ 110년 된 건물이 150명 예술가의 작업실로 ▼▼▼

스코틀랜드의 수도인 에든버러는 7세기에 축성된 에든버러 성을 비롯해 돌로 지어진 건물들이 여전히 시가지 대부분을 차지하고 있는 고색창연한 도시다. 그런데도 이 도시 이름이 가장 먼저 연상시키는 것은 현대적이고 개성 넘치는 예술작품과 공연이다. 1940년대부터 이어져 온 국제적 예술 행사 '에든버러 프린지 페스티벌' 덕분이다. 본래 클래식 위주의 '에든버러 국제 페스티벌Edinburgh International Festival'에 초대받지 못한 예술가들이 번외로 만든 행사였지만 더 유명해져버린 프린지 페스티벌은, 예술은 정해진 규칙에 얽매이지 않을 때 더 활짝 꽃핀다는 사실을 일깨우는 산 증거다.

프린지 페스티벌은 에든버러의 여러 장소에서 동시다발적으로 열리

▶ 위_아웃오브블루 드릴홀 외관. 아래_드릴홀 내부에서 열리는 주민 대상 예술 강좌.

는데, 2000년대 들어서 주요 파트너로 부상한 곳이 바로 아웃오브블루다. 이 기업이 소유한 공간 드릴홀에서 여러 행사들이 열리기 때문이다.

아웃오브블루 드릴홀을 방문했을 때, 겉은 에든버러 시내의 다른 건물들과 마찬가지로 고풍스러운데 안으로 들어서자 가운데가 3~4층 높이로 확 트인 실내가 인상적이었다. 이곳의 롭 훈 매니저는 "1901년에 지어진 건물인데 군인 막사, 훈련 장소, 군용 차량 차고지 등으로 쓰였다"라고 설명했다. 건물 안쪽을 빙 둘러 작업 공간과 사무실 들이 있는데 여기에 미술가, 음악가 등 80여 팀이 저렴한 임대료로 입주해 있다. 건물 외부 여러 장소에 입주한 예술가들까지 포함하면 아웃오브블루는 총 150여 명의 예술가들에게 작업 공간을 제공하고 있다.

아웃오브블루는 1994년 설립된 사회적기업이자 교육신탁education trust으로, '모두에게 예술에 참여할 기회를 준다'는 가치를 중심으로 일한다. 직원 10명의 작은 기업이지만 2014년 총 매출은 100만 파운드(약 17억 원)에 이른다. 주된 활동은 예술가들에게 공간과 커뮤니티를 제공하는 것이다. 지역 예술가들이 안정적으로 창작 활동을 할 수 있도록 작업 공간을 제공하고 작품을 판매할 수 있도록 전시회, 경매 등을 개최한다. 예술가들을 참여시켜서 지역 주민 대상의 예술 프로그램을 운영하기도 한다.

▼▼▼ "안정적 사업 위해선 우리 건물 마련해야" ▼▼▼

1990년대 초 파리, 베를린, 프라하 등 유럽의 예술 도시들을 경험하고 돌아온 젊은이들로부터 아웃오브블루는 시작됐다. 당시만 해도 에든버러는 예술가들이 창작을 위한 공간을 구하기가 하늘의 별 따기만큼 어려웠다. 1994년, 청년들은 "빈 건물을 빌려 예술가들에게 제공하자"는 단순한 아이디어를 냈고, 실행에 옮겼다.

가장 먼저 한 일은 버스 차고지로 쓰던 시 소유의 빈 건물을 저렴하게 임대해서 그 공간을 예술가들에게 제공한 것이었다. 에든버러 시내 뉴스트리트New street 지역에 위치했던 '봉고 클럽The Bongo Club'은 1996년부터 2003년까지 예술가를 위한 작업실, 예술 강좌와 워크숍, 라이브 음악 공연, 연극, 예술 프로젝트, 클럽 공연, 그리고 프린지 페스티벌의 '카바레' 장소로 수천 명의 사람들을 만났다. 그러나 봉고 클럽이 문을 연 지 3년여가 지났을 때 아웃오브블루는 새 건물을 찾아나서야 했다. 봉고 클럽 건물이 너무 낡아서 곧 철거할 수밖에 없는 상태였기 때문이다.

이때 운영자들은 "안정적인 사업 기반을 위해서는 우리 건물을 소유해야겠다"고 판단했다. 그리고 100만 파운드(약 17억 원)의 자금을 조성했다. '스코티시인베스트먼트펀드Scottish Investment Fund'를 비롯한 사회적 금융기관들을 찾아다니면서 설득해 투자를 받고, 그 밖에 복권기금, 스코틀랜드 예술진흥기관 지원금, 정부 지원금 등을 합쳐서 마련한 돈이었다. 이 중 65만 파운드를 들여서 1999년 에든버러 북쪽 해안 지역인 리스Leith에 위치한 지금의 드릴홀 건물을 매입했다. 사회적 금융의 이자가 낮은 편이라지만 작은 사회적기업이 이처럼 큰 규모의 자금을 조성한 것은 주위를 깜짝 놀라게 할 만한 도전이었다. 특히 건물 매입비 65만 파운드는 전액이 대출금이었다. 이로써 아웃오브블루는 스코

표3_1 아웃오브블루 연혁

1994	아웃오브블루 시작. 블랙프라이어 거리에 소규모 갤러리 오픈
1996	뉴스트리트로 이전. 옛 버스 차고지 건물 임대해 봉고 클럽 오픈
1999	현재 드릴홀 건물을 매입
2002	드릴홀로 이전 완료
2003	봉고 클럽, 홀리루드로드의 모레이 하우스로 이전
2006	포토벨로에 작업 공간 설립
2013	봉고 클럽, 코게이트의 중앙도서관 아래로 이전
2014	설립 20주년 기념행사 개최

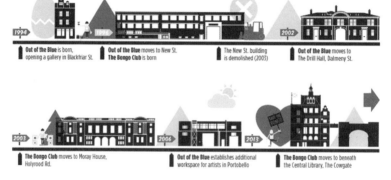

• 아웃오브블루 연혁을 나타낸 인포그래픽. 자료 출처: www.outoftheblue.org.uk

틀랜드에서 대출로 건물을 매입한 첫 사회적기업이 됐다.

텅 빈 건물을 예술적인 공간으로 만드는 데는 예술가와 지역 주민 등 수백 명이 참여했다. 롭 훈 매니저는 "여럿이 모여서 생각과 힘을 모으자 상상력을 캡처해서 그려 놓은 것 같은 공간으로 변모했다"라고 회상했다. 드릴홀은 본격적으로 운영된 2002년 이후로 공연장, 전시장, 교육장, 클럽, 영화관, 벼룩시장 등으로 쉴 틈 없이 사용되고 있다. 지역 주민, 청소년 등이 공연 리허설을 위해 대여하기도 한다. 실내 안쪽의

60

카페는 주민들의 사랑방이자 청소년들의 직업훈련장으로 사용된다. 이런 모든 활동들은 크고 작은 수익을 창출한다. 이 수입으로 아웃오브블루는 지역 주민 대상의 예술 프로그램을 운영하고, 건물을 유지하며, 대출을 갚아왔다. 그렇게 15년이 지나는 동안 건물 매입을 위한 대출금은 거의 갚을 수 있었다.

▼▼▼ "예술 활동 지원은 사회 전체에 혜택" ▼▼▼

아웃오브블루의 미션은 "모두에게 예술에 참여할 기회를 창출한다"는 것이다. 이를 위한 활동 중 핵심적인 것이 예술가들을 위한 공간 제공이다. 설립자들은 "예술가들에게 작업 공간이 제공되면 창조적인 작품들이 나올 것이며 그 자체로 세상과 사회에 도움이 된다"라고 생각했다. 그것이 아웃오브블루가 출발선에서 주목한 사회적 가치였다.

사실 예술가들에게 필요한 것은 공간뿐이 아니었다. 작품을 완성시켜봐야 대중에게 알려서 판매할 만한 통로가 없었다. 예술가들의 생계는 늘 불안정했다. 일하고 싶어도 예술적 재능을 살릴 수 있는 일은 찾기 어려웠다. 그런 한편 스코틀랜드 지역의 주민들에게는 향유할 만한 문화적 인프라가 부족했다. 물론 에든버러가 '프린지 페스티벌'의 도시이기는 했지만 여전히 보통 사람들에게 예술은 멀리서 관람할 뿐 참여하기는 어려운 존재였다. 예술에 관심과 재능이 있는 어린이, 청소년이 있어도 비용 때문에 전문 교육을 받기 어려웠다.

아웃오브블루는 이 두 가지 측면을 서로 연결했다. '공간'을 통해서였다. 예술가들이 드릴홀이라는 거점을 마련하자 지역 주민들은 이곳을 이용함으로써 예술과 접촉할 기회를 갖게 됐다. 예술가들이 자연스럽게 지역의 교육과 문화 사업에 참여할 수 있었다. 드릴홀은 물리적인 공간일 뿐 아니라 예술작품이 대중과 만나는, 예술가들이 지역 주민과 만나는 '플랫폼' 역할을 한 것이다. 아웃오브블루가 활동한 이래로 예술가와 지역 주민 사이의 네트워크가 생겨났으며 지역공동체도 더 활성화됐다.

더 나아가 "예술은 지역의 사회문제 해결에도 직접 도움을 줄 수 있다"는 것이 아웃오브블루가 최근 몇 년간 주목해온 사회적 가치다. 이를 위해 '지역의 이슈에 예술로 대응하는 활동'을 조직하는 노력을 해왔다. 예를 들어 4년 전, 지역의 공원 환경을 개선하기 위해 사진작가들이 청소년 그룹과 함께 공원의 좋은 모습, 좋지 않은 모습을 사진에 담은 일이 있었다. 그리고 이 사진들을 놓고 공원이 어떻게 개선되면 좋겠는지에 대해 매달 1회씩 회의가 열렸다. 여기에 주변 학교, 청소년 클럽, 지역의회 등에서 적극 참여해 공원이 개선되는 결과로 이어졌다.

▼▼▼ 공간 거점의 모든 활동이 수익 모델 ▼▼▼

아웃오브블루가 특별한 것은 사회적 필요를 충족시키기 위해 시작한 활동을 20년 이상 유지했을 뿐 아니라 점점 더 규모를 키워올 만큼 수익을 창출했다는 것이다. 아웃오브블루의 사업 영역은 크게 다음 여섯 가지로 정리할 수 있다.

첫째, 예술가들이 안정적으로 작업할 수 있도록 작업실 공간을 저렴하게 제공한다. 드릴홀을 비롯해 아웃오브블루가 제공하는 작업실 공간은 최저 월 100파운드(약 17만 원)에 대여할 수 있다. 의무 입주 기간을 면제해준다거나 장기 출타 시 다른 세입자에게 단기 재임대를 할 수 있도록 해주는 등 수입이 일정치 않은 예술가들을 위한 배려가 눈에 띈다. 드릴홀 안의 스튜디오들을 비롯해 아웃오브블루가 운영하는 에든버러 곳곳의 장소에 총 150명의 예술가들이 입주해 있다. 입주 대기자 명단에 이름을 올린 예술가들만 200명이 넘는다고 한다.

둘째, 공간을 통해 네트워크를 맺은 예술가들이 참여하는 멀티 예술 강좌를 운영한다. 이것은 두 가지 측면에서 사회적 가치를 창출하는 일이다. 작품 활동 자체만으로는 생계를 잇기 어려운 예술가들에게 일거리를 주는 측면과, 지역 주민들이 저렴한 가격에 수준 높은 예술 교육을 받을 수 있도록 하는 측면이다. 이 예술 강좌들은 종류가 450여 개에 달하며 연 인원 5,000여 명이 참여한다.

셋째, 드릴홀과 봉고 클럽(처음 문을 열었던 건물이 2003년 철거된 이후 두 번 장소를 옮겨 현재는 코게이트Cogate 지역 중앙도서관 지하에 위치해 있다)의 공간에서 연중 내내 각종 이벤트와 경연을 개최함으로써 공연 수입 또는 대관료로 수익을 낸다. 전문 예술 공연이나 전시뿐 아니라 지역 주민들의 소소한 행사, 청소년 연극, 자치정부의 기념식 등에도 장소를 빌려주기 때문에 공간이 최대한 활용되고 있다. 그렇게 드릴홀에서 진행되는 이벤트와 공연은 연간 50여 회에 이른다. 또한 미술 전시가 연 평균 12회 열리는데, 여기에는 네트워크에 속해 있는 작가들에게 작품 홍보와 판매 기회를 제공한다는 의미도 있다. 이 전시를 통해 총 5,000여 명이 작품을 관

▶ 위_주민 대상 아웃오브블루 강좌. 아래_주민들이 드릴홀 공간을 이용하는 가운데 펼쳐지는 즉석 예술 공연.

람하고 구매한다. 또한 봉고 클럽에서는 라이브 음악 공연, 영화 상영, 비디오아트 전시, 무용, 코미디, 낭독회 등 각종 공연이 연중 내내 열리며 총 9만여 명이 이를 관람한다.

넷째, 드릴홀 안에는 카페가 있는데, 아웃오브블루는 지역 주민과 건물 입주자 들이 카페를 이용하는 데서 나오는 수익에만 만족하지 않고 관련된 비즈니스를 계속 찾아내고 있다. 바리스타 교육 등 지역 청소년을 위한 직업훈련을 진행하는 것이 그중 하나다. 또한 건물 내 이벤트 케이터링 또는 출장 케이터링 사업도 적극적으로 하고 있다. 최근에는 지역에서 재배된 유기농 식자재로 음식을 만들어 사용 후 자연분해로 퇴비가 되는 친환경 포장재에 담아서 탄수를 배출하지 않는 자전거에 싣고 에든버러와 리스 일대에 배달하는 '알라카트A La Kart 배달'이라는 서비스를 만들기도 했다.

이 밖에 노숙자들에게 예술 교육을 시키는 등 정부의 복지 서비스를 대행하는 일과 전문 스태프와 예술 분야 경험자를 기업의 예술 관련 프로젝트와 이벤트를 위해 파견하는 일 등도 아웃오브블루의 사업 영역이다.

이처럼 다양한 수익 구조를 가지고 있기에 아웃오브블루는 드릴홀 매입 당시 차입한 자금에 대한 이자를 연간 4만 파운드(약 6800만 원)나 내면서도 대출의 상당수를 갚을 수 있었다. 그리고도 남는 초과 이윤은 사회적기업의 정체성에 맞게 지역 주민들을 위한 예술 수업 지원에 사용해왔다.

▼▼▼ 다양한 네트워크와 사업과 프로그램의 다각화 ▼▼▼

아웃오브블루가 펼치는 활동의 주된 수혜자는 안정된 공간에서 예술 활동을 하고 작품 판매 기회도 얻는 예술가들이다. 또한 이들로부터 저렴하게 수업을 받을 수 있는 지역 주민들과, 수준 높은 공연과 전시, 예술 교육을 향유하고 지역 상권의 이득도 취하는 공동체 역시 수혜자라 할 수 있다.

고객은 기업, 개인, 정부 등 다양하다. 공간을 제공받은 예술가들이 지역민의 예술 교육 프로그램에 참여하며, 지역민은 다시 작품과 공연의 소비자가 된다. 지역이 활성화되면서 더 많은 예술가들이 모이고, 전시와 공연에 도시 외부인과 외국인까지 찾아오면서 점점 더 사업과 프로그램이 다각화되는 구조다.

이렇게 네트워크를 맺은 예술가와 지역민은 이 기업의 핵심 자원이기도 하다. 특히 지역 주민들은 교육 참여자와 소비자로 적극 나서고 있다. 예술 행사들이 지역경제 활성화에 도움을 줄 뿐 아니라 지역의 사회문제에 예술가들이 참여함으로써 커뮤니티 전반에도 기여하고 있기 때문이다. 또한 아웃오브블루는 에든버러 시 정부와 사회적 금융기관들, 예술 지원 재단, 그리고 전 세계 예술가들과도 파트너십 관계를 맺고 있다.

아웃오브블루가 사업을 알리는 주된 방법은 다른 대부분의 기업들과 마찬가지로 홈페이지(www.outoftheblue.org.uk), 그리고 페이스북(www.facebook.com/ootbdrillhall)을 비롯한 SNS 홍보지만 그에 못지않게 중요한 경로가 있다. 드릴홀 중앙의 넓은 공간을 활용한 이벤트가 바로 그것이다.

▶ 느릴홀에서 열리는 벼룩시장.

이 공간에서는 거의 쉬는 날이 없을 정도로 행사가 계속 열린다. 음악 공연을 보면서 식사를 할 수 있는 '브런천', 디제이가 음악을 트는 가운데 탁구 대회가 진행되는 '탁구의 밤ping pong night', 주말마다 열리는 벼룩시장, 도서전 등이 이어진다. 공간 한쪽의 카페는 지역 사랑방 역할을 톡톡히 한다. 이런 이벤트들로 인해 드릴홀은 지역민이 언제든지 드나들고 머무는 공간이 된다. 지역 주민들과 돈독한 관계를 이어가면서 아웃오브블루가 진행하는 교육, 공연, 직업훈련 등 프로그램에 대한 홍보 또한 자연스럽게 이루어진다.

▼▼▼ 다시 찾아온 위기는 협력으로 극복 ▼▼▼

아웃오브블루의 장점이자 단점은 '예술가들'이 설립했다는 것이었다. 롭 훈 매니저는 "초기의 조직은 예술가들이 중심이다 보니 상상력이 넘치고 늘 재미있고 엉뚱했지만 사업성은 높지 못했다"라고 평가했다. 재정의 중요성을 아는 사람이 별로 없었기 때문이다.

봉고 클럽이 첫 건물에서 나가야 할 상황에 처하고 공간을 이용하려는 예술가들은 늘어나면서 아웃오브블루는 1990년대 말 첫 번째 큰 위기를 맞았다. 이 고비를 넘어서 지속가능하려면 새로운 공간, 안정적이면서도 넉넉한 크기의 공간 확보가 꼭 필요했다.

롭 훈 매니저가 아웃오브블루에 합류해 경영을 전담하게 된 것이 이 무렵이었다. 사진작가이면서 레저기업을 운영해본 그는 경영을 체계화했다. 건물 매입과 관련해 장기적인 계획을 세워서 사회적 금융 투자자, 시 정부, 예술 지원 재단 등을 찾아가 투자와 지원을 받았다. 이때 예술가들이 사용할 수 있는 기금들이 존재하는데도 이를 아는 사람이 없다는 사실도 발견했다. 그는 "사회적기업은 명확한 사회적 가치와 목적도 중요하지만 일단은 비즈니스 플랜을 사업계획서로 표현할 능력을 가지고 있어야 하고 주변 자원을 활용할 줄도 알아야 한다"라고 말했다.

이때의 결단으로 드릴홀을 매입한 후 아웃오브블루의 활동은 본격적으로 날개를 펼칠 수 있었다. 예술가와 지역공동체 양쪽에 기여하는 미션을 유지하면서도 다양한 운영을 통해 수익을 얻고, 대출을 갚으면서도 성장해갈 수 있었다.

▶ 위_드릴홀에서 열리는 미술전시회. 아래_지역 어린이를 대상으로 열리는 독서 강좌.

어려움은 또다시 찾아왔다. 최근 에든버러 부동산 가격의 급상승세로 예술가들에게 제공할 공간을 찾는 일이 점점 더 어려워진 것이다. "공간 부족 수준이 우리가 아웃오브블루를 설립한 1990년대 수준으로 심각하다"라고 분석할 정도다. 대부분의 땅과 빌딩은 상업적 보상이 큰 주택, 호텔, 소매점 등으로 채워지고 있다. 일례로 아웃오브블루는 해안가 포토벨로Portobello 지역의 건물 여러 개를 빌려서 50명 이상의 예술가들에게 제공해왔는데, 이 자리에 주택과 슈퍼마켓이 들어오는 바람에 전부 비우고 나와야 했다.

이런 상황에서 아웃오브블루는 그 공간을 대체하기 위해 새로운 방식을 모색했다. 에든버러 시 정부 그리고 기업과 파트너십을 맺고 공간을 얻어낸 것이다. 이를 위해 새로운 건물 운영 방식을 제시했다. 그중 하나는 스코틀랜드에 기반을 둔 대표적 기업인 스탠더드생명Standard Life으로부터 창고를 빌려서 '크리에이티브 허브Creative Hub'라는 공간을 만든 것이다. 이곳에는 '빅하우스이벤트Big House Events'와 '풀서클Full Cirqle'이라는 두 단체가 들어가 있다. 빅하우스이벤트는 이 공간을 관리하고 예술가들에게 제공하면서 지역의 각종 이벤트를 예술적·기술적으로 지원하는 일을 하는 기업이다. 풀서클은 스코틀랜드 지역의 서커스 종사자들이 연합해서 만든 기업이다. 원래 존재했던 기업이 아니고, 이 공간을 조성하는 단계에서 아웃오브블루와 시 정부의 제안에 따라 서커스 종사자들이 설립한 것이다. 이로써 뿔뿔이 흩어져 있던 서커스 종사자들이 거점을 갖게 됐을 뿐 아니라 상설 공연, 전문 교육과정, 취미 교육과정 등을 지역에서 운영할 수 있게 됐다.

또 리스 지역의 '커스텀 하우스Custom House'는 아웃오브블루가 '스코틀랜드역사적건물신탁scottish Historical Buildings Trust'과 파트너십으로 사용권을 얻은 곳이다. 이 건물을 돌보고 유지하는 대신 일부 공간을 예술가들의 작업장으로 쓰고 지역사회를 위한 프로그램에 사용하는 조건이다.

▼▼▼ 한국에 주는 시사점: '공간을 허하라' ▼▼▼

20여 년간 아웃오브블루가 거둔 가장 큰 성과는 예술 기반이 거의 없던 지역을 예술가들이 줄을 서서 대기하는 창의적이고 매력적인 곳으로 탈바꿈시킨 것이다. 지역 주민들에게 예술과 접촉하고 수준 높은 교육을 받을 기회를 제공한다는 점에서도 사회적 가치를 충족시키고 있다.

건물 매입, 즉 자산 형성을 통한 수익 모델을 선구적으로 보여줌으로써 사회적기업의 성장과 지속가능성을 위한 방향을 제시한 것 또한 독특한 성과다. 대규모로 조성한 자금의 이자와 원금 상환의 부담을 감당하면서 성장세를 그려온 것은 분명 인정할 만한 성과다. 다양한 프로그램과 프로젝트로 공간 사용을 최대화하고, 다양한 사업 모델을 계속 개발해온 것이 그 비결일 것이다.

아웃오브블루는 특히 "예술가들에게 공간을 주면 지역도 생기 있어지고 공동체가 활성화된다"는 점을 강조한다. 룹 훈 매니저는 "만일 우리가 이 건물을 사지 않았다면 이 지역은 지금까지 주택지였을 것이고, 예술가들은 공간을 찾지 못해 타지로 나갔을 것"이라며 "우리는 주민들의 삶과 건강, 문화생활에 영향을 줬으며 커뮤니티를 만들어냈다"라고 평가했다. 에든버러 프린지 페스티벌에도 긍정적인 영향을 미쳤다고 자평했다. 이 행사가 상업적으로 변질되는 것을 방지하고, 더 많은 사람들이 참여하는 행사가 되도록 하는 데 아웃오브블루의 역할이 있었다는 것이다. 이런 면들을 종합할 때 아웃오브블루는 "모두에게 예술에 참여할 기회를 창출한다"는 미션을 잘 실현해가고 있다고 볼 수 있다.

한국에서도 아웃오브블루와 유사한 모델의 사회적기업을 찾아볼 수 있다. '사회적기업육성법'이 시행된 이래로 사회적기업의 미션을 '고용 창출' 측면에 국한해서 보는 경향이 강했지만, 최근 들어서는 다양한 사회적 가치를 추구하는 사회적기업들이 생겨나고 있고 고용노동부의 인증 기준도 통과하는 모습이다.

그중에 '순수예술 활성화'라는 가치를 지향하는 사회적기업들이 있다. 서울 영등포구 당산동 일대를 기반으로 하는 '위누'는 예술가들이 교육 프로그램과 미술관 해설 프로그램 등에 참여하면서 얻는 수입으로 창작 활동을 계속할 수 있도록 돕는 모델이다. 서울 종로에서 '미나리하우스'라는 이름의 게스트하우스 겸 카페를 운영 중인 '에이컴퍼니'는 다양한 방법으로 미술 작가와 구매자를 연결하는 것이 핵심 사업 모델이며 미술가들에게 창작 공간도 제공하고 있다.

이들 기업은 안정적인 공간 기반을 확보하지는 못한 상태다. 에이컴퍼니의 경우 2015년 초 미나리하우스를 확장해 옮기는 과정에서 사회적 투자 기금의 도움을 일부 받기는 했지만, 역시 건물을 임대한 것이라서 임대 기간 만료 시점이 오면 또다시 부침을 겪을 가능성이 있다.

수입 중에서 임대료 비중이 큰 것도 개선이 필요한 부분이다.

예술가를 지원하는 한국의 사회적기업들이 아웃오브블루처럼 자산을 소유함으로써 확실하고 장기적인 거점을 확보할 수 있다면, 사회적 미션 실현에 더 주력할 수 있을 것이고 위치한 지역의 공동체에도 더 기여할 수 있을 것이다. 그러나 아직 우리의 사회적기업 지원 정책, 사회적 금융 투자 등에는 자산 매입을 지원하는 제도가 없다. 젠트리피케이션의 폐해가 갈수록 커지는 상황에서 사회적기업들의 의미 있는 시도가 공간 문제로 무산되는 일이 없도록 하는 방안이 적극 모색될 필요가 있다.

_황세원

4장 어카운트쓰리

—

이주민 시대의 사회적기업

　시리아 난민 사태로 한동안 전 세계가 떠들썩했지만 이미 '이주의 시대The Age of Migration'는 시작된 지 오래다. 원주민과 이주민을 구분하는 것이 무의미한 시대가 곧 도래할 수 있다. 그러나 지금 이 순간, 한국 사회는 아직 그만한 준비가 돼 있지 않다. 이주민들은 배타적인 시선과 제도 속에서 살아가야 하고, 기회의 균등조차 누리지 못하는 경우가 많다.

　서울 대림2동과 가리봉동은 조선족이 많이 거주하기로 유명하다. 행정자치부 2015년 자료에 따르면 주민등록 인구 대비 외국인 주민 비율이 대림2동은 105.2%, 가리봉동은 97.7%에 이른다. 외국인 주민 중 조선족 비율이 가장 높다. 조선족은 그 지역에서만 살아가지 않는다. 한국인의 삶 곳곳에서 함께 생활하고 있다. 식당과 상점가에서 조선족 억양의 직원을 쉽게 만나볼 수 있으니 말이다. 그러나 과연 다른 부문, 학교와 기업과 문화 현장 등에서도 그러한지를 생각해보면 우리 사회에 보이지 않는 벽이 존재한다는 것을 실감할 수 있다.

이주민들의 공간과 그 밖의 공간 사이에는 국경만큼이나 깊은 사회적·문화적 단절이 존재한다. 언론에서도 이들 주거 지역의 슬럼화나 범죄 문제에만 주목할 뿐 주거 환경, 교육, 의료, 복지 등 이주민의 삶의 질에 대해서는 거의 언급하지 않는다. 때문에 이주민에 대해 '예비 범죄자'라는 사회적 낙인이 생겨나고, 이는 다시 이주민들의 삶의 조건을 열악하게 만드는 원인으로 작용한다. 특히 이주 여성들은 빈곤, 이주자에 대한 차별 그리고 여성에 대한 차별이라는 3중 억압 구조 아래 놓인다. 이들은 임금 차별과 혹독하고 열악한 노동 조건 속에서 묵묵히 일하며 이 사회를 떠받치는 데 일조하고 있다.

1990년대부터 결혼이주와 다문화가족이 꾸준히 증가했는데, 다문화가족에서 태어나 성장한 자녀들이 성년이 되는 시기가 이제 도래하고 있다. 노동이주 후 가족을 초청해 한국에 정착한 이주민 가족 자녀들도 청년 세대에 진입하고 있다. 부모 세대보다 나은 교육을 받았고 한국어와 한국 사회에 대한 이해 수준이 더 높더라도 이 청년들의 상황이 나은 것은 아니다. 한국 경제의 긴 불황과 고용 위축으로 청년들이 '헬조선'을 외치는 지금, 이들은 "내 기회를 빼앗아갈 수 있는 존재"로 또다른 냉대와 경계심의 대상이 될 수 있기 때문이다. 이런 상황이 이어지면 사회는 더 불안정해지고 기본적인 인권 수준도 낮아질 것이 불 보듯 뻔하지만 정부가 그 대책을 고민하고 있는 것처럼 보이지는 않는다.

이렇게 사회에는 필요가 존재하지만 이를 충족할 주체가 없을 때, 전에 없던 혁신적인 방법으로 필요를 해소하고자 하는 것이 바로 사회적경제 기업이다. 과연 이런 상황에서 사회적기업은 어떤 일을 할 수 있

▶ 커뮤니티링크스 홈페이지 사진

고 그 영향은 어떠할지, 이미 몇 발짝 앞서서 '이주의 시대'를 겪어온 영국 사회에서 실마리를 찾아볼 수 있다. 런던의 이주민, 특히 소수민족 여성들이 직면한 문제를 해결하기 위해 탄생하여 25년간 성과를 내온 '어카운트쓰리Account3'는 그 좋은 사례다.

▼▼▼ 어카운트쓰리는 어떤 사회적기업인가 ▼▼▼

영국 런던 타워햄릿 자치구London Borough of Tower Hamlets에 위치한 사회적기업 어카운트쓰리는 1991년 '어카운트쓰리여성컨설턴트서비스유한회사Account 3 Women's Consultancy Services Ltd.'[1]라는 이름으로 설립됐다. 설립 당시 명칭이 드러내듯 이 기업은 여성들을 위한 컨설팅 서비스를 하는 곳이었다. '지역 주민의 빈곤 문제를 해결하고 여성의 삶의 질을 높인다'는 것이 주된 사업 목적이었고, 그 방법으로 저렴한 취업과 법률 상담 서비스를 제공하고자 했다.

어카운트쓰리의 설립자는 마거릿 무카마Margaret Mukama, 메기 홀게이트Maggie Holgate, 토니 메어듀Toni Meredew 세 여성이다. 이들은 각각 공인회계사, 교육학 교수, IT 전문가였기 때문에 이들의 '세 가지 자산'(또는 전문성)을 여성들을 위해 쓰기로 한 데서 '어카운트쓰리'라는 기업명이 탄생했다고 짐작해볼 수 있다. 그런데 토니 메어듀 공동대표는 의외의 설명을 해준다. 이 기업명이 설립자들의 의도와는 다르다는 것이다. 당시 등록하려 한 기업명은 '어카운트포위민Account 4 Women'[2]이었지만 관청의 업무 처리 과정에서 오류로 '어카운트쓰리…'라는 이름을 가지게 되었다. 토니 메어듀는 이에 대해 "오히려 '숫자가 줄어든' 덕분에 이름이 주는 오해와 고정관념으로부터 자유로울 수 있었다"고 했다.[3]

'지역 빈곤 여성들의 삶의 질을 높이겠다'는 미션 아래 어카운트쓰리는 크게 네 분야의 사업을 해오고 있다. 첫째는 취업 교육과 훈련 사업이다. 이 분야에는 구체적으로 영어 교육(ESOL 과정), 기초 연산 교육 같은 사회 적응을 위한 기초능력 훈련부터 CELTA(ESOL 교사 양성 과정), 보육교사, 조산사, 보모 등 공인자격증 취득을 위한 전문기술 훈련까지 포함된다. 둘째는 법률 지원 사업이다. 고용, 주거, 부채, 이민 관련 상담이 이뤄진다. 셋째는 소규모 기업과 비영리단체 지원 사업이다. 지방정

---

1 2009년 '어카운트쓰리유한회사Account3 Ltd.'로 기업명을 변경해 지금까지 유지하고 있다.

2 '4 Women'은 'For Women'으로 읽으면 '여성들을 위한'이라는 뜻이 된다.

3 "Tower Hamlets Women's Enterprise Project 2005-2007" report, p.3.

표4_1 어카운트쓰리 기업 개요

기업명	어카운트쓰리유한회사ACCOUNT3 LTD.
설립 연도	1991년
소재지	3 Birkbeck Street, Bethnal Green, London
사업 분야	영어 교육(ESOL, CELTA), 취업 훈련, 구인구직 중개, 법률과 복지 상담, 소규모 기업과 비영리 조직 지원, 컨설턴트 등
직원 수	23명
매출과 순익	2014년 7월 현재 매출 45만 3434파운드(약 7억 7000만 원), 순익 1만 1017파운드(약 1870만 원)
주요 성과	영국 처초로 여성 공인운신상사ADI 양성 과정 실시(1994~1999), 런던의 중요 소액신용대출기관인 페어파이낸스FAIR FINANCE 설립 공동 기획(1997), 타워햄릿 자치구 최초의 여성 창업 지원 사업 수행(1999), 유럽지역개발기금 선정 최고의 'objective2'(지역 경쟁력과 고용 향상) 프로젝트 수행 지역기관(2008). 지난 25년간 1만 5000명 이상의 지역 주민과 함께 일함. 50여 개의 지역기업, 제3섹터 조직과 ERDF, ESF의 다양한 프로젝트를 공동 수행. 지방정부와 의회의 자금을 지원받아 다양한 학습과 훈련 프로그램 제공

부, 지역기업 등과 협력해서 소규모 비영리단체, 사회적경제 기업 등에 자원을 배분하는 역할을 한다. 넷째는 지역개발 솔루션 수행이다. 이 부문은 앞의 세 가지 영역을 아우르면서 지역의 발전 방향을 기획하고 외부 자원과 지역을 연계하는 일이다.

▼▼▼ 런던 안에 '구로구'가 있다? ▼▼▼

어카운트쓰리의 사업들을 이해하기 위해서는 주된 사업 현장인 타워햄릿 자치구의 특징을 알 필요가 있다. 이곳은 지리적 위치나 면적,

이주민 구성 등에서 서울의 영등포구 또는 구로구와 비슷한 점이 많다. 영등포, 구로, 금천 일대가 과거 산업화 시기 노동자들의 주거지였다가 산업 구조의 변동과 함께 조선족의 집단 거주지로 변모한 것처럼, 타워햄릿 자치구도 산업혁명기에 유입된 이주노동자들이 산업의 몰락과 함께 빈곤층으로 전락하면서 영국의 대표적인 빈민 지역이 됐다.

한 번 형성된 민족 커뮤니티는 이주민들의 생존을 위한 정보 집적 장소이자 생활·오락·교류의 중심지로 역할을 하기 때문에 같은 인종과 언어 배경을 가진 이주민들을 계속해서 끌어들였고 이에 따라 이곳은 이주민 비율이 절대적으로 높은 지역이 됐다. 이민 2, 3세대가 형성된 1990년대에 낙후 지역을 개선하려는 도시 재생 사업이 진행됐고, 이로 인해 원주민과 이주민 사이에 갈등이 증폭된 점도 한국의 구로, 영등포 상황과 비슷하다. 다시 말하면 한국에서 앞으로 벌어질 수 있는 일들을 간접적으로 예측해보게 해주는 지역인 셈이다.

어카운트쓰리가 해온 활동의 사회적 의미와 효과를 이해하기 위해서는 지역의 빈곤 문제가 특정 인종 집단에 깊이 작용한 과정을 더 살펴볼 필요가 있다. 사회적기업의 사회적 미션은 지역사회와 대상 집단target population의 성격과 관계로부터 도출되기 때문이다.

토니 메어듀 공동대표에 따르면, 어카운트쓰리가 1991년 문을 열 당

---

4 어카운트쓰리의 공동설립자이자 실질적 대표인 토니 메어듀의 본명은 Antoinette Meredew 이다. 그녀는 2015년 현재 이사와 회사비서company secretary를 겸하고 있다. 회사비서는 "회사의 행정 업무를 처리하는 기관으로, 이러한 업무에 관한한 회사를 대표하며, 이사회에 의해 임명되고 주로 법률가, 회계사, 전문경영인 등이 이러한 역할을 담당한다."(법제처, 〈독일 및 유럽연합EU의 회사법제 연구: 독일 유한회사법 개정MoMiG을 중심으로〉, 2009, 83쪽, 각주 201 참조(http://world.moleg.go.kr/))

▶ 타워햄릿 자치구 베스널그린 지하철역 인구 풍경. 유색인종이 52%를 치지하는 도시답게 거리에서 다양한 피부색의 주민들을 마주칠 수 있다.

시 타워햄릿 자치구에는 빈집이 넘쳐났고 도난당해 버려진 차들을 거리에서 쉽게 볼 수 있었다. 금융자본이 주도하는 지역개발 이후로 현재는 극빈층부터 상위계층에 이르기까지 다양한 경제 계층이 거주하는 지역이 됐지만, 어카운트쓰리가 생길 때만 해도 이곳은 인구 대다수가 극빈층인 지역이었다.

역사적으로 런던 동부에서는 빈곤계층과 유색인종의 범주가 일치하는 경향이 나타났다.[5] 현재 유색인종 중 다수를 차지하고 있는 방글라데시계는 1960년대 대거 이주해왔고, 그 뒤를 잇는 소말리아계는 1990년대 소말리아 내전으로 발생한 보트피플이 대거 유입돼 정착한 경우다. 그러다 보니 실업률이 높고 주거 조건이 열악하며 보육 시설도 만성적으로 부족하다.

표4_2 어카운트쓰리가 위치한 지역의 민족 구성비

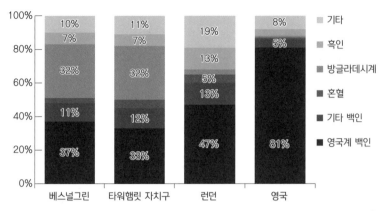

표4_2 어카운트쓰리가 위치한 지역의 민족 구성비

• 자료 출처: 영국 인구센서스 2011 QS201EW: Ethnic group.[6]

런던 동부, 그중에서도 타워햄릿 자치구에 '지역재건' 시도가 없었던 것은 아니다. 1960년대 중반 영국 선박업과 항만산업이 침체기를 맞으면서 선박업과 관련 산업이 몰락하고 이 지역도 침체기에 접어들었지

---

5 런던 동부의 이민 역사를 간단히 살펴보면, 18세기에는 프랑스 북부와 네덜란드로부터 종교의 자유를 찾아 떠난 위그노교도huguenot들이 유입됐다. 19세기부터 20세기 초반에는 가난한 백인 건설 노동자와 부두 노동자, 아슈케나지 유대인(중부·동부 유럽 유대인 후손), 아일랜드 출신 직조공 들이 이주해 옴으로써 런던 동부는 런던 도심과 대비되는 거대한 빈민가를 형성했다. 그러나 2차 세계대전 이후 유대인과 백인계 이주민의 후손들은 경제적 성공을 통해 다른 지역으로 대부분 이주해 갔고, 20세기 중후반 방글라데시계와 소말리아계 이주자들이 들어와 그들이 떠난 빈민가에 정착했다. 이영석·민유기 외,《도시는 역사다》, 서해문집, 2011, 164쪽 참조.

6 런던 동부는 옛 영국 식민지였던 남아시아(인도, 파키스탄)와 카리브 해, 아프리카(특히 가나, 나이지리아 등 서부 아프리카) 출신 이주자들과 그 후손들의 비율이 백인에 비해 높다. 어카운트쓰리가 위치한 타워햄릿 자치구의 베스널그린 구는 흑인과 방글라데시계 등 유색인종이 52%를 차지한다. 그래프는 런던 타워햄릿 자치구LBTH 기업조사국Corporate Research Unit, 〈베스널그린 구 현황Bethnal Green Ward Profile〉, 2014. 5., p.4에서 전재(http://www.towerhamlets.gov.uk/).

만, 1970년대 초부터 런던 도클랜즈London's Docklands 지구를 중심으로 개발 논의가 활발하게 일어났다. 1979년 보수당이 선거에서 승리하고 민간 중심의 지역개발 방침을 표방하면서, 1981년 런던도클랜즈개발 회사(London Docklands Development Corporation, 이하 LDDC)가 설립됐다.[7]

▼▼▼ 지역개발로 촉발된 인종 갈등 ▼▼▼

LDDC는 템스 강변을 따라 개발 지구를 설정했는데, 타워햄릿 자치 구의 경우 전체가 아니라 아일오브독스Isle of Dogs가 있는 남쪽 강변 지역만 개발 지구에 포함됐다. LDDC의 개발은 민간주택 개발을 중심으로 이뤄졌기 때문에 아일오브독스 지역의 공공주택 공급이 축소됐다. 지역 주민들은 이에 대해 불만을 표시했는데, 그 불만이 이런 결정을 내린 개발회사가 아니라 엉뚱하게도 '외부인'인 방글라데시계 인종 집단에게로 향했다. 사실 개발 지구에 포함된 남부 지역은 백인 비율이 월등히 높고 방글라데시계 이주민은 주로 개발에서 소외된 북쪽 지역에 거주하고 있었기에 이 같은 불만은 근거 없는 '인종 혐오'에 가까웠다.

이런 정서 때문에 백인이 절대 다수였던 아일오브독스는 1993년 지방선거에서 극우 인종주의 정당인 영국국민당British National Party을 지지

---

7   Janet Foster, *Docklands: Cultures in Conflict, Worlds in Collision*, London: Psychology Press, 1999, chapter 2 참조.

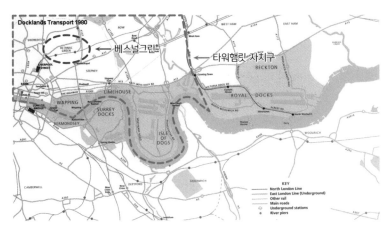

▶ 1980년대 LDDC의 템스 강 주변 개발 지구. 타워햄릿 자치구의 남쪽 지역만 포함됐다.

한 유일한 지역이 된다.[8] 정도의 차이는 있지만 이주자 공동체에 대한 거부감이 선거 결과에 반영된 지역은 아일오브독스만이 아니었다. 자치구 내 다른 선거구에서도 정치적 지지를 얻기 위해 인종주의를 악용하는 현상이 목격됐다.[9] 그 결과 소수민족 이주민들은 자기 방어를 위해 더욱 폐쇄적 공동체로 움츠러들었다. 그리고 개발의 결과로 조성된 곳이 런던의 신흥 금융지역으로 이름난 카나리워프다.[10]

타워햄릿은 긴 빈곤의 역사를 갖고 있는 만큼이나 그 문제를 해결하기 위해 자치정부와 수많은 제3섹터 단체들이 노력해온 역사도 갖고 있다.[11] 그럼에도 어카운트쓰리는 그곳 지역민의 절박한 필요와 사회

8　Janet Foster, ibid., chapter 7 참조.

9　Ash Amin et al, *Placing the Social Economy*, London: Routledge, 2002, p.92.

10　op cit., p.95.

11　토니 메어듀의 증언에 따르면, 어카운트쓰리가 설립될 당시 타워햄릿 자치구에는 여성을 대상으로 하는 유사한 단체가 15개, 기타 자선단체는 총 500개 정도가 활동하고 있었다고 한다.

적 미션을 감지했다. 설립 당시 타워햄릿이 인종과 계급의 경계를 따라 극명한 분열을 나타냈으며, 그 분열이 이주민 공동체의 폐쇄성을 강화하고 있다는 데 문제의식을 가진 것이다.[12] 당시 같은 지역에서 활동하던 많은 사회단체 중에서 이 문제에 집중하는 곳은 없었고 자치구 정부도 정치적으로 분열돼 있어 의존할 수 없었다.

어카운트쓰리의 중요한 조직 운영 방식인 '네트워크를 통한 자원 확보와 문제 해결 방식'은 설립 당시의 이런 상황에서 비롯된 것으로 보인다.

▼▼▼ 세 여성 창립자의 경험과 문제의식 ▼▼▼

창립자들이 1991년 지역의 빈곤과 인종 갈등 상황에서 어카운트쓰리라는 사업 모델을 발견할 수 있었던 것은 그와 관련된 경험과 문제의식이 있었기 때문이다.

1970년대 세 창업자가 겪은 두 가지 경험이 중요한 역할을 했다. 하나는 마거릿 무카마의 권유로 셋이서 함께 참여한 우간다 난민 돕기 활동이다. 당시 우간다 난민들은 내전을 피해 런던으로 유입돼 오고 있었다. 다른 하나는 토니 메어듀가 1976년 보육협동조합을 만들어 운영한 경험이다. 메어듀는 자신이 보육교사로 근무하던 보육원이 백인 교사와 백인 어린이만 받는 것에 이의를 제기했으나 기관은 이를 수용하지

---

12 op cit., p.92.

않았다. 메어듀는 그 시설 근처에 다양한 인종의 어린이를 받는 보육원을 직접 세우고 협동조합 방식으로 운영했다. 난민을 도운 경험, 보육원 운영 경험, 협동조합 운영 경험의 세 가지가 결합해 어카운트쓰리의 모델을 낳았다고 할 수 있다.[13] 이 세 가지가 앞으로 25년간 이어질 어카운트쓰리의 중요한 활동을 모두 보여주고 있기 때문이다.

세 창립자 중 매기 홀게이트는 2002년 사직했고 마거릿 무카마는 2001년 소천했다. 메어듀만이 남았는데 그는 여전히 왕성한 활동을 하고 있다. IT기업을 15년 운영한 경력도 가진 그는 어카운트쓰리에서 경험을 "어려운 삶의 문제에 봉착한 사람들과 함께 문제를 해결해나간 도전의 과정이었다"라고 정리했다. 은퇴를 앞두고 있다면서 "차세대 리더십에 대한 준비는 이미 끝났다"고도 밝혔다.

어카운트쓰리가 활동을 시작한 1990년대 초 영국에는 '사회적기업'이라는 용어가 없었고, 이를 지원하는 법률이나 제도도 당연히 없었다. 어카운트쓰리가 표방한 '여성을 위한 지원 활동'은 자선단체charity가 맡아서 하는 경우가 대부분이었다. 그럼에도 어카운트쓰리는 기업등록소Companies House에 정식으로 등록한 기업으로 문을 열었다. 자선단체들이 하던 활동을 비즈니스로 운영하겠다는 자체가 전례가 없는 도전이었다. 뿐만 아니라 그곳은 어떤 기업도 수익을 올리기 어려운 빈곤

---

13 여기에 한 가지를 더한다면 메어듀의 종교적 배경을 들 수 있을 것이다. 메어듀는 인터뷰 과정에서 타워햄릿 자치구가 미국으로 건너간 퀘이커교도들의 고향이며 자신 역시 퀘이커교도임을 밝혔다. 퀘이커교는 전 세계적으로 전쟁 반대와 비폭력 평화주의 운동에 가장 앞장서고 있는 기독교 교파다. 메어듀의 삶의 궤적과 어카운트쓰리를 통해 드러나는 그녀의 갈등 해결 노력은 이런 종교적 배경과 무관하지 않을 것이다. 그리고 퀘이커사회운동Quaker Social Action이라는 단체는 어카운트쓰리가 지역 소액신용대출기관을 설립하는 데 중요한 역할을 했다.

▶ 토니 메어듀 공동대표.

지역, 런던 동부였다.

이런 상황에서 창립자들이 취한 전략은 외부로부터 안정적인 재원 공급 체계funding regime를 만드는 것이었다. 동시에 지역 수요에 맞는 사업 아이템을 개발하고 그에 적합한 인적 자원을 지역에서 발굴하고자 했다. 또한 사업 전략상의 자원은 다양한 주체들(지방정부, 기업, 비영리단체, 지역 주민)과 수평적 네트워크를 통해 얻었다. 이러한 세 층위의 자원 동원 전략은 서로가 서로를 강화하는 역할을 했다. 이 전략은 어카운트쓰리가 지역 내에 안정적 시장을 만들고 지속가능성을 확보할 수 있게 했으며, 타워햄릿 북부 지역을 대표하는 사회적기업으로서 25년간 역동적으로 운영해올 수 있도록 해줬다.

▼▼▼ 제일 먼저 마련한 '마음 놓고 모일 공간' ▼▼▼

어카운트쓰리의 조직 미션은 창의적이고 지속가능한 지역개발 해법을 모색하고 수행함으로써 지역 빈곤 문제를 해결하고 여성의 삶의 질을 향상시키는 것이다. 이 미션을 실현하기 위해 협력, 창의성, 당사자 중심주의(주체적 문제 해결)을 핵심 가치로 삼고 있으며, 아래와 같은 다섯 가지 구체적 비전을 제시하고 있다.

첫째, 취업 역량을 높이기 위한 교육훈련 서비스를 제공한다. 둘째, 일하고자 하는 사람과 그들을 도울 수 있는 주체를 연결하는 역할을 한다. 셋째, 지역 공동의 경제적 도전 과제를 함께 풀어나갈 수 있도록 주민들과 다양한 주체들을 연결하는 역할을 한다. 넷째, 독자적 서비스 제공 또는 다른 제3섹터 조직과 동반 관계를 통해 여성의 삶의 질 향상을 위한 제도를 도입하거나 지원한다. 마지막으로 협동과 공동작업의 원칙과 기준을 개발하고 성장시킨다.

어카운트쓰리는 25년이라는 긴 역사를 가진 기업인 만큼 다양한 환경 변화와 도전에 직면해왔다. 그리고 그때마다 적절한 비즈니스 기회를 발견하려 노력했다. 어카운트쓰리가 해결하려고 했던 주요 사회문제와 비즈니스 기회는 기업의 성장주기에 따라 다음과 같이 세 시기로 구분해볼 수 있다.[14]

---

14 어카운트쓰리의 기업 성장주기 중 '시장진입기'와 '성장기'는 토니 메어듀가 2009년 10월 12일 메이지대학교에서 했던 "Account3와 Social Inclusion"이라는 제목의 강연회 녹취록(iCOOP 협동조합지원센터 교육팀 정화령 제공)을 요약·정리한 것이고, '성숙기' 부분의 최근 내용은 필자가 작성했다.

첫 시기는 '시장진입기'(1991~1992)다. 어카운트쓰리의 세 설립자는 유색인종 여성들이 주류 문화에서 배제되고 경제활동의 기회를 얻지 못하는 원인이 단순히 영어 능력 부족에 있다고 보지 않았다. 정보와 자원의 부족, 그리고 적절한 정보를 얻을 만한 채널이 없다는 데 그 원인이 있다고 생각했다.

그래서 제일 먼저 한 일이 지역의 여성들이 가벼운 마음으로 들러서 고민을 나누고 편하게 대화할 수 있는, 사랑방과 같은 공간을 마련한 것이다. 초기 이주자인 고령 여성들은 영어를 못 했기 때문에 취업 능력뿐 아니라 사교 능력도 부족했다. 집 안에만 머물다보니 자존감도 낮았고 의욕도 없는 경우가 많았다. 이민자 2, 3세대인 젊은 여성들도 16세까지 의무교육 기간이 끝난 후에는 더 교육을 받지 못했기 때문에 무직 상태로 집에 머무는 경우가 많았다. 설립자들은 이 점에 주목해서 여성이 편하게 들를 수 있는 자리를 만든 것이다. 만나서 수다를 떨다보면 자연스럽게 관계가 형성되고 '어떻게 하면 일을 시작할 수 있을지' '어떻게 하면 지자체의 복지 프로그램에 참여할 수 있을지' 등에 대한 정보도 나눌 수 있었다.

다음으로 한 일은 여성들이 관청에서 취업 상담을 받을 수 있도록 도와준 것이다. 이 여성들에게는 취업 상담을 받는 것조차 쉬운 일이 아니었기에 미리 문답을 연습시켰다. 설립자들이 방글라데시계 여성 그룹과 함께 관청에 찾아가서 취업 상담을 받도록 했으며 인터뷰 후 결과를 가지고 논의를 하기도 했다.

이 같은 활동으로 이름을 알린 어카운트쓰리는 타워햄릿 자치구 경제재생담당관으로부터 지역 여성 실태 조사 사업을 위탁받는다. 지역 여성의 능력이나 잠재력을 조사하고 분석하는 조사였는데, 이를 수행한 것은 이후 어카운트쓰리의 자원 확보에 크게 기여했다.

우선 어카운트쓰리는 지역 여성들과 신뢰 네트워크를 형성하고 있었기 때문에 벵골어와 영어를 동시에 구사할 수 있는 여성을 조사원으로 모집할 수 있었고, 그 덕분에 위탁 사업 예산 중 통역 비용을 아껴 수익으로 남길 수 있었다. 또한 지역 조사를 수행하기 전 어카운트쓰리는 조사원들에게 '여성의 사회 참여를 방해하는 장애 요소'를 함께 조사하도록 교육했다. 이를 통해 조사원들은 여성의 사회 참여 가능성과 필요성을 적극 모색하는 자세를 가질 수 있었다. 그리고 계약 사항에는 '보고서 50부 제출' 규정이 있었는데 1,000부를 인쇄하더라도 비용에서 큰 차이가 없었기 때문에 1,000부를 인쇄해서 남은 950부는 어카운트쓰리의 홍보에 활용했다.

▼▼▼ 사업 수익과 매칭펀드로 교육훈련 시작 ▼▼▼

두 번째 단계는 '성장기'(1992~2000)다. 자치구 조사 사업으로 얻은 수익을 지역 여성의 영어 교육 재원으로 사용하려던 어카운트쓰리는 '유럽사회기금European Social Fund, ESF'에 매칭펀드(matching fund, 공동자금출자) 자원이 있다는 것을 알게 됐다. 여기에 '이주 여성을 위한 언어 교육 프로젝트'를 제안해서 선정돼 더 많은 교육 예산을 확보할 수 있었다.

이 재원이 정부나 기업에서 보조받은 것이 아니라 벌어들인 수입과 매칭펀드로 조성됐다는 것이 중요하다. 교육의 수혜자는 지역의 이주

빈 여성이지만 교육비를 그 여성들에게서 받은 것이 아니라 어카운트쓰리 스스로 마련한 것이다.

영어 교육과정은 노팅엄칼리지Nottingham College와 파트너십을 맺고 ESOLEnglish for Speakers of Other Languages 과정으로 개설해서 4년간 운영했다. 이 과정은 지역 대학과 비교해도 3배 정도의 교육 성과를 보였는데, 수강생인 여성들의 요구를 충실하게 반영해 강좌를 개설했기 때문이다. 예를 들어 어린 자녀가 있는 여성은 수업을 받는 동안 아이를 맡아줄 시설이 필요하다. 수업은 집에서 가까울수록 좋다. 그리고 영어 실력을 단기간에 향상시키려면 소인원제 수업이 좋다. 수업 시작 시간과 종료 시간은 아이들 학교의 등하교 시간대를 피해야 한다. 어카운트쓰리는 이런 요구를 반영해 강좌를 개설했고, 출석률이나 실력 향상 면에서 독보적인 성과를 보였다. 이후 어카운트쓰리의 교육 실적이 축적되자 파트너십 없이 독자 강좌를 EU나 자치구 펀드를 통해 개설할 수 있었다.

이 시기의 또다른 성과는 영국 최초로 여성 공인운전강사Approved Driving Instructor, ADI 양성 과정을 만든 것이다. 1990년대 중반 런던 동부를 통틀어 여성 운전강사는 3명에 불과했다. 이슬람교도들에게는 '남편과 사촌 외 남성과 단둘이 차량 동승 금지' 규율이 있었기 때문에 여성들은 남성 운전강사에게 지도를 받을 수 없었다. 그러다 보니 운전을 할 수 있는 여성은 좀처럼 늘지 않았다.

어카운트쓰리는 이전의 지역 조사를 통해 영국 이주 전 운전면허 취득 경험이 있는 여성들을 파악하고 있었다. 이들을 운전강사로 훈련하면 지역 여성들 다수가 혜택을 보리라는 생각으로 EU와 베스널그린시

티챌린지Bethnal Green City Challenge라는 기업에서 펀드를 받아 과정을 개설했다. 1994년부터 6년간 운영된 이 프로그램에서 80명 이상의 유색인종 여성 운전강사가 양성됐다. 그들은 대부분 실직 가정 출신이었다. 운전강사가 된 후에는 협동조합을 설립해서 다른 여성들이 운전강사 교육을 받거나 택시 운전기사가 될 수 있도록 돕는 역할도 했다.[15]

그리고 1997년 어카운트쓰리는 퀘이커사회운동Quaker Social Action, 환경신탁회사Environment Trust 등과 공동으로 타워햄릿 자치구 최초의 소액신용대출기관 설립을 추진했다. 5년 계획으로 진행된 이 프로젝트로 런던의 대표적 소액신용대출기관인 '페어파이낸스FAIR FINANCE'가 설립됐다. 이는 여성 창업 지원 활동을 하던 중 '창업 자금을 빌릴 곳이 없는' 빈곤 여성의 현실에 문제의식을 갖고 시작한 것이었다. 어카운트쓰리 단독으로 해결할 수 없는 문제였기에 지역 비영리단체와 협력해서 방법을 모색했는데, 이처럼 네트워크를 통해 문제를 해결하는 방식은 이후 어카운트쓰리의 사업 운영에 영향을 줬다.

▼▼▼ 공인 자격 취득 전문 과정 개발 ▼▼▼

2000년부터 현재까지는 '성숙기'라고 할 수 있다. 1990년대 말부터 여성의 창업 지원을 활발하게 펼친 어카운트쓰리는 2000년 '유럽지역

---

15 그러나 이후 EU는 운전강사 프로젝트에 지원하는 펀드를 축소한다. 유럽사회기금ESF의 자금 조성에 환경 관련 로비가 강했고, 운전강사 양성은 친환경 프로젝트에 해당되지 않는다고 판단했기 때문이다.

개발펀드European Regional Development Fund, ERDF'와 '홈오피스커넥팅커뮤니티펀드Home Office Connecting Communities Fund'의 매칭펀드를 받아 새 교육장과 교육생을 위한 탁아소를 열었다. 공간은 버크벡스트리트의 버려진 공장을 빌려서 마련했다. 2001년에는 버크벡스트리트로 사무실을 이전하고 아동 보호와 사회복지 분야의 여성 취업 훈련 과정을 개발했다.

이 시기에 어카운트쓰리는 공인 자격을 부여받는 전문기술 훈련 과정을 개발하는 데 집중했다. 장기적으로 안정적이며 수입 수준도 높은 일자리를 가지려면 전문기술을 갖춰야 한다는 판단에서였다. 특히 2000년대 초에는 정부의 복지 서비스를 민간에 전달할 수 있는 인력에 대한 수요가 매우 높아져 있었다. 1998년부터 노동당 정부가 도입한 빈곤 아동 지원 정책인 '슈어 스타트Sure Start'는 많은 예산을 투입했음에도 실제 복지 서비스를 전달할 주체가 준비되지 않은 탓에 성과를 내지 못했기 때문이다.

이에 어카운트쓰리는 보육교사 양성 과정Child Care Course, 조산사 준비자 과정Maternity Mates Course, 보모 양성 과정Childminding Course 등을 도입하고 공공 또는 민간 인증기관의 인증을 통해 교육과정의 공신력을 높였다. 또한 오랜 지역 활동 과정에서 구성된 네트워크로 지역 여성들의 교육 욕구를 자세히 파악할 수 있었다는 것도 어카운트쓰리만의 자산이었다. 특히 영어와 뱅골어 또는 다른 모국어를 동시에 구사할 수 있으면서 전문 자격을 가진 여성 인력들로 구성된 네트워크는 어디서도 구할 수 없는 독보적인 자산이었다.

▼▼▼ '지불 능력 없는 수혜자' 문제 해결 ▼▼▼

어카운트쓰리의 비즈니스 모델이 특별한 이유는 우선 타깃 층이 분명하다는 데 있다. 어카운트쓰리가 제공하는 취업 훈련, 법률 지원 등여러 서비스의 고객이자 수혜자는 타워햄릿 자치구, 그중에서도 베스널그린 지역에 거주하는 여성들이다.

핵심은 비용을 지불하는 주체와 서비스 이용자가 동일하지 않다는 것이다. 예를 들어 보육교사 양성 과정을 구체적으로 살펴보면 총 3단계 레벨을 이수하는 데 1인당 약 3,000파운드(500만 원 이상)의 비용이 든다. 과정 이수 기간 매주 이틀씩 72주 동안 무보수 실습노동을 해야 한다. 레벨3까지 이수한 사람은 곧바로 보육교사로 일할 기회를 얻을 수 있다. 그러나 일반적으로 빈곤 가정의 여성은 수강료, 그리고 수강 기간 중 아이를 맡길 곳이 없다는 부담 때문에 참여하지 못하는 경우가 많다. 어카운트쓰리는 이 문제, 즉 '수혜자에게 지불 능력이 없다'는 문제를 자체적으로 마련한 재원으로 보조함으로써 해결하고, 탁아소를 통해 교육이 가능하도록 돕는다. 영어 교육과정의 교육비는 대부분 지방정부나 외부 펀드를 통해 전액 지원되고, 위의 보육교사 양성 과정의 교육비는 참여자가 일부를 지불하면 나머지는 지방정부의 보조금으로 채워진다.

이런 방식이 가능한 것은 영국의 지역복지 전달 체계가 갖는 특성 때문이다. 지방정부는 지역사회에 복지 프로그램을 공급하는 주요 방법으로 공개 입찰을 통해 복지 전달자를 선정한다. 선정된 민간단체를 통해 복지 예산을 분배하는 것이다. 지역의 기업이나 단체가 입찰에 부쳐

표4_3 어카운트쓰리의 주요 사업

사업 분야		세부 프로그램
취업 훈련	기초능력 훈련	ESOL 과정
	전문기술 훈련	CELTA 과정
		보육교사 양성 과정Child Care Course
		조산사 준비자 과정Maternity Mates Course
		보모 양성 과정Childminding Course
	취업 컨설턴트	경력 개발, 이력서 작성법, 면접 코칭, 구직 정보 제공 등
	실습과 취업 기회 제공	harmony nursery 운영
		on-site day nursery 제도
법률 지원	고용, 복지 (무서, 부재, 교육), 이민 상담	정기 상담 프로그램
소규모 기업과 비영리단체 지원	협력 사업	지자체, 지역기업, 비영리단체와 프로젝트 공동 수행
	역량 형성 지원	스태프 훈련
		IT 기술 지원
		품질 보증 체계
		자금 조달
		Room Hire(회의와 사무 공간 임대)
지역개발 솔루션 수행	EU, 지방정부 프로젝트	주로 ERDF 또는 ESF의 "The Regional Competitiveness and Employment Objective" 분야 프로젝트 수행
	공동 연구	• 역대 파트너: 타워햄릿 자치구, 월섬포리스트 자치구, London Fire Brigade, The Guinness Trust, ARHAG, Women's Environment Network, NIACE, Tower Hamlets Homes, Circle Anglia • 연구 분야: 사회적기업, 사회주택Social Housing, 도시 문제, 지역개발 솔루션

진 카테고리에 해당되는 복지 서비스 프로그램을 제안하면 지방정부
는 내용을 평가해서 예산을 배정한다. 정부가 방식을 정해놓고 수행자
만 택하는 것이 아니라 민간의 아이디어와 자원이 들어간 서비스를 선
정하기 때문에 창의적이고 다양한 프로그램들이 실행될 수 있다.

타워햄릿 자치구는 4~5가지 핵심 사업 분야를 제시하고 3년 단위의
기금 프로그램을 구성해 공개 입찰을 받고 있다. 어카운트쓰리의 보육
교사 양성 과정 프로그램은 연간 4만 5000파운드, 법률 상담 프로그램
은 연간 7만 6000파운드를 2012~2015년 3년간 배정받았다.[16] 이런 점
에서 지방정부는 어카운트쓰리의 비즈니스 모델상 중요한 파트너라고
할 수 있다.

한편 '주요한 파트너가 누구냐'고 질문했을 때 토니 메어듀 공동대표
는 "가장 중요한 파트너는 지역의 여성들"이라고 답했다. 또한 지역 여
성단체, 사회주택 공급자, 학교와 기타 아동복지 서비스 공급자, 프로
보노(pro bono, 공익활동)로 도움을 주는 일반 민간기업도 중요한 파트너로
꼽았다. 그리고 교육 서비스나 법률 지원 서비스를 제공하는 기업[17]은
중요한 경쟁자이면서 동시에 함께 컨소시엄을 구성하는 파트너이기도
하다.

---

16 타워햄릿 자치구의 정책 문서 "Mainstream Grants Programme 2012-15", Friday, 30th No-
vember, 2012, Mayor's Decision Log, No.19 참조(http://www.towerhamlets.gov.uk/).
17 메어듀는 SERCO와 G4S CARE AND JUSTICE SERVICES를 대표적인 예로 들었다.

▼▼▼ 복지 예산 절감과 지역 소득 증가 효과 ▼▼▼

수입과 비용 구조를 살펴보면, 1994년 매출 11만 3074파운드(약 1억 9000만 원), 순익 6,153파운드(약 1050만 원)였던 것이 2014년에는 매출 45만 3434파운드(약 7억 7000만 원), 순익 1만 1017파운드(약 1900만 원)로 2~4배 성장했다.

25년이라는 역사에 비추어 보면 어카운트쓰리 자체의 매출과 순익, 고용의 성장 폭이 그다지 주목할 만한 수준은 아닐 수 있다. 그러나 사회적기업의 특성상 주요 성과를 수량적 지표만으로 측정하는 것은 한계가 있다. 수익 창출을 목표로 하는 기업이 아닌 만큼 적자를 기록하고 않고 사업을 유지한다는 자체로 이미 사회적기업의 기본 소임은 하고 있는 셈이다.

어카운트쓰리 사업의 진짜 성과는 사회적 영향력에서 가늠해볼 수 있다. 2014년에 발간한 〈연간 활동 보고서Annual Report〉와 기업 공시 서류의 이사회 보고를 근거로 각 사업 영역의 주요한 성과를 정리해보면 표4_4와 같다.

어카운트쓰리의 사회적 성과는 비단 '자격 취득 몇 명' 식의 수치 계산에 그치지 않는다. 복지수당 수급자였던 빈민 여성에게 질 좋고 값싼 교육과 훈련 서비스를 제공함으로써 취업자가 되도록 하는 것은 복지 예산 절감과 지역 소득 증가라는 두 가지 장점을 가진다. 또한 이 과정에서 지역 여성들 간의 상호 네트워크가 생겨나고 지역단체와 기업, 지방정부와도 수평적 네트워크가 형성됨으로써 지역공동체 안에 신뢰와 긍정적이고 협력적인 문화가 만들어진다는 것도 중대한 성과다.

표4_4 어카운트쓰리의 2013~2014년 주요 성과

사업 영역		사업 성과
취업 훈련	기초능력 훈련	• ESOL과 기초 문해, 연산 교육 계속 운영
	전문기술 훈련	• 74명이 어카운트쓰리에서 레벨 1, 2, 3, 4 과정 이수 • 전 직원과 자원봉사자들 공인받은 훈련 이수 • 2년간 조산사 양성 과정 운영
	취업 컨설턴트	• 취업 전 또는 고용 상태에서 훈련 중인 200명에게 외부 훈련 제공자와 일대일 IAG (Information, Advice and Guidance) 서비스를 받도록 지원
	실습과 취업 기회 제공	• 46명의 지역 주민이 유급 고용을 유지할 수 있도록 지원 • 32명이 가치 있는 노동 경험을 할 수 있도록 지원
법률 지원	고용, 복지 (주거, 부채, 교육), 이민 상담	• 일반적인 지원과 사례 관리 수준의 복지 상담 1,300건 이상 • 복지와 채무 상담을 통해 90건 이상의 강제 집행과 퇴거 명령을 중단시킴
소규모 기업과 비영리단체 지원	협력 사업	• WHFS와 공동으로 조산사 양성 과정 개발
	역량 형성 지원	• 23개 지역단체의 역량 형성 지원 • 20개 이상의 단체에 공간, IT 지원과 기타 자원 제공
지역개발 솔루션 수행	EU, 지방정부 프로젝트	• ESF와 런던 의회 공동으로 재원을 마련해 진행한 'City of London Project, City Step 2'에 참여. 어카운트쓰리는 'payment by result' 방식의 고용 증대 프로그램을 수행
	기타	• 지역 주민의 수입 8만 8346파운드 증대

구체적인 예로 여성 운전강사 양성 프로그램을 살펴보면, 표4_5의 계산과 같이 26세의 여성이 운전강사로 취업해 연간 3만 파운드를 벌면 최대 34년 동안의 사회보장 급여 35만 3600파운드(약 6억 원)가 절약되며 같은 기간 내는 소득세는 20만 4000파운드(약 3억 5000만 원)가 된다. 이를 합치면 국가경제에 55만 7600파운드(약 9억 5000만 원)의 기여를 하는 효과가 있다.[18]

표4_5 여성 운전강사 양성 프로그램

26세부터 일을 하지 않아 사회보장 급여 수급자가 될 경우		26세에 운전강사로 취업할 경우 (평균 1년에 3만 파운드 수입)		비고
비용(사회보장 급여, 파운드)		소득에 따른 세금 증대·절약(파운드)		
1주일	200	1년 소득세(20%)	6,000	복지 지출은 줄고 세수는 늘어남
1년	10,400	34년 동안 내는 세금	204,000	
		34년간 절약하는 복지 급여	353,600	
34년	353,600	세수 증대+세금 절약	557,600	

아울러 지역 여성이 아동복지 전문인으로 훈련받아 지역기관에서 일하면 복지 서비스 질이 향상된다. 지역의 현실을 잘 알 뿐 아니라 지역공동체의 언어를 구사할 수 있어 이용자나 보호자의 욕구를 더 정확히 파악할 수 있기 때문이다. 또한 지역에 공신력 있는 교육기관이 존

---

18 표에는 반영되지 않았지만, 이 여성이 운전강사 교육을 통해 일자리를 구하지 못했을 경우 실업수당은 개인만이 아니라 가족 전체가 받게 되므로 실제로 어카운트쓰리의 프로그램이 절약해주는 복지비용은 더 크다.

재하면 지역민이 정보 불균형으로 인한 손해도 피할 수 있으므로 결국 어카운트쓰리가 제공하는 서비스의 수혜자는 지역사회 전체라고 할 수 있다.

이 밖에도 인터뷰 과정에서 알게 된 의미 있는 부분은, 이 기업의 직원 근속 연수가 상당히 긴 편이라는 것이다. 창업 이래 직원이 해고된 일은 한 번도 없었고, 건강상의 이유로 그만둔 경우를 제외하면 자발적으로 퇴사한 경우도 몇 건 되지 않는다. 그나마도 더 특화된 활동을 위해 다른 단체로 옮기거나 직접 단체를 세운 경우일 뿐, 미션이나 업무가 맞지 않아 직원이 그만둔 경우는 한 건도 없다고 한다. 어카운트쓰리가 지역 주민이 좋은 일자리를 갖도록 도울 뿐 아니라 스스로 좋은 일자리를 만들고 있다는 점에서도 기업 활동의 진정성과 내실을 엿볼 수 있었다.

▼▼▼ '이주의 시대'를 맞는 한국에 주는 시사점 ▼▼▼

이주민 집단 거주지는 도시 주변의 섬처럼 고립되고 슬럼화되기 쉽다. 영국 런던의 타워햄릿 자치구도 전형적인 이주민 거주지로 이주민과 원주민 사이의 갈등이 고조되고 범죄 지역이라는 인식이 커지고 있었다.

어카운트쓰리는 지역 주민 스스로 해결할 수 없는 사회문제를 매우 창의적으로, 많은 물적 자원을 투입하지 않고 해결해나가고 있다는 점에서 돋보이는 사회적기업이다. 이 기업의 역할로 인해 타워햄릿 지구에서는 정부와 주민들 사이에 협력 구도가 형성되고 공동체 재건과 지역재생이 이뤄지고 있다. 한국과 영국의 현실은 많은 부분에서 공통점보다는 차이점이 크므로 직접 적용은 어렵겠지만 어카운트쓰리가 시도한 창의적인 일들은 충분히 참고할 만하다.

우선 어카운트쓰리의 서비스는 지역에 초점이 맞춰져 있지만 조직의 유지를 위한 활동은 지역 경계를 넘어 EU, 중앙정부, 지방정부, 다른 자치구, 다른 지역의 비영리단체 등과 전방위로 연계돼 있다. 이는 지역 문제 해결을 위해서는 더 폭넓은 지리적 단위의 사고가 필요하다는 교훈을 준다. 한국의 커뮤니티 비즈니스 또는 사회적기업도 자원이 한정된 지역의 경계를 넘어 활동을 조직하되, 그 활동의 타깃은 정확히게 지역의 문제로 한정짓는 전략을 쓸 필요가 있다.

둘째, 어카운트쓰리는 철저한 지역 조사와 분석을 통해 지역 주민의 욕구를 사업 아이템으로 만들어냈다. 지역 주민의 욕구가 시장이자 곧 자원이 될 수 있다는 점을 가장 잘 보여준 사례라고 할 수 있다.

셋째, 어카운트쓰리는 자신의 교육과 컨설턴트 서비스에 대해 공신력 있는 외부 인증을 획득함으로써 두 가지 이득을 얻을 수 있었다. 하나는 외부 펀드를 신청할 때 다른 기관에 비해 유리한 입지를 점할 수 있었다는 점이고, 다른 하나는 교육을 이수한 여성의 능력 증명이 용이해 고용 가능성을 높일 수 있었다는 점이다.

넷째, 어카운트쓰리의 활동은 가계에 대한 종합적 지원으로 자립을 돕는다는 점이 의미 있다. 가정의 부채와 복지 상담 서비스를 제공하며, 여성(어머니)의 취업 활동을 돕고, 청소년들을 위해서도 전문기술과 취업 교육과정을 운영하며, 5세 미만 아동을 대상으로 한 돌봄 서비스도 갖추고 있다.

이런 성공 요인 외에도 어카운트쓰리가 직면하고 있는 세계화 시대의 현실 자체가 우리에게 중요한 시사점을 제공해준다. 앞서 살펴본 바와 같이 타워햄릿 자치구는 민간자본이 주도한 지역 불균형 발전 때문에 지역 내 갈등의 경계선이 그어졌다. 어카운트쓰리는 그 경계에서 사회적 문제에 직면한 사람들을 발견했고 이들을 주요 대상으로 삼아 비즈니스 모델을 만들었다.

도시 빈곤, 이주민 문제는 그 도시의 산업 구조, 개발 방향과 깊이 연동돼 있다. 런던이 겪고 있는 문제들은 서울 등 한국 도시에서도 얼마든지 일어날 수 있다. 소수민족의 공동체가 방어적으로 형성되는 문제는 구분짓거나 억지로 흩어지게 함으로써 해결하기 어렵다. 공동체가 건강하게 살아 움직이고 내부의 역량을 강화할 때 지역재생과 발전의 기회도 모색할 수 있다.

이 점을 어카운트쓰리는 25년간의 활동으로 보여주었다. 이 사례는 '이주의 시대'를 점점 더 체감할 한국 사회에 매우 중요한 시사점을 줄 것으로 보인다.

표4_6 어카운트쓰리의 성장 과정

1991	베스널그린 구에 위치한 St Margaret's House(Room.11)에 사무실 개소. 런던 거주 여성을 위한 구직 지원 사업 시작
1992	지역 여성의 수요 조사를 실시하고, 여성 직업훈련 프로그램과 구직 지원 프로그램 지속을 위해 EU의 펀드 신청. 어카운트쓰리가 St Margaret's House에서 개발한 모델을 적용해 Roman Road에서 처음 실시된 지방정부의 구직 지원 사업을 지원

1993	지역 주택단지와 초등학교에 지역 여성을 위한 ESOL 과정 개설
1994	영국 최초로 여성 ADI(Approved Driving Instructor, 공인운전강사) 양성 과정을 EU와 Bethnal Green City Challenge라는 기업의 펀드를 받아 시작. 이 프로그램은 6년간 운영됐으며, 80명 이상의 유색인종 여성 운전강사를 양성. 그들은 대부분 실직 가정 출신이었으며, 운전강사가 된 후에는 동료들이 운전강사가 되도록 교육하거나 블랙 캡 택시 운전기사가 될 수 있도록 비용을 지원하는 역할을 함
1994	최초의 여성 운전강사 협동조합 Women In Tuition Stepney Ltd. 설립
1994	일본 메이지대학교와 자매결연
1995	영국 노동자생산협동조합 전국 연맹체인 신업공동소유운동ICOM의 린딘 지부와 사회적기업 발전을 위한 체제 구성 작업을 공동 수행
1997	타워햄릿 자치구 최초의 소액신용대출기간 설립을 위한 프로그램을 Quaker Social Action, Environment Trust, HFA와 공동으로 수행. 이 프로그램은 5년 후 독립 신용대출기관을 설립하는 것을 목표로 설계됐고, 런던의 중요 소액신용대출기관인 FAIR FINANCE 설립의 기초가 됨
1998	타워햄릿 최초의 여성 창업 지원 프로그램을 수행. 이 프로그램은 Marine Insurance to Home Stay의 펀드를 받아 1년간 100명의 여성이 창업할 수 있도록 지원
1999	평가기관의 인증을 받은 취업훈련 과정을 회사에서 직접 제공하기 시작
2000	ERDF와 Home Office Connecting Communities Fund의 매칭펀드를 받아 버크벡스트리트의 버려진 공장을 임차해 새 교육 장소와 교육생을 위한 탁아소 공간으로 운영
2000	타워햄릿 자치구 자원봉사 섹터와 공유하는 훈련·고용·역량 형성 서비스 전달을 위해 500만 파운드 조성
2001	의무교육을 마친 16세 이상자의 교육 지속과 성취를 지원하는 상담 서비스 시작
2001	버크벡스트리트로 사무실을 이전하고 아동 보호와 사회복지 분야의 여성 취업훈련 과정을 개발
2003	출판 아울렛을 세워 여성 문해 교육과 여성을 위한, 여성에 의한 다수의 책을 출간

2005	트리니다드토바고 정부 초대를 받아 Women's Enterprise Provision in the Caribbean, Culminating in Enabling Enterprise, a Caribbean-wide Social Enterprise Conference의 틀을 짜기 위한 구성원으로 참여
2006	160명의 소말리아계 여성이 보육 서비스 분야에서 일할 수 있도록 훈련. 100명이 레벨2 아동보육사 자격을 취득하고 50명이 보육원 스태프, 보조교사, 탁아방 교사, 놀이교사 등 유급노동자로 취직
2008	런던과 유럽지역개발기금이 택한 최고의 objective2(지역 경쟁력과 고용 향상) 프로젝트 수행 지역기관으로 선정
2008	초임 일자리에서 관리직으로 경력 상승을 원하는 100명의 유색인종 여성에게 컨설턴트와 훈련 제공. 이를 통해 100명이 레벨3 아동보육사 자격을 취득(이 자격증은 CCLD L3, IAG L3, Institute of Leadership & Management L3 인증을 받음). 50명은 실업 상태에서 벗어났으며, 50명은 상위 직종으로 이직
2009	메이지대학교 초청으로 일본에서 'Social Enterprise: a tool for Driving Change'라는 주제로 강연
2009	버크벡스트리트의 새 건물에 입주. 새 건물은 전일제 보육 공간, 교육장, 실내정원, 놀이 공간 등을 갖춤
2010	타워햄릿의 청년 실업자를 위해 44개의 일자리를 창출하는 Future Jobs Fund 사업에 참여. 2년 후 고용 유지 70%를 기록(Future Jobs Fund의 세밀한 사전 기획과 설계로 고용이 지속될 수 있었음). '교육훈련보조금Train to Gain' 계약 100% 달성
2011	Women's Health and Families Services와 공동으로 공인조산사 양성 과정 시작

• 자료 출처: 어카운트쓰리 홈페이지(http://account3.org.uk/projects.html)의 표 번역, 정리.

_유승태

5장 터닝포인트

터닝포인트에서 인생의 전환점을 찾다

    터닝포인트Turning Point라는 영국의 사회적기업을 조사하면서 떠올린 것은 "지불 능력이 없는 취약층을 대상으로 한 사회서비스는 어떻게 수익 모델을 만들어야 하는가?"라는 사회적경제 부문의 고질적인 고민이었다.

    터닝포인트의 서비스 대상은 알코올중독자, 약물중독자, 신체적·정신적 장애로 학습 능력이 저하된 사람들, 일하고 싶어도 경력 부족 등으로 할 수 없는 사람들, 그리고 이런 여러 어려움을 동시에 가진 사람들이다. 이들은 대부분 자산과 소득이 없을 뿐 아니라 노동력의 질을 담보하기 힘들고 사회적 관계를 맺는 데도 어려움을 겪는다. 무엇보다 서비스가 아무리 좋고 가격이 저렴해도 경제적 부담을 가질 수밖에 없다. 이런 유형의 서비스 특성상 장기간 이용해야 성과가 조금이라도 나타날 수 있기 때문이다.

따라서 "구매력이 없는 소비자를 대상으로 사업을 어떻게 계속 확장하고 순이익을 내는가?" "이것이 가능하다면 누가, 왜, 어떻게 이들을 대신해 서비스 이용에 대한 비용을 지불하는가?"에 주목해야 할 필요가 있다. 또한 서비스 수요가 지속적으로 이루어지는 이유, 즉 "직접적인 수요자(서비스 수혜자)와 가치 지불자의 욕구를 만족시키는 요인은 무엇인가"를 살펴볼 필요가 있다. 한국에서도 취약층을 위한 서비스 아이디어는 적지 않지만, 어떻게 이를 사회적경제 비즈니스 모델로 만들 것인가에 대해서는 뾰족한 답을 내놓지 못하는 경우가 많기 때문이다.

▼▼▼ 50년 이상 활동, 전국 250개 지역에서 운영 ▼▼▼

터닝포인트[1]는 배리 리처즈Barry Richards가 1964년 런던에서 알코올중독 주민에게 주택 지원을 하는 '캠버웰알코올프로젝트Camberwell Alcohol Project'[2]를 진행한 데서 시작됐다. 비영리단체인 터닝포인트가 사회적기업 '터닝포인트서비스Turning Point Service'를 운영하는 구조다. 지역주민의 삶에 영향을 끼치는 여러 문제들 중 알코올중독과 약물 오용, 학습장애, 정신건강 등에 초점을 맞추어 사업을 운영하고 있다.

50여 년간 활동하고 규모를 확장해온 결과 현재는 잉글랜드와 웨일

---

1 터닝포인트는 등록자선단체(Turning Point 2012 Registered Charity 234887)로 본사는 런던 만셀스트리트 스탠던 하우스(Standon House 21 Mansell Street London E1 8AA)에 있으며 홈페이지는 www.turning-point.co.uk이다.
2 버밍엄셔BUCKS 카운티의 밀턴게인스Milton Keynes에 사립 주거요양시설Residential Care Homes로 설립되었다.

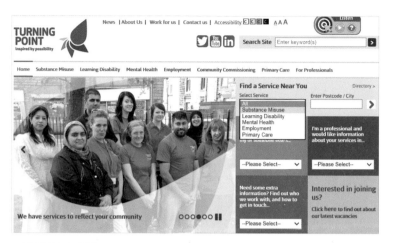

▶ 터닝포인트 홈페이지.

스에 걸친 250개 이상의 지역에서 전문적인 통합 서비스를 제공하고
있다. 통합 서비스란 이용자들이 치료만 받는 것이 아니라 고용과 자원
봉사 등으로 지역사회 공동체 생활 전반에 참여할 수 있도록 연계된 서
비스를 말한다.

2012년 총 수입은 5463만 파운드(약 930억 원)로 운영비를 제외한 순이
익은 23만 7000파운드(약 4억 원)였다. 모든 잉여는 비영리 의료와 사회
복지 서비스를 제공하는 사업과 지역사회에 재투자된다.

터닝포인트의 현 CEO인 빅터 애드보웨일 경Lord Victor AdeboWale은
사회적 소외의 원인과 해결에 관심을 두고 일해온 인물이다. 공동체 주
택 부문에서 일하다가 1995~2001년 청소년 노숙자를 위한 자선단체
인 '센터포인트Centrepoint' 대표를 역임했다. 2000년에는 사회적 기여를
인정받아서 작위Lord를 받았으며, 그 뒤 터닝포인트로 옮겨 와 현재까
지 대표를 맡고 있다. '흑인과 소수민족 정신건강 국가 운영 그룹'의 공

▶ 빅터 애드보웨일 경. 2001년부터 현재까지 터닝포인트 CEO를 역임하고 있으며, 사회적기업 활동으로 2000년 작위를 받았다. 링컨대학교 객원교수이자 명예총장, 버밍엄대학교 보건관리서비스센터 준회원, APPG(ALL PARTY PARLIAMENTARY GROUP) 공동의장이다.

동의장이기도 하다.

조직 운영을 담당하는 부사장 데이비드 호어David Hoare는 지역사회에서 치료와 약물 오용 문제 관련 활동을 하다가 1984년 터닝포인트에 합류했다. 전문 경영 지원 부문 책임을 맡고 있는 부사장 앤디 제임스Andy James는 2004년부터 터인포인트에서 일하고 있다. IT, 통신, 의류를 포함한 다양한 산업과 금융 분야에서 25년 이상 일한 경력을 살려 터닝포인트의 IT와 금융 부문을 책임지고 있다. 비영리단체들이 운영에 전문성을 더할 수 있도록 돕는 역할도 하고 있다. 또다른 부사장 줄리 배스 Julie Bass는 보험, IT, 보건과 사회복지 분야에서 20년 이상 관리

표5_1 터닝포인트 연혁

1964	배리 리처즈 '캠퍼웰알코올프로젝트' 시작
1969	런던, 마약중독과 알코올중독 재활 서비스 시작
1972	맨체스터에서 '리처즈 하우스 알코올 서비스' 오픈
1984	전국 21개 중독물질 오용 극복 서비스 확장 동쪽 중부 지역과 북서부 지역에서 '정신건강 서비스' 시작
1991	월트셔 주에서 학습장애 극복과 지원 서비스 시작 봉사 활동, 주기 지원 등 시비스 나양화
1997	형사사법시스템 활용 연계 작업 시작 사람들이 원하는 삶을 목표로 건강과 사회복지 서비스 선도
2000	웨일스 지역에서 '약물 치료와 테스트 프로젝트' 시작
2011	얼스코트 지역에 1차 의료 서비스 사업 오픈
2014	영국의 선도적인 소셜케어 기관으로서 터닝포인트그룹 사업 진행 중

자로 일한 경험을 가지고 있다. 터닝포인트에서 조직 재구성, 합병, 인수, 새로운 프로젝트의 실행을 맡고 있다.

▼▼▼ "개인의 문제 해결에는 이웃이 필요" ▼▼▼

터닝포인트서비스[3]의 주 사업은 의료와 사회복지 서비스다. 약물과 알코올 오남용자와 중독자에 대한 치료와 생활 복귀 프로그램, 정신지체·신체장애인 학습과 생활 지원, 정신건강 케어, 범죄 경력자와 홈리스 고용 프로그램, 지역 주치의를 통한 1차 진료 사업 지원 등을 진행하고 있다.

이 서비스들은 터닝포인트 단독으로 수행하는 것이 아니다. 지역위원회, 국가보건서비스National Health Service, NHS,[4] 정신보건센터 등과 통합 관리를 통해 서비스 이용 당사자뿐 아니라 주변인의 생활까지 전체를 조망한다. 단순히 현재 눈에 보이는 증세만 치료하는 것이 아니라 그런 증세가 나타난 원인이 된 개인의 삶과 지역의 문제를 같이 해결하려는 것이다. 이런 역할을 수행하기 위해서는 고도의 전문성이 필요하다. 때문에 터닝포인트는 정부, 지자체, 경찰, 1차 진료기관, 전문 치료기관, APPG [5] 등의 관계망을 통해 서비스 대상 의제를 개발하고, 개선 프로그램을 만들어 제안하며, 제도적 지원 기반을 마련하고 있다.

여기에는 "개인의 문제를 해결하기 위해서는 이웃이 필요하다"는 철학이 깔려 있다. 한 개인이 가진 정신적 문제를 해결하기 위해 가장 좋은 방법은 이웃과 관계를 회복하고, 공동체 안에서 자기의 필요성을 인식하며, 폭넓은 교류를 통해 사고의 폭을 넓히고 포용력을 가지는 것이

---

3 터닝포인트서비스는 등록자선단체인 터닝포인트그룹에서 사업을 담당하는 자회사 성격의 사회적기업(유한책임보증회사)이다.

4 NHS는 영국의 무상의료제도이다. NHS는 3대 원칙(첫째, 모든 이의 필요에 응한다. 둘째, 치료 시점을 기준으로 무상으로 제공한다. 셋째, 환자의 지급 능력이 아니라 의료적 필요에 따라 제공한다)에 따라 유지되고 있다. 현재의 잉글랜드와 웨일스의 NHS 시스템은 1977년의 국가보건서비스법National Health Service Act을 근간으로 만들어졌다. 신자유주의 복지 삭감, 민영화 정책에서도 의료와 철도는 민영화하지 않았다(〈한겨레〉, 2014. 3. 4. 기사 참조).

5 APPG(All Party Parliamentary Group)는 사회적 소외계층이 주택, 실업 서비스, 정신보건 시설이나 약물 오용 지원에 쉽게 접근하도록 하기 위해 2007년에 설립된 기관으로 터닝포인트가 사무국 역할을 하고 있다.

중요하다는 철학이다. 터닝포인트의 서비스는 개인과 지역사회의 안정된 관계를 만들기 위한 끊임없는 노력의 과정이라고 할 수 있다. 그동안 알코올중독 등 문제를 개인의 성향과 책임으로 보는 시각이 강했는데, 이를 탈피해서 사회 전반의 구조적인 환경 개선까지 이뤄져야 개인의 삶도 달라질 수 있다는 데 대한 사회적 공감대를 만들어가고 있다는 것이 터닝포인트의 사회적 가치라고 하겠다.

구체적으로 프로그램을 살펴보면, 먼저 중독물질 오남용 극복 서비스Substance Misuse는 현재 잉글랜드와 웨일스 78개 지역에서 운영 중이다. 이 분야에서는 영국 내에서 비교할 단체가 없을 만큼 선도적이다. 영국은 약 160만 명이 심각한 알코올 의존 성향을 보이지만 그중 6.4%만이 치료를 받고 있다. 또한 약물 오남용에 따른 여러 가지 문제가 존재해왔다.[6] 10대부터 노년층에 이르기까지 다양한 종류의 약물에 노출되어 있으며, 정보가 부족한 새로운 약물의 사용으로 인한 사회적 폐해가 증가하고 있는 추세다. 터닝포인트는 약물과 알코올 남용에 대해 이용자 개별 접근 방식에 초점을 맞추고 한 해 7,000여 명에게 통합 복구 서비스를 제공하고 있다.

이 서비스가 효과를 거두는 것은 전문기관들과 긴밀한 협조 때문이다. 중독물질 남용, 가용성·용량과 약물치료의 효과를 개선하기 위한 국민 건강 서비스 특별 보건 당국(중독물질오용국가치료기구National Treatment

---

6 영국의 알코올중독 인구는 전체 인구의 약 14%에 달한다. 약물 오남용도 심각한 수준이다. 2005년에는 영국에서 약물과 관련해 1,644명이 사망하여 약물중독 관련 사망률이 세계 2위였다(Peter & Alex, 2007). 간염hepatitis C의 90%, HIV의 6%가 주사 흡입 약물중독의 결과로 보고되었다(NHS choices, 2008).

표5_2 중독물질 오남용 극복 서비스

편익 제공 서비스	• 약물과 그 효과에 대한 조언과 정보 안내 • 그룹 세션 • 일대일 지원(생활 밀착 지원) • 서비스 이용자의 요구에 맞춘 특성화한 전문가 배치

Agency for Substance Misuse, NTA(www.nta.nhs.uk), 약물중독과 알코올중독에 대한 무료 의료 정보, 연구 논문과 뉴스를 제공하는 '어딕션어드바이서 Addiction Advisor'(www.addictionadvisor.co.uk), 이용자 간 이야기치료와 상담을 제공하는 비영리단체 '타임투토크TimeToTalk'(www.timetotalk.org), 약물 남용 예방의 주요 단체인 국제 NGO '멘토리스Mentoris'(www.mentorfoundation.org), 약물과 알코올 관련 문제, 가족과 친구와 사람들을 위한 무료 정보와 기밀 정보, 지원을 제공하는 독립적인 약물 위기, 정보와 지원 자선단체인 '드러그스라인Drugsline'(www.drugsline.org) 등이다.

이뿐 아니라 이용자의 주택, 부채, 고용, 범죄와 법률 문제에 대한 상담과 해결에 이르기까지 다양한 서비스를 제공한다. 생활 전반에 걸친 직간접적 지원을 하고 있는 것이다. 또한 지역 대학과 협력해 약물 접근성이 높은 주민들을 위한 예방 강연을 하고 있으며, 대중매체를 통해 새로운 약물에 대한 정확한 정보와 위험성을 알리는 홍보 활동을 활발히 해오고 있다.

▼▼▼ 이용자 스스로 프로그램을 선택하고 결정 ▼▼▼

두 번째로 터닝포인트가 중점을 두고 있는 것은 '학습장애 극복 서비스Learning Disability'다. 25개 사업장이 브래드퍼드Bradford, 솔즈베리Salisbury, 모페스Morpeth 등 지역에 있다. 학습장애는 생활하는 데 필요한 기술을 습득하거나 복잡한 정보를 이해하는 데 어려움을 느끼는 것을 말한다. 또 신체적·정신적으로 학습 능력이 감소된 상태도 해당한다. 자폐스펙트럼,[7] 치매, 정신지체, 신체장애 등에서부터 학습장애와 정신건강 문제가 복합적으로 일어나는 '이중진단dual diagnosis'의 상태도 모두 포함된다.

이 서비스의 핵심은 이용자의 요구를 파악하고, 자신의 선택과 결정으로 원하는 프로그램을 진행하게 함으로써, 독립적으로 자신의 생활을 설계하고 실행할 수 있도록 돕는 것이다.

이 서비스 역시 파트너들과 협력 관계 속에서 구체성을 얻는다. 정신건강과 학습장애 정책을 포괄 상담 지원하는 '정신건강재단The Mental Health Foundation'(www.mentalhealth.org.uk), '국립자폐증협회The National Autistic Society'(www.autism.org.uk), '학습장애연합Learning Disability Coalition'(www.learningdisabilitycoalition.org.uk), '영국학습장애연구소British Institute of Learning

---

7 자폐스펙트럼은 두뇌 인지 공간의 과도한 성장으로 인한 두뇌 구조 이상이라는 생물학적 원인에서 비롯한다. 과도한 내적 인지 공간의 성장은 주의와 의식이 내부 인지 공간의 기억 세계로 과잉 집중(자폐)되도록 만들고 그에 따라 다양한 자폐적 인지장애가 발생한다. 이런 자폐적 인지장애로 인해 지적 수준이 반영된 다양한 정서·행동장애의 특성들이 나타난다(송광한, 〈인지 메커니즘을 통한 자폐스펙트럼장애의 개념과 하위 유형의 재정립〉, 《정서·행동장애연구》, 제29권 제2호, 사단법인 한국정서·행동장애아교육학회, 2013).

Disabilities, BILD'(www.bild.org.uk) 등이다. 또한 치료 후 취업을 비롯한 경제생활의 안정을 지원하는 서비스도 갖춰져 있다. 일자리, 대출과 보조금 혜택에 대한 정보를 제공하는 '일자리센터플러스Jobcentre Plus'(www.gov.uk/contact-jobcentre-plus), 취업 지원기관 '다이렉트고브Directgov'(www.direct.gov.uk) 등이 이 서비스의 주요 파트너다.

표5_3 학습장애 극복 서비스

편익 제공 서비스	• 봉사활동 지원 • 생활 지원 • 거주 케어 • 간호와 주거 관리 • 자폐스펙트럼장애 돌봄·학습 서비스 등
서비스 이용자 참여 활동	• 피드백 양식 완료·수집 • 입주자 만족도 조사·수집 • 네트워크와 회의에 참여하기 • 가족·보호자 뉴스레터 'The link' 제작 참여 등

▼▼▼ "개인이 공동체의 일원으로 돌아가는 것"이 목적 ▼▼▼

세 번째는 '정신건강 지원 전문 서비스Mental Health'다. 전문 사업장 28개가 스티버니지Stevenage, 노팅엄Nottingham, 헤일샴Hailsham 등에서 운영되고 있다. 정신건강 문제에 접근하는 가장 중요한 자세는 개별 이용자의 조건과 상황이 다름을 이해하는 것이다. 그런 이해를 바탕으로 이용자에 대한 개별 치료뿐 아니라 치료 후 생활 복귀, 공동체 재편입이 가능하도록 돕는 단계까지 서비스가 진행된다. 여기서도 핵심적인 것은 '자기 주도 지원Self Directed Support'이 되도록 한다는 것이다. 전문가들이 치료의 순서와 방향을 짜주는 것이 아니라, 서비스 이용자가 자신이 원하는 삶을 설계하고 만들어가는 능력을 갖추도록 도움을 주는 것이다.

정신과 치료, 주거요양시설 지원, 간병인 지원, 주택 관련 지원, 재무 상태(수익과 부채) 상담, 법률 상담 등이 맞춤 지원되며, 생활에 관한 기술을 습득하기 위한 교육과정도 제공된다. 언어치료, 동물치료 등 다양한 치료 방법과 스포츠 활동, 지역의회 참여, 자원봉사 등 사회성을 회복할 수 있는 프로그램도 갖추고 있다.

이런 서비스들은 이용자가 살고 있는 커뮤니티와 연계 아래 구성된다. 되도록 생활 반경 안에 있는 기관과 자원을 통해 치료를 진행함으로써 치료 중 자연스럽게 공동체와 교류하고, 그 안에서 살아갈 수 있도록 하는 것이다. 가족 등 보호자에 대한 지원을 함께 한다는 것도 특징이다. 정신건강 문제는 주변 사람들에게도 큰 영향을 미치기 때문에 통합적 서비스를 위해서는 가족과 보호자에 대한 관심과 심리적 지지가 필요하다는 인식에 근거해서다.

이 서비스를 함께 진행하는 기관으로는 정신건강 약자의 자살 방지 서비스를 제공하는 비영리단체 '사마리탄즈Samaritans'(www.samaritans.org), 정신건강 문제를 가진 사람들의 삶의 질 개선을 위한 '정신건강센터Centre for Mental Health'(www.centreformentalhealth.org.uk), 정신건강 문제에 대한 정보와 지원 프로그램을 제공하는 '세인SANE'(www.sane.org.uk), 'NHS연합', '정신건강 공급자 포럼The Mental Health Providers Forum'(www.mhpf.org.uk), '마인드Mind'(www.mind.org.uk) 등이다.

표5_4 정신건강 지원 전문 서비스

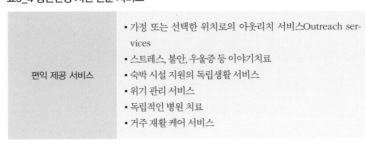

편익 제공 서비스	• 가정 또는 선택한 위치로의 아웃리치 서비스Outreach services • 스트레스, 불안, 우울증 등 이야기치료 • 숙박 시설 지원의 독립생활 서비스 • 위기 관리 서비스 • 독립적인 병원 치료 • 거주 재활 케어 서비스

이상으로 알 수 있는 터닝포인트 서비스의 근본 목적은 병증 퇴치를 넘어서 개인이 공동체의 일원으로 살아갈 수 있는 조건을 만드는 것이다. 무엇보다 개인의 선택과 의사결정을 중심으로 한다는 데 포인트가 있다. 또한 삶의 질을 개선하는 해결책에 지역 커뮤니티가 함께한다는 것도 중요하다. 그 효과를 높이기 위해 터닝포인트는 각 서비스 이용자 중 필요한 경우에 대해 주거 공간을 제공하는 서비스도 체계적으로 제공하고 있다.

표5_5 2011/2012 회계연도 주거 지원 서비스 성과

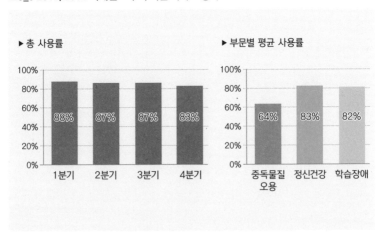

▼▼▼ "문제를 다 극복 못 해도 일할 수 있다" ▼▼▼

네 번째로 설명할 서비스는 '직업 지원과 고용 프로그램Employment'이다. 셰필드Sheffield, 비콘사이드Beaconside, 버밍엄Birmingham 등 지역에 6개 사업장이 운영 중이다. 이 서비스는 앞서 설명한 약물 오남용과 중독, 학습장애, 정신건강 문제에 대한 서비스와 연결돼 있다. 또한 범죄 경력자와 노숙자도 서비스 대상자다. 일반적으로는 취업 기회를 찾기 어려운 이들에게 안정적인 일자리를 찾을 수 있도록 교육과 훈련 기회를 제공하고, 개인에 대한 맞춤 상담을 진행하는 것이 주된 내용이다.

다른 취업 알선 프로그램과 차별점은 각 이용자 개인이 지면히고 있는 고유의 문제들을 고려하면서 진행된다는 것이다. 중요한 것은 "이용자가 자신의 문제를 완전히 극복하지 못했더라도 일할 수 있다"는 관점이다. 이에 따라 사회적인 편견과 배제 때문에 세상에 나올 용기를 갖지 못하는 사람들에게 용기를 주고 자존감과 정체성을 회복할 수 있도록 돕는 '코칭' 과정이 포함돼 있다.

표5_6 직업 지원과 고용 프로그램

편익 제공 서비스	• 일대일, 그룹 지원 교육과 고용 연계 • 정보 조언과 지침 교육 • 현재의 기술과 능력의 전체 평가 • 이력서 작성, 취재 인터뷰 훈련 • 신뢰 구축과 효과적인 면접 기술 • 구조적 사전 취업 교육: 고용, 보건과 사회복지를 포함하여 공동 작업 방법 • 고용과 직장 체험 기회를 지원하는 액세스 • 개인과 동기 부여 코칭 • 인지행동치료CBT, 이야기치료

다섯 번째로 설명할 터닝포인트 서비스의 사업은 '1차 진료 서비스Primary Care'다. 1차 진료는 영국의 의료 체계[8]에서 일반의General Practitioner, GP에 의한 의료 서비스를 말한다. 주치의 제도라고 할 수 있는데, 빈곤 지역 등에서는 주치의가 각 개인의 건강을 살피는 범위를 넘어서 생활 전반을 살피는 역할까지 할 필요가 있기 때문에 지자체와 지역사회의 지원이 필요하다.

이에 따라 터닝포인트 서비스는 주치의 제도를 잘 활용해 지역 주민에 대한 전 생애 관리가 이뤄지고, 신체건강만이 아니라 정신건강, 삶의 질 부분에서도 진료와 상담이 이뤄지도록 자원을 연결해주는 역할을 맡고 있다. 지역의 GP들이 서로 연결되고 사회복지단체와 다른 의료보건기관과도 협력하면 통합적인 의료 서비스를 제공할 수 있기 때문이다. 일례로 GP의 수술, 치과 진료, 성 보건 클리닉을 지원하기 위한 기관인 '헬스트레이너스Health Trainers'의 3개 사업장과 '얼스카운트보건웰빙센터Earl's Count Health and Wellbeing centre'가 런던에 위치해 있다.

---

8 NHS에서는 1차 의료와 2차 의료 간 구분과 분업이 분명하다. 주로 GP(일반의)가 담당하는 1차 의료는 일상적인 건강 상담, 가벼운 질병 진단 및 치료에서부터 예방접종, 금연 지원 등 광범위한 보건 정책 수행기관으로서의 역할을 한다. 물론 보다 전문적 진단과 치료가 필요한 환자를 2차 의료기관으로 의뢰하는 것도 이들의 주요 역할이다. GP는 주로 일반의와 간호사 등 의료 전문 인력으로 구성된 민간 진료팀이 소유하고 운영하며 NHS와 계약을 맺고 있다. 하지만 이 1차 의료 체계는 NHS의 근간을 이루어 대체적으로 각기 관할 지역과 유사한 개념을 가지고 있으며 대개 거주민들은 주소지에서 가장 가까운 GP에 등록을 한다(김보영, 〈영국 전 거주민 무상의료서비스 NHS의 현황과 우리나라 개혁 모델로서의 함의〉,《국제노동브리프》, 6권 5호, 한국노동연구원, 2008).

▼▼▼ 지역 내 모든 부문 연구, 연계 ▼▼▼

마지막으로 설명할 서비스는 '커뮤니티 커미셔닝Community Commissioning'이다. 다른 서비스들이 이용자를 중심으로 체계화되어 있다면 이 서비스는 지역 단위를 중심에 두고 구성돼 있다. 지역사회 안에는 기본적인 복지 서비스 전달 체계가 존재하는데, 이것들이 효율적으로 연계돼 있어야 각 개인들이 필요한 시점에 적절한 지원을 받을 수 있기 때문이다.

터닝포인트는 지역 안의 모든 부문을 연구하고, 자치정부와 지역단체들, 건강과 주거, 교육 분야의 기관들과 연계해 통합 서비스를 만들기 위해 애써왔다. 대표적인 것이 '연계 치료 서비스Connected Care service'와 '조기 개입 프로그램Early intervention programmes' 서비스를 통합한 것이다. 이를 통해 혁신적인 비용 절감의 효과[9]가 나타났다는 평가를 받고 있다.

표5_7 커뮤니티 커미셔닝

편익 제공 서비스	• 연결된 케어: 지역 서비스 제공에서 지역사회를 포함 • 연결된 교육: 자녀의 교육에 대한 부모의 관심과 참여 증가 • 지역사회 리더십 네트워크: 지역사회 챔피언과 위원회 참여

이런 일이 가능한 것은 의료인, 상담사, 복지사, 법률가 등 각 부문 전문가의 인적 네트워크를 지역사회와 연계 아래 확보하고 있기 때문이

---

9 터닝포인트 〈연계관리connected care〉 보고서, 2010. 2. 터닝포인트 홈페이지 자료 참조.

다. 전문가들은 지역사회 통합 서비스 속에서 통합 의료 시스템, 주거 지원 시스템, 형사 사법 시스템 등을 구축하면서 서비스 당사자와 직접 만나는 기회를 갖는다.

이 밖에 터닝포인트는 성과 향상을 위한 임상 시스템, 성과 측정을 위한 정기적 모니터링 시스템, 설문조사와 통계 데이터 분석을 통한 품질 보증 시스템 등을 만드는 데 많은 노력을 기울여왔다. 객관적 통계와 보고 자료가 있어야 정부와 기업, 국제단체 등에서 자원을 효과적으로 끌어올 수 있기 때문이다. 또한 이용자들도 터닝포인트의 서비스와 운영 방식을 정확하게 알 수 있도록 홈페이지에 연간 활동과 사업 내용, 회계 부문 등을 투명하게 공개하고 있다.

▼▼▼ 서비스 수혜자는 개인, 비용 지불자는 정부 ▼▼▼

이상으로 알 수 있는 것은 터닝포인트 사업의 수혜자는 서비스 이용자이고 비용 지불자는 정부라는 것이다. 1차적인 진료, 치료뿐 아니라 이렇게 통합적이고 장기적인 서비스를 정부의 복지 예산 아래에서 진행할 수 있는 것은 영국의 무상의료제도 기반의 의료 시스템과 각종 정부 프로그램을 이용할 수 있고, 전문 기관의 협조와 프로보노(공익활동), 지역의 협조와 자원봉사 등을 활용할 수 있기 때문이다.

중독물질 오남용과 정신건강, 학습장애, 실업 등을 겪는 사람들의 문제는 삶이 전반적인 위기에 봉착하게 된다는 것이다. 이렇게 절벽 끝에 있는 개인들이 많으면 지역과 국가도 안정적일 수 없다. 문제를 가진 개인들이 이를 극복하고 관계를 회복해서 다시 공동체에 기여하게 된다면 이는 사회 전체를 위해 유익한 일이다. 그러나 안타깝게도 대부분의 사회에서는 이런 일들이 거의 가능하지 않다. 가장 큰 방해 요인은 모든 문제를 개인의 탓으로 돌리는 '낙인', 그리고 공동체에서 몰아내려는 '배제'와 '소외'다. 이런 구조적 요인들이 존재하는 사회적 상황에서 개인에게만 '문제를 극복하기 위해 더 노력하라'고 요구할 수 없다는 것은 분명하다.

터닝포인트가 수행하는 모든 서비스는 이런 인식을 바탕에 깔고 있다. 개인에 대한 맞춤 치료와 지원 못지않게 가족과 공동체와 관계 회복, 통합 시스템 구축을 통한 의료와 사회복지 체계 이용 등이 가능하도록 폭넓은 해결 방법을 제시하고 있는 것이다.

터닝포인트만의 차별성으로 인정받는 부분은 '당사자 주도성'을 강조한다는 점이다. 보통 중독 등의 문제를 가진 개인들은 스스로를 위해 좋은 결정을 내릴 능력이 없는 것으로 치부되는데, 터닝포인트는 철저하게 개인의 의사와 결정을 존중한다. 스스로 치료 목표를 설정하고 실행 방법을 선택하도록 한다. 그리고 이들이 치료를 통해 다시 얻고자 하는 삶에 대해 귀를 기울이고, 이를 지원하기 위해 필요한 자원을 연계해주는 역할을 담당한다. 또한 이들을 잠재적 범죄자, 환자로 보고 구분지으려 하거나 서비스의 일방적 수혜자로만 보는 시각에서 탈피해 '공동체의 일원'으로 보고 접근한다는 데서도 차별성을 찾을 수 있다. 치료 과정 중에 지역사회의 지원기관, 주민 커뮤니티와 계속 교류하도록 하기 때문에 치료 후에 공동체 복귀에 실패하는 확률을 줄일 수 있다.

사업 운영 방법에서도 혁신성을 찾아볼 수 있는데, 첫째는 이용자들이 살아가는 지역에서 밀착 서비스를 할 수 있도록 프랜차이즈(지점) 방식으로 지역기관을 운영한다는 것이다. 둘째, 지표 관리 시스템을 구축해 이용자에 대한 일대일 지속 관리가 가능하도록 한다. 셋째, 치료와 복지의 통합 시스템 개발과 적용으로 비용을 절감한다. 넷째, 형사 사법 시스템과 연결로 개인들에게 법률 서비스를 적절히 제공하고 더 나아가 필요한 법제도 개선에도 적극 참여할 수 있도록 한다. 다섯째, ISO 14001[10] 인증을 받았으며 그에 맞는 환경 성과를 내기 위해 정기적으로 경영 시스템을 개선한다. 여섯째, 평등과 인권을 핵심 가치로 두는 고품질의 서비스를 만들기 위해 끊임없이 노력한다.

표5_8 터닝포인트 서비스의 차별성

당사자 주도 지속적 치료 생활 관리	당사자 삶의 개선	함께 사는 지역공동체

민·관·사회적 자원의 거버넌스 구축과 제3섹터 연대 협력
무상의료제도 기반의 통합적 사회복지 서비스

---

10 ISO 14001 표준은 기업 활동의 전 과정에 걸쳐 지속적 환경 성과를 개선하는 일련의 경영 활동을 위해 국제표준화기구ISO에서 제정한 환경 경영 시스템에 관한 국제 표준으로, 조직이 구축한 환경 경영 시스템이 이 규격에 적합한지를 제3자 인증기관에서 객관적으로 평가하여 인증해주는 제도다. 단순히 기업의 해당 환경 법규나 규제 기준 준수 차원을 넘어서서 기업 활동 전반에 걸친 환경 방침, 추진 계획, 실행과 운영, 점검과 시정 조치, 경영 검토, 지속적 개선 등의 포괄적인 환경 경영을 얼마나 실시하고 있는가를 평가하는 제도다.

▼▼▼ 한국에 주는 시사점 : "행정의 융통성 필요" ▼▼▼

한국에도 사회서비스 제공 사회적기업, 자활기업이 존재한다. 사회
서비스를 제공한다는 자체의 가치 외에 의미 있는 활동을 찾는다면 취
약계층(경력 단절과 고령 여성 등)을 고용해 간병인으로 훈련시키는 정도를
들 수 있다. 그러나 서비스 내용 면에서 독창성과 혁신성을 가진 곳은
거의 찾아보기 힘든 실정이다. 물론 50여 년 역사를 가진 터닝포인트의
예를 한국에 바로 적용해서 비교할 수는 없다.

그럼에도 터닝포인트 서비스의 사례는 두 가지 측면에서 참고할 만
하다. 사회적 배제 계층이 가지는 복잡한 문제를 해결하기 위한 포인트
로 '주거 지원과 고용'을 제시한다는 점이다. 겉으로 드러나는 문제는
알코올과 약물에 대한 의존성, 정신건강과 학습장애의 증세지만 그 근
간에는 더 복잡한 장애 요인이 있고, 이 문제들을 장기적으로 해결하기
위해서는 주거와 일자리 등 생활의 안정이 우선이라는 판단에 따른 것
이다.

두 번째 측면은 지역사회 또는 이웃 간의 협력 관계를 통한 사회적
상호작용의 촉진이다. 개인의 문제는 결국 관계 단절, 소외에서 비롯된
다는 인식에 따른 것이다. 특히 이용자가 자기 의사결정에 바탕을 두고
관계 회복에 나서도록 함으로써 자존감과 자신감을 되찾고 자립할 수
있도록 하는 데 터닝포인트는 세심하게 신경을 쓴다.

물론 이 모든 일들을 터닝포인트라는 개별 기관이 도맡아서 할 수는
없다. 영국에서는 1997년 이후 보건과 복지 양자 간 협력 파트너십으

로 정책이 시행되고, 업무 영역과 재정에도 융통성이 생겼다.[11] 이 덕분에 터닝포인트가 의료와 복지 기관들과 전방위의 파트너십을 맺고 포괄적인 사업을 벌일 수 있게 됐다. 한국의 중앙정부와 자치정부도 사회문제를 민간, 즉 사회적경제 기업과 파트너십으로 해결하려는 의도는 가지고 있으나 복지, 고용, 주거, 기업 활성화 등 각 부문별로 지원과 행정이 구분돼 있어서 이를 통합하는 서비스를 개발하고자 해도 불가능한 경우가 많다.

터닝포인트의 접근 방법에서 깨달을 수 있듯이 개인이 직면하는 모든 문제들은 서로 연결돼 있다. 하나의 증세만 해결한다고 해서 바로 공동체에 복귀할 수 있는 것이 아니다. 진정한 복지와 사회적 영향력을 위해서는 사회적경제 기업도 혁신적인 사고를 해야 할 것이지만 그와 파트너십을 맺고자 하는 정부도 융통성과 유연성을 가져야 할 것으로 보인다.

_김현미

---

11 이은경, 〈영국의 보건·복지 협력정책의 역사적 고찰〉, 《한국사회복지행정학》, 제12권 제1호, 27~55쪽, 2010. 3, 29쪽.

6장 움프웰니스

—

요양원 노인의 건강한 삶을 위한 사회적기업

움프웰니스유한회사(Oomph Wellness Limited, 이하 움프)는 주로 요양원 노인들을 대상으로 치어리딩, 휠체어 에어로빅과 같은 그룹 운동 교실을 운영하는 사회적기업이다.

노인들을 위한 치어리딩이라니, 그런 게 왜 필요한지 얼핏 생각해서는 이해하기 어렵다. 하물며 이런 서비스를 사회적기업이 수행한다는 것, 게다가 설립된 지 4년 만에 50만 파운드(약 8억 5000만 원)의 매출을 올릴 만큼 빠르게 성장해 영국 전역 요양원의 노인 2만 5000여 명이 여기서 교육을 받고 있다는 것은 더 이해하기 어렵다. 심지어 기업을 설립할 당시 창업자 벤 앨런Ben Allen은 26세에 불과했다.

이렇게 공감대가 형성돼 있지 않은 분야에서 비즈니스 모델을 만들어내고 성장시켰다는 것이 움프의 특별한 점이다. 그 과정에서 여러 가지 혁신성을 찾아볼 수 있다. 앨런 대표는 "왜 이런 서비스가 없을까?"

라는 단순한 의문을 흘려보내지 않고 새로운 서비스 사업으로 만들어 냈다. 사회적 자원과 금융을 활용하기 위해 그 근거를 수치화하고 설득력 있는 자료로 만들어냈다. 서비스 내용을 전문화, 체계화하는 데도 주력했다. 그리고 사업이 본격화되자 전문 경영인을 영입하고 전국적인 소셜 프랜차이징 시스템을 구축하는 등 혼자서 할 수 없는 일은 과감하게 넘기는 결단을 했다.

각종 '사회적 아이디어 대회'가 넘쳐나지만 이를 견실한 사업체로 만들어내는 경우를 찾아보기 어려운 우리의 상황에서 눈여겨볼 필요가 있는 기업이다.

▼▼▼ 노인들에게 운동 방법 가르치는 사회적기업 ▼▼▼

움프[1]는 요양원의 노인들에게 춤추고 노래 부르며 운동할 수 있는 방법을 가르치는 '사회서비스 제공형' 사회적기업이다. 2011년에 설립됐으며 영국 런던에 본사를 두고 영국의 지역공동체이익회사CIC법에 따라 등록된 사회적기업이다.

설립된 지 4년 만인 2014년에 50만 파운드의 매출을 올렸으며, 2015년에는 130만 파운드(약 22억 원)의 매출을 목표로 설정할 정도로 빠른 성장세를 보이고 있다. 2014년 말 현재 직원은 12명이며, 운동 교실

---

1 '움프!Oomph!'는 영어로 의성어인데 이는 "바로 그렇구나!"처럼 들린다. 움프의 설립자인 벤은 노인들에게 더 많은 '움프'를 줄 목적으로 자신이 설립한 사회적기업의 명칭을 '움프!'로 지었다고 한다.

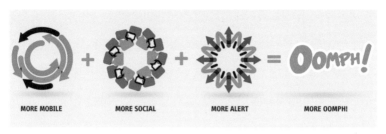

▶ 노인들이 '더 자유롭게 움직이고 더욱 서로 교류하며 더 잘 반응하도록 기여하는 움프'를 만든다는 로고의 설명.

은 영국 전역 1,000여 개의 요양원에 거주하는 2만 5000여 명의 노인들에게 제공되고 있다.

이처럼 빠른 성장에는 여러 가지 배경이 있지만 언리미티드나 네스타 같은 영국의 대표적인 사회적기업 중간지원조직으로부터 지원을 받고 있는 점이 크게 작용했다. 이 기관들은 사회적 가치와 수혜자가 명확할 때만 지원을 결정한다는 점을 감안할 때 움프의 사회적 미션이 분명하다는 사실을 짐작해볼 수 있다.

움프는 다양한 육체적 상태와 건강 수준에 놓여 있는 노인들에게 즐겁게 참여할 수 있는 운동과 가무 교실을 제공함으로써 건강을 증진시키는 것을 1차적 목적으로 한다. 그리고 노인들의 건강이 좋지 않을 때 들어가던 사회적 비용을 절감하는 것을 2차적인 목적으로 한다.

사실 노인들에게 제공하는 운동 교실에 특별한 전문성이 있는 것은 아니다. 일반 에어로빅 강사들이 수업을 담당한다는 데서도 알 수 있다. 따라서 같은 내용의 서비스를 제공할 수 있는 업체들은 얼마든지 더 있고, 실제로 노인을 대상으로 하는 업체들도 적지 않다. 그럼에도 움프만의 차별성은 존재한다. 이 교실을 운영함으로써 절감되는 사회적 비용을 측정하고 계산해서 사업을 따내고 있다는 것이다. 또한 "영국 내의 모든 요양원에 거주하는 노인을 대상으로 운동 교실을 진행하겠다"는 선명한 목표 아래 사업을 시작했으며, 이를 달성하기 위해 소셜 프랜차이징 방식을 고안했다는 것도 남다른 점이다.

▼▼▼ 26세 청년이 사회적기업가가 된 이유 ▼▼▼

움프를 설립한 벤 앨런은 2011년, 그의 가족이 살고 있는 북요크셔North Yorkshire 지역 스카버러Scarborough 시의 한 노인 요양원을 방문했다. 그는 스페인에서 노인 대상 체육에 특화된 '유럽피트니스연구소European Institute of Fitness'에서 일한 데 이어 호주로 건너가서 '호주피트니스연구소Australian Institute of Fitness'에서도 선임 강사로 일하다 막 영국으로 귀국한 상태였다.

그는 요양원을 둘러보고는 노인들의 삶의 질이 '하루하루 마지못해 살아가고 있을 정도'로 매우 낮다는 점을 확인했다. 이에 대한 문제의식을 가지고 더 알아본 결과, 영국 내 3,600개 양로원에 거주하는 56만 명에 대한 조사에서 겨우 3%의 노인만이 "행복하다고 느낀다"고 답했다는 조사 결과를 접했다.

그는 "이 문제를 해결해야겠다"는 생각으로 먼저 스카버러 시 소재의 '더놀리Dunollie' 요양원에 서비스를 제안해서 일하기 시작했다. 먼저 파티 분위기를 조성해 요양원 노인들에게 의욕을 불러일으키는 독특한 방법으로 운동 교실을 시작했다. 이 프로젝트로 그는 활동을 시작한

▶ 움프의 설립자 벤 앨런.

첫해인 2011년 언리미티드로부터 1만5000파운드의 상금을 받았다. 그리고 점점 더 많은 요양원에서 벤의 접근 방법과 성과를 마음에 들어 하면서 움프의 서비스는 요크셔와 영국의 북동부 지역에서 빠르게 확산됐다.

2012년 벤은 모델 확산을 위해 전문 트레이너들과 네트워크를 만들기 시작했다. 이를 통해 트레이너 30명 이상이 새로 일자리를 얻었다. 그 결과 그해에 그는 영국에서 가장 큰 젊은 기업가 모임인 셸라이브와이어Shell LiveWIRE로부터 사회적기업가로는 처음으로 올해의 젊은 기업가로 선정되어 1만 파운드의 상금을 받았다.

2013년에 움프는 영국에서 가장 큰 요양원들을 비롯해 600개 이상의 요양원에서 정기적으로 운동 교실을 운영할 정도로 빠르게 성장했다. 동시에 운동 강사를 훈련시키는 모델도 개발했다. 이 모델은 어떠

▶ 벤은 2012년 Shell LiveWIRE Young Entrepreneur에 선정되어 1만 파운드의 상금을 받았다.(사진 출처: www.shell-livewire.org)

한 그룹, 조직, 개인들도 노인들에게 매우 저렴하고 높은 품질의 '움프 운동 교실'을 제공할 수 있도록 하는 전문적인 훈련 프로그램인데, 움프는 이에 필요한 자원을 종합적으로 조직화했다. 이 일에서 핵심적인 요소는 자금 조달과 인재 영입이었다. 움프는 빅벤처챌린지Big Venture Challenge[2]의 영예로운 '사회적 임팩트와 자금 지원 프로그램'으로부터 두 차례에 걸쳐 30만 파운드의 투자를 받았다. 그리고 급속한 성장을 위한 플랫폼 구축을 위해 경험 있는 비즈니스 전문가, 체육 전문가, 사회적 임팩트 전문가 등을 경영팀에 영입했다.

현재 움프의 이사회 의장은 벤처 자본가이자 〈BBC 뉴스 온라인BBC

---

2 이 프로그램은 언리미티드와 빅로터리펀드 등이 출연하여 조성한 기금으로, 영국에서 가장 유망한 사회적기업들을 지원하여 빠르게 성장할 수 있도록 도와주는 역할을 해온 것으로 알려져 있다.

News Online〉의 창업자 앤디 예이츠Andy Yates가 맡고 있다. 2014년도에 움프는 규모가 큰 요양원들과 협력해서 요양원 직원 훈련 프로그램을 진행했다. 또한 네스타, 딜로이트Deloitte, 나파NAPA 등 기업으로부터 지원을 받게 됐으며 〈옵서버The Observer〉 등 언론에도 소개됐다. 움프가 이렇게 급속히 성장한 요인인 비스니스 모델을 살펴보자.

▼▼▼ 철저한 조사 연구에 바탕 둔 사업 모델 ▼▼▼

움프의 조직 미션은 '노인들의 일상적인 건강과 삶이 질 향상'이라고 할 수 있다. 벤은 움프의 비전을 "노인들이 자신들의 삶을 행복하게 살 수 있는 세상을 만드는 것"으로 설명한다. 구체적으로는 영국의 수백만 명의 노인들이 더 행복하고 건강하게 살 수 있도록 도와주고, 이 과정을 통해 사회적 돌봄 서비스의 모습을 근본적으로 변화시키고자 하는 것이다.

움프는 노인의 3%만이 "행복하다"고 할 만큼 요양원 내 삶의 질이 낮은 원인을 다음과 같이 분석하고 있다.

첫째, 노인들의 유연성 저하와 거동의 불편함은 운동량을 현저히 줄어들게 만들며, 노인들이 낙상 등으로 다칠 가능성을 증가시킨다. 통계에 따르면 영국에서 65세 이상 노인의 3분의 1이 매년 낙상을 경험하고 있다고 한다. 영국 지방에 거주하고 있는 75세 이상 인구의 7%만이 최소한의 권장 수준에 맞는 육체적 활동을 하는 것으로 조사되기도 했다. 대부분 낙상으로 인한 둔부 골절에 따른 치료비 등 제반 비용은 연간 20억 파운드, 하루 600만 파운드에 달하는 것으로 추정된다.

둘째, 노인들의 절반은 텔레비전을 자신의 주요한 친구로 간주하고 있다(Research Survey for Age UK). 요양원 거주 노인들이 의미 있는 사회적 교류에 참여하는 시간은 평균적으로 하루 2분에 불과했다(Brooker, 2008). 사회적 교류의 부족은 육체적 건강 수준의 저하와 우울증을 초래하는 주요 요인인 것으로 알려지고 있다(Cacioppo & Hawkley, 2003; Hawthorne, 2008). 또 이렇게 가족과 친구로부터 고립되면 사망 가능성이 26%나 증가하는 것으로 조사됐다.[3]

셋째, 양로원 거주 노인들은 깨어 있는 동안 의미 있는 활동으로 보내는 시간이 전체의 13%를 밑도는 것으로 조사됐다(Ballard et al, 2001). 특히 치매를 겪고 있는 양로원 거주 노인들의 76%가 낮 시간 동안에 충분한 활동을 하지 못하고 있는 것으로 나타났다(Hancoke et al, 2005). 치매는 영국에서 연간 230억 달러의 비용을 초래하는 것으로 추정되고 있으며, 연간 6만 명이 직접적으로 치매로 인해 사망하는 것으로 조사되고 있다(Alzheimer's Society).

마지막으로 양로원 거주 노인들의 40%가 우울증을 겪고 있는 것으로 연구되었다.[4] 양로원 거주 노인들의 64%가 직원들이 자신들의 존엄성을 존중하지 않는다고 생각하고 있다.[5] 65세 이상 노인들의 우울증은 사망률을 70%나 증가시키는 것으로 추정된다. 또한 심리적 우울증

---

3 The English Longitudinal Study of Ageing, UCL.

4 Depression in Older People: Towards Securing Well-Being in Later Life, Help the Aged.

5 ICM Research Pain and Dignity Survey.

이 증가하면 심장마비 가능성이 11%나 커지는 것으로 분석됐다.[6]

이러한 노인들의 문제점을 움프는 어떻게 해결하려고 했을까? 움프가 제시하는 가치 제안Value Proposition은 다음과 같다.

노인들의 행복한 삶을 위해서는 사회적 교류, 정신적 자극, 육체적 이동성의 세 가지 요소가 갖춰져야 한다. 또 행복감과 복지가 증진되면 노인들이 사회적 교류에 더 많이 참여하며, 정신과 육체 활동을 더 많이 할 가능성이 높다. 그러나 영국에서 적지 않은 노인들이 적절치 않은 보살핌을 받고 있다. 이 세 가지 요소가 명백히 부족한데도 이에 대한 관심과 개선 노력은 거의 찾아볼 수 없는 실정이다. 이런 가운데 운동 교실을 통해 노인들이 규칙적으로 운동할 수 있도록 환경과 여건을 만들어준다면 심폐 기능뿐 아니라 근육, 뼈 등이 강화되고 이동 능력과 유연성, 민첩성이 높아져서 다치거나 병에 걸릴 위험도 줄어든다. 또 노인들의 건강이 좋아지면 우울증에 걸릴 확률과 인지력 감퇴 속도도 줄어든다. 뿐만 아니라 운동 교실에 참여하면서 사회적 관계도 더 형성된다.

움프는 이 같은 가치 제안을 바탕으로 휠체어 치어리딩과 휠체어 에어로빅 등 노인에게 특화된 운동으로 이뤄진 운동 교실을 운영한다. 전문 강사가 요양원으로 파견돼서 진행하기 때문에 누구든지 손쉽게 참여할 수 있다.

특히 설립된 지 오래지 않은 움프의 운동 교실이 빠르게 확산된 비결은 '재미'의 요소였다. 친밀한 음악과 파티 분위기, 댄스 강습 등을 통해

---

6 Surtees P. G., Wainwright N. W. J., Luben R. N., Wareham N. J. et al, 2008.

▶ 에어로빅 강사 스티브 가드너가 양로원 노인들의 춤을 유도하고 있다.(사진 출처: Sean Spencer/Hull News & Pictures Ltd.)

노인들에게 운동 교실에 참여하고 싶은 의욕을 가지도록 한 것이 큰 호응을 얻은 것이다.

운동 강습 자체에도 혁신적인 면이 있다. 강습 내용은 노인 운동에 대한 수년간의 훈련과 테스트 결과 얻어진 모범 사례에 기초한다. 전문가의 방법론에만 의존하는 것이 아니라 참여 노인들의 의견을 반영해 디자인되며 운동전문가협회로부터 인증도 받는다. 강습을 이끄는 트레이너들도 전문가들이다. 특히 움프는 "트레이너들 자신이 즐거워야 프로그램 참여자도 즐겁게 할 수 있다"는 철학을 가지고 있다. 이는 운동전문가협회 등을 통해 증명된 사실이기도 하다.

트레이너들은 운동 교실을 밝고 명랑하게 만드는 데 많은 노력을 기울이며, 노인들이 미소를 지으며 참여할 수 있도록 노하우를 개발한다. 운동 교실 안에서만이 아니라 일상생활에서도 노인들이 행복하게 지내고 있는지 각별한 관심을 기울인다. 운동 교실이 끝난 후까지도 노인들이 지속적으로 변화된 삶을 살도록 관계를 이어 나간다. 벤은 "그런 점에서 움프의 트레이너들은 일종의 활동가activist"라면서 "노인들에 대한 돌봄 서비스의 혁신을 이끌고 있기 때문"이라고 설명했다.

▼▼▼ 서비스 판매를 위해 누구를 설득해야 하나? ▼▼▼

움프의 서비스 수혜자는 대부분 요양원 거주 노인들이다. 그러나 수혜자가 고객과 일치하지는 않는다. 움프의 서비스에 돈을 지불하기로 결정하는 사람들은 요양원의 운영자들이기 때문이다. 다시 말해 요양원의 운영자들이 움프 운동 교실의 효과에 대해 인정하고 받아들여야 서비스 수혜자들이 그 혜택을 받을 수 있는 것이다. 그러므로 움프의 입장에서 보면 요양원 운영자들을 설득하는 것이 비즈니스의 주요한 도전 과제라고 할 수 있다.

움프의 사업 내용 중에 가장 혁신적인 부분이 이 '설득'에 관한 부분이다. 운동 교실이 노인들의 삶의 질을 얼마나 향상시키고 돌봄 비용을 얼마나 절감시키는지를 측정해서 수치로 제시하는 노하우는 움프만의 독보적인 기술이다. 이를 위해 움프는 국제적 전문 회계법인인 KPMG 출신의 직원을 최고운영책임자Chief Operating Officer, COO로 영입해서 사회적 성과 측정 업무를 전담시키고 있다.

예를 들어 움프는 노인들의 유연성 저하와 거동의 불편함이 야기하는 문제를 '낙상에 따른 치료비용'으로 제시한다. 앞에서 언급했듯이 영국에서 65세 이상 노인의 3분의 1이 매년 낙상을 경험한다. 이 인구가 낙상으로 인해 둔부 골절을 입었을 경우 치료비용은 연간 20억 파운드, 하루 600만 파운드에 달할 것으로 추정한다. 또한 치매를 겪고 있는 요양원 거주 노인의 76%가 낮 시간 동안 충분한 활동을 하지 못하고 있는 것으로 나타나며, 치매는 영국에서 연간 230억 달러의 비용을 초래하는 것으로 추정된다.

이 같은 통계를 바탕으로 움프는 자신들의 성과 또한 수치로 제시한다. 움프는 그동안 900여 개 이상의 노인 요양원과 협력해 1만 3000여 회 이상의 운동 교실을 운영했고 22만 5000여 명의 노인들과 상호작용을 해왔다. 그리고 그 성과는 다음과 같다.

표6_1 움프의 운동 교실에 참여한 노인들의 성과

낙상	28% 감소
이동성	64% 향상
사회적 교류	88% 향상
정신적 자극	83% 향상
비용 절감	이러한 성과를 통해 요양원은 거주 노인들에 대한 돌봄 비용을 평균 10% 가량 절약할 수 있었다.

영국에 등록된 사회적기업은 자신들의 사업과 활동의 사회적 영향에 대한 리포트를 공개적으로 발표할 법적 의무가 있는데, 위의 성과는 움프 활동의 사회적 영향으로 해석할 수 있다. 그리고 이 수치들은 움프가 새로운 요양원과 서비스 계약을 맺고자 할 때 운영자에게 제시하는 지표이기도 하다.

▼▼▼ 5만 파운드 수입이 3년 만에 50만 파운드로 ▼▼▼

움프의 비전은 자신들의 운동 교실을 영국의 모든 요양원으로 확산시키는 것이다. 이를 위해 세 가지 측면에서 노력하고 있다.

첫째, 전문가를 통해 운동 교실 프로그램을 지속적으로 업그레이드하고 있다. 둘째, 움프가 모든 운동 교실을 직접 담당하는 것이 아니라 요양원의 직원을 훈련시켜 그들이 움프의 운동 교실을 이끌 수 있도록 하고 있다. 즉 요양원 직원 대상의 훈련 프로그램을 운영하고 있는 것이다. 셋째, 소셜 프랜차이즈 모델을 사용한다. 움프의 프로그램과 노하우를 활용하고자 하는 주체를 모집해서 네트워크를 맺고 있는 것이다. 이로써 영국의 각 지방뿐 아니라 해외에도 움프의 훈련 프로그램을 제공하고 있다. 고유의 운동 교실 운영 노하우는 프랜차이즈 패키지로 전파되고 있다.

움프는 현재 돌봄 서비스 회사와 협력해 다른 종류의 비즈니스를 개발 중이기도 하다. 사업 다각화 방안을 모색 중인 것이다.

비즈니스를 성장시키기 위해 움프는 금융 자원과 고객 자원을 끌어들이고 있다. 움프는 언리미티드UnLtd, 빅로터리펀드Big Lottery Fund, 호

▶ 움프에 지원금을 제공한 조직들.

건러벨스Hogan Lovells, 라이브와이어liveWIRE, 네스타Nesta, 스카이sky 등 으로부터 지원금을 받거나 콘테스트, 어워드를 통해 상금을 받았다.

또한 움프는 '케어유케이Care UK' '바체스터Barchester' '포시즌스헬스 케어Four Seasons Health Care' 등 영국 내 대표적인 노인 요양원 10여 곳과 협력 관계를 맺고 일하고 있다. 단순히 서비스를 판매하는 차원이 아니 고 요양원 거주 노인들 삶의 질을 장기적으로 증진시키는 데 상호 협력 하고 있는 것이다.

이러한 성장 전략으로 움프의 수입도 크게 증가하고 있다. 설립 첫 해인 2011년 5만 파운드였던 수입은 2012년 두 배인 10만 파운드로 늘어났고 2013년에는 25만 파운드까지 높아졌다. 그해에 손익분기점 을 넘어섰으며 네스타 등으로부터 투자를 받기 시작했다. 2014년에는 또다시 전년도의 두 배인 50만 파운드의 수입을 올렸다. 2015년에는

▶ 움프와 협력하고 있는 영국의 유력 노인 요양원들.

그 두 배가 넘는 130만 파운드의 수입을 목표로 하고 있다.

수입은 주로 운동 교실의 직접 운영, 요양원 직원의 훈련 서비스 등을 통해 창출된다. 비용 구조는 현재까지 에어로빅 강사들과 사무실 직원에 대한 인건비가 가장 큰 비중을 차지하고 있다.

▼▼▼ 한국에 주는 시사점: 사업 모델과 프랜차이징 방식 ▼▼▼

움프는 '요양원 노인들의 운동량을 늘리는 서비스'라는 단순한 아이디어에서 출발해 전문적인 운동 프로그램 개발, 재미를 증진시키는 노하우, 성과 측정을 통한 영업 전략, 소셜 프랜차이징 모델 등을 합쳐서 혁신적인 사회적기업 비즈니스 모델을 만들었다.

움프의 사례는 노령화가 심각해지고 있는 한국에 적지 않은 시사점을 제공해준다. 첫째, 양로원이나 요양원에 있는 노인들도 즐겁게 활동적으로 참여할 수 있는 에어로빅 등 운동 교실을 운영할 수 있다는 사실이다. 움프가 이를 비즈니스로 개발한 포인트와 과정을 주목하면 국내에도 충분히 접목할 수 있을 것으로 보인다.

둘째, 움프의 사례는 사회적기업이 자신들의 성과를 양적으로 측정하는 노하우를 가지는 것이 얼마나 중요한지를 보여준다. 그리고 이를 활용하면 적극적으로 고객과 수혜 대상을 늘려갈 수 있다는 점을 알려준다. 특히 성과 측정을 위해 전문가까지 영입한 것은 일반기업에서도 본받을 만한 점이다.

셋째, 소셜 프랜차이즈 방식으로 사업을 확장하는 것이 사회적 미션 충족에 도움이 될 수 있다는 점을 일깨운다. 사회적기업의 미션은 개별 기업이 독점적으로 활동한다고 해서 이뤄지기 어려운 성격이 대부분이다. 따라서 같은 미션을 가진 파트너, 동료와 함께 경험과 노하우를 나누면서 협력하는 것이 필수적이다. 그런 면에서 "영국 전역의 노인들이 운동 교실에 참여할 수 있도록 하겠다"는 미션 아래 프랜차이즈 모델을 개발하고 규모 확대Scale-up를 시도한 움프의 방식은 주목할 만하다. 국내의 사회적기업들, 특히 사회서비스 제공 사회적기업들이 참고할 필요가 있겠다.

_장종익

7장 바이크워크스

자전거로 가능한 가치 있는 일, 몇 가지나 될까?

"아이디어는 어떻게 해서 사업이 되는가?"

창업 지원자들의 공통적인 고민이다. 특히 '사회적으로 가치 있는 아이디어'를 사업으로 만든다는 것은 더욱 어렵다. 아이디어 자체가 사회적 가치를 가지는 것과 거기서 수익 모델을 찾아내는 것은 별개의 일이기 때문이다.

사회적경제 분야에 아이디어도 많고 창업 희망자도 많지만 이렇다 할 성공 사례를 찾기 어려운 이유가 거기에 있다. 수익 모델은 좀 부족하지만 아이디어가 괜찮으니 정부 지원과 각종 보조금에 기대 사업을 시작해보자는 창업자들이 적지 않은 것도 사실이다. 이런 면에서 본다면 사회적기업에 대한 인식이 '경쟁력은 부족하지만 정부의 지원과 보조금으로 운영되는 기업'이라는 데 머무르는 것은 당연해 보인다. 그런데, 과연 그럴 수밖에 없을까?

영국 런던에서 만난 사회적기업 '바이크워크스Bikeworks'는 그렇지 않았다. '자전거 문화 확산'이라는 미션에 부합하는 사업을 끊임없이 만들어내고 수익을 창출하고 있었기 때문이다. 그러면서도 지역에서 자전거에 대한 전문성으로 인정받는 한편, 젊고 활기찬 이미지로 각인되고 있었다. 국내에도 비슷한 모델의 사회적기업이 있지만 지속가능한 수익 모델 구축에 어려움을 겪고 있는 것과 대비된다.

물론 한국과 영국의 법적·제도적 환경이 다르기 때문에 똑같은 선상에서 볼 수는 없다. 그러나 미션에 맞는 사업 영역을 적극적으로 찾아나가는 점 만큼은 눈여겨볼 만했다.

▼▼▼ 사이클링 교실로 시작해 전방위로 확대 ▼▼▼

런던 동부 '베스널그린Bethnal Green' 지역은 신흥 금융 중심지 카나리워프Canary Wharf 바로 옆이지만 개발에서 소외된 가난한 동네다. 지하철역 인근임에도 변변한 가게 하나 없는 스산한 길을 따라가다 굴다리 밑을 지나면 '바이크워크스' 매장 간판이 보인다.

설립자이자 상근 대표인 짐 블레이크모어Jim Blakemore(40세)는 "금융가 직장인과 저소득층이 교차해 오가는 이 지역이 사회적기업에는 딱 좋은 위치"라고 말했다. 직장인 대상의 교육과 훈련 프로그램을 운영하기에도 좋고, 저소득층을 위한 프로그램을 운영하기에도 좋기 때문이다.

바이크워크스는 '자전거'를 매개로 하는 비즈니스를 통해 환경, 주민

▶ 바이크워크스의 다양한 활동들.(자료 출처: www.bikeworks.org.uk)

건강, 공동체 등 사회적 가치에 기여하는 사회적기업으로 2006년 설립
됐다. 바이크워크스의 사업은 자전거 활용도를 높여 환경에 기여하려
는 목적의 '사이클링 교실'로 시작됐다. 이후 같은 지역의 사회적기업
과 합치면서 취약층을 고용해 폐자전거를 수리·재판매하는 사업 부문
을 두게 됐다.

　바이크워크스의 장점은 초기 모델에 그치지 않고 '자전거를 주제로
한 모든 사업'이라 할 만큼 전방위로 영역을 확대했다는 데 있다. 아직
은 런던 동부 지역에서만 활동하는 직원 23명의 작은 기업이지만 향후
런던 안팎의 다른 지역까지 '자전거'의 긍정적인 가치를 확산시키는 것
을 목표로 하고 있으며 프랜차이징 사업도 계획 중이다.

▼▼▼ 두 개의 사회적기업 아이디어가 합쳐지다 ▼▼▼

바이크워크스는 짐과 그의 부인 조이 포트록Zoe Portlock이 2006년 지역공동체이익회사Community Interest Company 형태로 먼저 설립했다.

런던 케임브리지 지역 출신인 짐은 대학을 졸업하고 바로 클럽 디제이가 돼서 8~9년간 전 세계를 돌아다녔다고 한다. 이를 통해 돈을 많이 벌었지만 한쪽 귀 청력을 잃는 등 어려움도 있었기에 런던으로 돌아왔다. 정착을 위해 알아보던 중 청소년기에 일한 적이 있는 지역 자전거 회사를 친구와 함께 인수했고, 동업으로 5년 정도 운영했다. 굳이 자전거회사를 인수한 이유에 대해 그는 단순하게 "어려서부터 자전거를 좋아했기 때문"이라고 답했다.

이후 부인 조이가 2005년쯤 사회적기업을 공부하기 위해 대학에 다시 다니다가 '올림픽 바이크'라는 사업 아이템을 떠올렸다. 당시는 2012년 런던 올림픽 개최가 확정된 때였는데 '런던에서 올림픽 기간 동안 선수와 관중 수송을 자전거로 하자'는 아이디어였다. 그대로 사업화시키지는 못했지만 둘은 '더 많은 사람들이 자전거를 타게 해서 건강과 환경에 기여하자'는 아이디어를 가지고 지역 자선재단과 건강센터 등을 찾아다녔다. 그 결과로 5,000파운드(약 850만 원)의 투자를 받아서 2006년 바이크워크스를 설립했고 사이클링 프로그램을 시작할 수 있었다.

이후 사업적으로 두 번의 기회가 있었다. 6개월 후, 둘은 사회적기업 분야의 활동가인 데이브 밀러Dave Miller를 만났다. 그 역시 런던 동부를 근거로 자전거 사회적기업 설립을 추진 중이었다. 그가 런던에서 훔친 자전거를 되파는 일이 성행하는 '브릭레인Brick Lane' 지역을 걷다가 "왜

흠집 없는 괜찮은 중고 자전거를 거래할 곳이 없을까?"라는 문제의식을 가진 것이 아이디어의 시작이었다. 이를 '취약계층을 고용해서 폐자전거를 수리해 재판매'하는 비즈니스 모델로 발전시켰다. 이 계획을 가지고 몇몇 기관에서 사회적 투자를 받아 놓은 시점에서 지인의 소개로 짐과 조이를 만난 것이다. 양쪽은 비즈니스 모델이 일치한다고 보고 두 사업을 합쳤다.

그로부터 얼마 후 바이크워크스는 인근의 뉴엄 자치구 정부와 '장애인을 대상으로 하는 사이클링 교실' 운영 계약을 맺는 데 성공한다. 계약 금액은 10만 파운드(약 1억 7000만 원)였다. 이 계약 이후로 본격적인 수익 창출이 이뤄졌고, 2008년 사무실과 수리와 교육을 위한 공간을 마련했다. 현재 조이는 이사로만 활동하고 있으며 상근 대표는 짐 블레이크모어가 맡고 있다. 데이브 밀러는 2014년 초 바이크워크스를 떠나서 지금은 사회적기업 컨설턴트로 활동 중이다.

표7_1 바이크워크스 연혁

2006	'바이크워크스' 지역공동체이익회사로 창업. 자전거 수리 교육 시작
2007	데이브 밀러의 사업과 통합. '런던 사이클링 어워드' 수상
2008	빅토리아 공원과 타워햄릿 지역에 사무실과 수리 공간 마련. '템스 게이트웨이 비즈니스 어워드'에서 '최고의 성장 기업 상' 수상
2009	'영국 사회적기업 어워드'에서 '최고의 신진 사회적기업 상' 수상
2010	'런던 비즈니스 어워드'에서 '최고의 사회적기업 상' 수상
2011	매출 17만 파운드 기록. 'PWC 프라이비트 어워드'에서 '최고의 사회적기업 상' 수상
2012	매출 45만 파운드 기록. 'HP 스마트 비즈니스 어워드'에서 '공동체' 부문 수상
2014	매출 150만 파운드 기록

▼▼▼ 자전거가 가진 무궁무진한 사회적 가치 ▼▼▼

바이크워크스의 미션은 "자전거와 사이클링 경험을 통해 사람들의 삶을 활동적으로 바꾸고 긍정적 경험을 주는 것Actively change lives and offer positive experience using the bicycle and cycling"이다.

일반적으로 자전거의 가치는 '연료를 사용하지 않으므로 친환경적'이라는 정도로 평가되는데, 그 차원을 넘어서서 다양한 가치를 제시하고 발굴한다는 점이 바이크워크스의 강점이다. 바이크워크스가 주목한 새로운 가치는 자전거 타기는 건강에 좋고, 특히 정신적·육체적 건강에 동시에 기여한다는 것이다. 저소득층에게도 자전거가 가지는 가치는 크다. 자동차 운전에 비해 배우기 쉽고 적은 돈으로 이용할 수 있기 때문이다. 또 자전거는 약간의 교육과 훈련을 받고 기본적인 공구를 갖추면 스스로 수리하면서 유지할 수 있다. 영국은 서비스 이용료가 높은 편이기 때문에 중요한 측면이다.

이처럼 다양한 가치를 가진 자전거가 더 많이 사랑받고 활용되도록 하는 것이 사회적기업으로서 바이크워크스가 가진 사명인 셈이다. 다시 말하면 '자전거를 통해 건강한 지역사회, 기업, 환경을 만드는 것'이라고 할 수 있다. 지역공동체이익회사로서 이윤의 100%를 지역 주민을 위한 무료 사이클링 프로그램에 사용하고 있기도 하다. 이처럼 바이크워크스가 가진 강점은 핵심 가치와 사회적 문제, 비즈니스 모델을 잘 연결했다는 것이다.

바이크워크스의 사업은 7가지로 정리할 수 있다. 버려진 자전거를 기부받아 수리·재판매하는 '자전거 재사용 센터Bicycle Reuse Center', 취

표7_2 바이크워크스의 사명

약계층을 자전거 수리 전문가로 훈련시키는 '사이클 인투 워크Cycle into Work', 시민 대상의 셀프 자전거 수리 교실인 '바이크어빌리티Bikeability', 특정 연령과 그룹에 특화된 자전거 교실 운영 사업인 '올 어빌리티 사이클링All Ability Cycling', 기업과 팀 단위 직장인 대상 교육과정인 '채리티 바이크 팩토리Charity Bike Factory', 찾아가는 자전거 수리 서비스인 '팝업 바이크워크스Pop-up Bikeworks', 그리고 전문가용부터 초보자용까지 각종 자전거와 관련 용품을 매장과 온라인상에서 판매하는 '자전거와 용품 판매'다.

가장 먼저 사업의 틀을 갖춘 것은 '자전거 재사용 센터'였다. 이는 '사용할 수 있는데도 버려지는 폐자전거가 많아 자원이 낭비되며 이를 매립하면 환경도 오염된다'는 문제의식에서 출발한 사업이었다. 데이브 밀러가 사업을 합치기 전부터 준비해왔던 일이었기에 비교적 빠르게 진행됐다.

주택협동조합, 공공기관 등에서 폐자전거를 기부받게 된 것과, 자전거의 재사용 비율을 높이기 위해 기술적으로 꾸준히 노력한 결과 평균

98%까지 재사용하게 된 것 모두 '자원 낭비를 줄인다'는 사회적 가치와 '비용과 손실을 줄인다'는 사업적 측면을 동시에 만족시키는 성과였다. 또한 이렇게 수리된 자전거를 지역 저소득층을 위해 저렴하게 판매함으로써 또 다른 사회적 가치도 실현시켰다. 런던 동부 베스널그린 근방에는 저소득층, 특히 이민자들이 많이 사는데 이들은 자가용은 물론이고 대중교통도 비싼 물가 때문에 잘 이용하지 못하는 형편이다. 그래서 바이크워크스가 저렴하게 판매하는 재사용 자전거는 이들에게 '이동의 자유'를 주는 셈이다.

이 사업은 자연스럽게 '사이클 인투 워크'로 이어진다. 홈리스, 재소자, 장기 실업자 등 취약계층을 훈련시켜 자전거 수리 전문가로 양성하는 과정으로 정부의 고용 연계 예산을 지원받을 수 있다. 데이브는 처음 재사용 자전거 사업을 구상할 때부터 '취약계층을 훈련시켜 수리하도록 한다'는 아이디어를 생각했다. 직업훈련을 받다 자활하고 싶어도 계기를 찾지 못하는 사람들이 있다는 것을 주목해왔기 때문이다.

이 '사이클 인투 워크' 프로그램에는 2010년 시작된 이래 460명의 취약층이 참여했고 이 중 180명이 코스를 마쳤다. 그리고 그중에서 65%가 성공적으로 풀타임 직장을 찾아 정착했다. 바이크워크스의 직원 중에 4명도 노숙자였다가 이 프로그램을 통해 자활에 성공한 사람이다. 전체 직원이 23명인 것을 감안하면 적지 않은 숫자다. 이 밖에도 교육훈련 프로그램을 마친 뒤 프리랜서로 활동하는 기술자와 강사 들이 바이크워크스와 계속 협력 관계로 일하고 있다.

여기까지만 보면 바이크워크스의 사업 아이템이 그리 특별하지 않을 수 있다. 한국에도 '노숙자를 훈련시켜 폐자전거를 수리'하는 사회적기업이 존재한다. 그러나 바이크워크스는 거기서 멈추지 않고 관련 사업 영역을 계속 발굴해냈다. '사이클 인투 워크'를 통해 마련된 '자전거 수리 전문가 훈련 과정'을 일반인에게로 확대한 것이 그중 하나다.

표7_3 바이크워크스의 사업

▼▼▼ 취약층만이 아니라 고연봉 직장인도 고객으로 ▼▼▼

'자전거 수리 기술'은 알고 보면 의외로 많은 사람들이 필요로 하는 것이었다. 서비스 이용료가 높은 런던에서는 더욱 그렇다. 바이크워크스는 이 점에 주목해 일반 시민을 대상으로 하는 자전거 수리 과정을 만들었다. 이것이 '바이크어빌리티' 사업이다.

교육과정은 간단한 수리를 가능하게 해주는 단기 과정부터 직업적 훈련 과정까지 다양하게 운영된다. 특히 직장인을 대상으로 하는 저녁과 주말 과정, 여성에 특화된 과정 등으로 맞춤 개설을 하고 있는 점이 눈에 띈다. 그 덕분에 베스널그린 바로 옆인 신흥 금융단지 카나리워프에서 일하는 젊은 직장인들이 수강생으로 많이 유입되고 있다.

그리고 이 경험은 다시 또다른 사업 영역으로 이어진다. '채리티 바이크 팩토리'라는 것인데, 기업과 팀 단위 직장인을 대상으로 하는 '팀 빌딩 프로그램'이다. 초기에는 기업들이 기업 사회공헌CSR을 겸해 '사이클링 컨설팅'을 의뢰하는 방식이었다. 전문가들이 기업 사무실로 찾아가서 직원들이 자전거로 출퇴근하거나 사이클을 즐길 수 있도록 전반적인 조언과 교육을 해주는 내용이었다. '리로이드런던' '뉴스인터내셔널' 등 굵직한 기업들도 이 프로그램의 고객이었다. 현재는 직장 내 단합 등을 위해 함께 자전거를 배우고자 하는 사람들을 위한 출장 강의와 컨설팅 방식으로 전환됐다. 교통 문제가 심각한 런던에서 자전거 출퇴근에 대한 수요는 점점 커지는 추세고 '탄소 발자국 절감' 등의 사회적 가치도 있어서 한동안 이 부문의 사업은 더 커질 것으로 보인다.

자전거 수리와 관련된 사업 부문은 또 있다. '팝업 바이크워크스'다. '찾아가는 자전거 수리 서비스'라고 할 수 있는데, 바이크워크스 소속 또는 협력 관계의 수리 전문가들이 고객이 원하는 곳으로 출장 나가는 서비스다. 2015년 들어 이를 위한 온라인, 모바일 신청 체계를 제대로 갖춘 만큼 신사업 분야라고 할 수 있다.

지금까지 설명한 사업 부문만도 다섯 가지나 되지만, 바이크워크스가 주력하는 사업 분야는 따로 있다. 짐과 조이가 처음 시작한 사업인 '사이클링 교실'을 발전시킨 '올 어빌리티 사이클링' 사업으로, 특정 연령과 그룹을 대상으로 특화된 자전거 교실을 운영하는 것이다. 이를테면 '자폐 아동을 위한 자전거 교실'을 운영하는 식이다. 자치구 정부의 복지 예산을 사용하는 위탁 사업 형태로 진행한다. 바이크워크스는 정부와 사업 계약을 맺은 프로그램 공급업자다.

이 비즈니스 모델은 '정신적·육체적 장애를 가진 사람들이 몸을 움

▶ 런던 동부 베스널그린 지역에 위치한 바이크워크스 매장 내부 모습.

▶ 위_자전거 부품을 활용해 만든 촛대. 아래_매장 지하에 마련된 자전거 수리 센터.

직이며 건강한 활동을 하고 싶어도 기회가 없다' '비만을 벗어나거나 예방하고 싶어도 운동할 방법을 찾지 못하는 사람들이 있다'는 사회적 문제에 대한 관심에서 출발했다. 바이크워크스는 이를 '주민들의 건강과 질병 예방에 관심이 많은 지방정부와 계약을 하면 무료 또는 적은 비용으로 장애인, 저소득층 대상의 사이클링 프로그램을 운영할 수 있다'는 아이디어로 연결시켰다.

또한 자폐와 같이 외부와 소통이 어려운 장애인도 자전거 타기는 비교적 쉽게 배우며, 자연스럽게 다른 사람들과 어울려 야외 활동을 할 수 있다는 점, 뇌병변 등 전신을 통제하지 못하는 장애를 가진 사람도 지렛대 원리를 이용한 특수 자전거는 탈 수 있다는 점 등에도 주목했다. 뇌병변 장애인 중에는 자전거 교실에 참여한 후 "스스로의 힘만으로 이동하는 체험을 생전 처음 했다"고 감격하는 경우도 적지 않다고 한다. 장애인 자전거 교실이 환영받는 것은 그 시간 동안 가족들도 안심하고 쉴 수 있기 때문이다. 이런 가치 때문에 자원봉사자들의 참여도 활발하다. 지역 내에서 중요한 프로그램으로 인정받고 있는 것이다.

▼▼▼ 핵심 전략은 정부에 적극 제안해 예산 따내기 ▼▼▼

사업을 지속하는 관건은 정부에 다양하고 가치 있는 프로그램을 제안해 계약을 따내는 것이다. 바이크워크스는 '뇌병변 장애인을 위한 사이클링 교실' '청소년 비만 예방 자전거 교실' '50대 이상을 위한 자전거 교실' 등 프로그램을 개발하고 특화시켜 계약을 성공시키고 있다.

▶ 바이크워크스의 설립자이자 상근 대표인 짐 블레이크모어.

이에 따라 지금까지 타워햄릿, 해크니, 해머스미스앤드풀럼Hammersmith and Fulham, 켄싱턴앤드첼시Kensington and Chelsea 등 자치구에서 뇌병변·학습지체·자폐 등 어린이와 청소년 대상, 비만 어린이와 청소년 대상, 50대 이상 성인 대상 등 프로그램을 진행해왔으며 다양한 연령대와 그룹의 시민 수천 명이 여기에 참여했다.

이 밖에도 바이크워크스는 자전거와 용품 판매를 통해서도 수입을 올린다. 베스널그린의 매장 안을 보면 천장까지 활용해 초보자용부터 전문가용까지 온갖 종류의 자전거를 전시해 놓았다. 매장 뒤 창고에는 삼륜차, 자전차, 손으로 운전하는 자전거, 휠체어 합체형 삼륜차, 외발 자전거 등 희귀한 자전거들이 가득하다. 이를 통해 바이크워크스는 '모든 종류의 자전거를 보유하고 있는 곳'으로 알려지고자 한다. 실제로 자전거에 관심 있는 사람들이 희귀 자전거를 보기 위해 이곳을 찾아오기도 한다. 야외 프로그램이 진행될 때 독특한 자전거들을 가지고 나가면 참여자들의 호응이 높다고 한다.

완제품 자전거뿐 아니라 부품과 액세서리, 의류, 관련 제품들까지 대부분 갖추고 온·오프라인으로 판매함으로써 바이크워크스는 런던 사람들에게 '자전거 전문 기업'으로 인식되고자 한다. 영리기업에도 밀리지 않는 전문성을 확보함으로써 '사회적기업'이라는 테두리에 갇히지 않으려 하는 것이다.

▼▼▼ 다각화된 고객, 매출 80%는 사업으로 창출 ▼▼▼

바이크워크스가 창출하는 가치의 수혜자는 다음과 같이 정리할 수 있다. 무료로 또는 저렴하게 사이클링과 수리 교육을 받는 지역 주민, 자치구 지원 프로그램 등으로 자전거 프로그램에 참여하는 장애인, 비만 청소년과 이를 통해 정서적인 환기와 도움을 받는 부모와 형제 등, 자전거 수리 전문가 교육과 훈련을 통해 일자리를 찾고 자활하게 된 취약층, 재판매 자전거를 저렴하게 구입한 저소득층, 자전거 통근 컨설팅과 팀빌딩 프로그램을 통해 직원들의 의욕을 고취시키고 탄소 발자국을 줄이게 된 기업과 그 직원들, 셀프 수리 교육훈련을 통해 자전거 유지비용을 줄이게 된 참여자 등.

바이크워크스의 고객은 정부, 재단, 기업, 개인 등으로 다각화돼 있다. 매출의 80%는 사업에서 나오며 20%는 펀드레이징, 스폰서 등에서 나온다. 지역구와 계약으로 인한 매출은 사업 부문으로 계산한 것이다.

상업적인 수입과 비용, 사회적 영향과 비용을 따져보면, 먼저 바이크 워크스의 상업적 수입은 유료 교육 참가비, 무료 교육에 대한 정부와 재단 지원금, 기업 컨설팅과 컨설팅에 따른 수입, 폐자전거 판매 수익금, 수리 서비스 수익금 등에서 나온다. 상업적 비용은 교육 운영비와 급여(이상은 수익으로 충당) 등이다. 비용을 제한 이윤은 100% 지역사회에 환원된다. 금전적인 측면 이외의 비용도 있다. 대표적인 것이 취약층을 대상으로 하는 데 따른 비용이다. 정신적·육체적 문제를 가지고 있는 노숙자 출신 직원 관리와 유지에는 다른 직원들의 노력과 기회비용이 들어가기 때문이다. 짐이 "노숙자 출신 직원을 더 늘리고 싶은 마음은 있는데 쉽지 않다"라고 말하는 것도 이런 이유다.

사회적 영향은 폐자전거 재활용을 통한 환경 보호, 저렴하게 자전거를 구입한 저소득층에게 지역 내 이동의 자유 제공, 육체적·정신적 장애인의 치료 효과, 비만 예방과 건강 증진, 지역경제 활성화, 기업의 탄소 발자국 감축으로 인한 이익 창출 등으로 나타난다. 사회적 비용이라면 자전거에 대한 관심이 지나치게 하이엔드, 패션, 과소비 경향으로 흐를 수 있다는 것이다. 그럴 경우 또다른 측면에서 자원 낭비가 초래되기 때문에 사업 확장에서 이 점을 주의할 필요가 있다.

바이크워크스의 핵심 자원은 자전거 관련 전문 프로그램과 전문 인력, 자치구 위탁 프로그램을 개발하고 운영한 경험, 기업들과의 B2B 실적과 경험, 홈페이지와 모바일 플랫폼 등 온라인 활동 기반 등이라 할 수 있다. 이곳 교육과 훈련 프로그램이 배출한 프리랜서 기술자와 강사들과 커뮤니티와 취약층을 돕기 위해 협력하는 자원봉사자들도 바이크워크스의 중요한 자원이다.

주요 파트너는 그간의 교육훈련 프로그램이 배출한 프리랜서 인력, 자원봉사자들이다. 이들과 협력 네트워크를 통해 적은 인력으로 다종 다양한 프로그램들을 안정적으로 운영할 수 있다. 또한 계약 관계의 자치구들과 기업들도 주요 파트너라고 할 수 있다. 이 밖에 폐자전거를 수거해 기부해주는 런던 내 주택협동조합과 공공기관, 정신적·육체적 문제를 가진 환자들에게 "자전거를 좋아하는지" 물은 뒤 바이크워크스의 프로그램을 소개하고 연결해주는 지역 의원들, 노숙자 자활을 위한 노력을 함께하는 중간지원조직 등, 지역사회 안에 여러 자원들이 존재한다.

주목할 점은 교육훈련 프로그램을 통해 배출된 인력이 강사와 기술자로 일하면서 다시 교육훈련 프로그램과 수리 서비스를 운영하고, 사이클링 교육을 받고 라이딩 클럽에서 활동하는 사람들이 자전거와 관련 제품의 소비자가 되며, 더 전문적인 단계의 셀프 수리와 전문 수리 프로그램에 참여하는 식으로 연결돼 있다는 것이다.

바이크워크스는 홈페이지(www.bikeworks.org.uk)와 페이스북(www.face-book.com/BikeworksLondon) 등을 통해 소식과 정보를 적극적으로 나누고 있다. 찾아가는 서비스, 라이딩 클럽 운영 등도 고객과의 관계를 창출하고 유지하기 위한 수단이라고 할 수 있다.

▼▼▼ "지속성을 위해서는 수익성 갖춰야" ▼▼▼

바이크워크스가 최근 주력하고 있는 사업이 '올 어빌리티 사이클링' 프로그램 운영인데 이는 각 자치구들과 계약이 종료될 수 있다는 한계를 가진다. 실제로 최근에도 몇 년간 계약 관계를 유지한 한 자치구와의 사업이 종료되었다. 그 대신 다른 자치구와 새로운 계약을 성사시키기는 했지만 매출이 들쭉날쭉해질 가능성은 항상 존재한다. 또 소매점과 교육 장소가 많으면 사업하기에 용이하지만 유지비용이 많이 들어간다는 문제가 있다. 때문에 한때는 매장을 런던 내 3곳까지 운영했으나 현재는 베스널그린의 한 곳만 남기고 문을 닫았다.

한계를 극복하기 위해 바이크워크스는 자치구들에 계속해서 새로운 형태의 '올 어빌리티 사이클링' 프로그램들을 제안하고 계약을 따내는 데 주력하고 있다. 최근 개발한 것이 '50대 이상 시니어를 위한 사이클링 프로그램'이다. 한국과 마찬가지로 은퇴자, 고령자가 많아지면서 런던 자치구들이 이들의 활동과 건강에 대해 많은 관심을 가지고 있다는 데 착안한 것이다.

런던 동부를 벗어나 다른 지역으로 사업을 확장할 계획도 가지고 있다. 짐은 "비만과 장애인 복지 등에 적극 대응하려는 정부들이 많아지는 추세여서 적극적으로 사업을 제안하는 중"이라고 말했다. 자전거 수리 교육과 훈련 프로그램도 다각화해 참여 범위를 넓히고 있다. 최근 진행된 '여성들을 위한 셀프 수리 과정'이 대표적인 사례다. 찾아가는 서비스 '팝업 바이크워크스'는 장기적으로 지속가능한 사업에 도움이 될 것으로 보고 적극적으로 마케팅을 하고 있다. 이 서비스 이용자를 확대하는 것이 2015년의 중점 목표 중 하나다.

최근 소매점을 한 곳으로 줄인 뒤 부족한 교육 공간은 옛 경찰서 건물 공간을 제공받거나 공원 내에 컨테이너 거점을 두는 식으로 해결하고 있다. 런던 올림픽 때 조성된 올림픽 공원 안에 2015년 2월 새로운 컨테이너 거점을 설치했는데 이는 주로 시니어 사이클링 프로그램을 위해 사용된다.

지속가능성을 위해 수익 모델이 부족한 부문은 사회적 가치가 존재하더라도 과감하게 축소하고 다른 활동에 더 집중하려고 한다. '자전거 재사용 센터'가 대표적인데, 짐 블레이크모어는 "이 부문의 사업을 축소할 계획을 가지고 있다"고 말했다. 어찌 보면 바이크워크스의 정체성을 가장 잘 보여주는 사업인데 그렇게 말하는 이유에 대해 "수익을 거의 내지 못하고 있기 때문"이라고 설명했다. "기업 규모가 작을 때는 수익 모델이 없는 사업도 안고 갈 수 있지만 규모가 커질수록 부담도 커진다"는 것이다.

짐은 이에 대해 "지속가능성을 위해서는 사업 영역과 사회적 영향 활동의 균형을 맞출 필요가 있다"라고 소신을 밝혔다. 즉 사회적기업에서도 비즈니스 모델이 늘 먼저라는 것이다. 그는 "사람들을 돕는 것은 즐겁고 행복한 일이지만 이윤 창출 없이는 지속할 수 없다"면서 "비즈니스 모델이 작동하면 사회적 영향은 자연히 따라오게 된다"라고 말했다.

바이크워크스는 최근 CICorporate Identity와 홈페이지 디자인을 리뉴얼했다. 이는 '자전거는 젊고 흥미롭고 신선하다'는 이미지를 주기 위한 노력의 일환이라고 할 수 있다. 사회적 가치를 지닐 뿐 아니라 '매력적'인 기업이 되고자 하는 것이 한계를 넘어서 더욱 성장하고자 하는 바이크워크스의 전략이다.

　3~5년 내 이루고자 하는 목표가 하나 더 있는데 바이크워크스의 비즈니스 모델을 복제해 지역 기반으로 적용하는 사회적기업들이 더 생겨나도록 돕는 '프랜차이즈 사업'을 시작하는 것이다. '자전거 문화 확산'이라는 가치를 사회 전반에 실현시키고, 사회를 바꿀 정도의 사회적 영향력을 내기 위해서는 단일 기업을 키우는 것으로는 한계가 있다는 인식 때문이다. 영국의 다른 지역에서도 바이크워크스와 같은 비즈니스 모델이 작동할 수 있게 기업가를 발굴하고 교육시키고 협력하기 위한 준비를 지금부터 조금씩 해나가고 있다.

▼▼▼ 미션을 지키되 끊임없이 진화해야 ▼▼▼

　바이크워크스가 공개한 자료에 따르면 그동안 이 기업을 통해 '긍정적인 사이클 경험'을 한 개인의 수는 1만 4833명, 폐자전거를 수리해서 재판매한 숫자는 5,726대, 직업훈련 과정을 졸업한 인원은 233명, 바이크워크스의 수리 전문가에 의해 수리된 자전거는 6,840대에 이른다. 연간 매출액은 2014년 기준으로 150만 파운드(약 26억 원) 수준이다.

　바이크워크스는 10년 미만의 짧은 기간 동안 런던에서 대표적인 사회적기업의 하나로 발돋움하는 데 성공했다. '자전거'를 매개로 공고한 지역 네트워크를 만들었고, '가치 있는 활동을 하는 젊은 기업'이라는 이미지를 안착시켰다. 바이크워크스에 의해 혜택을 받는 사람들도 확대되고 있다. 무엇보다 매년 매출을 늘리면서 사업을 확장하고 있다는

표7_4 바이크워크스의 현황

것이 사회적기업으로서 쉽지 않은 성과라고 할 수 있다.

사회적 측면에서는 자전거와 사이클링 경험을 통해 삶을 활동적으로 바꾸고 긍정적 경험을 준다는 미션을 잘 실천하면서 사회적 영향을 확장해가고 있다고 평가할 수 있다. 경제적으로도 전체 매출 중에서 사업 수익에 따른 매출을 80%대로 유지하고 있는 점이 긍정적이고, 비용이 과다한 소매점이나 수익률이 떨어지는 사업을 과감하게 정리하는 등 지속가능성을 위한 적절한 경영이 이뤄지고 있다.

사회적 가치를 전면에 내세운 활동을 하면서도 정부에 의존하거나 NGO 방식의 활동에 머물지 않고 새로운 사업 모델을 적극적으로 개발해 수익을 창출하는 모델을 선보였다는 점, 지속가능성을 확보했을 뿐 아니라 성장세를 유지하고 있다는 점에서도 주목할 만하다.

자전거를 매개로 한 사회적기업은 세계 여러 나라에서 다수 찾아볼 수 있다. 앞서 말한 것처럼 한국에도 유사한 사례가 있다. 서울 용산구에 위치한 '두바퀴희망자전거'는 노숙자를 고용해 폐자전거를 수리하는 모델이 바이크워크스 사업 중 '자전거 재사용 센터'와 거의 같다.

다만 바이크워크스는 처음의 사업 모델에 머물지 않고 계속 변화, 진화해왔다는 점에서 차별성을 갖는다. 미션과 가치에 부합하는 다양한 사업 모델을 계속해서 발굴하며, 자치구와 기업 등 비즈니스 파트너를 석극적으로 찾아내고, 젊고 활력 있는 이미지를 유지하면서도 전문성을 인정받아왔다는 점에서 경쟁력을 가진다고 할 수 있다.

한국 역시 사이클링에 대한 관심이 높아지고 있다. 자전거 전문 기업이나 점포, 라이딩 클럽도 증가 추세다. 자전거를 좋아하는 사람들은 환경에 대한 관심도 높을 가능성이 있다. 따라서 자전거를 매개로 사회적 가치를 추구하는 사회적기업을 만나면 적극적인 이용자가 될 수 있다. 이들에게 소구력을 가지려면 바이크워크스와 같이 자전거를 젊고 매력적이고 활력적인 이미지로 부각시키는 전략이 필요하다. 또한 개성이 강한 소비자들 각각의 요구에 맞는 다양한 프로그램 개발과 운영 능력을 갖춰야 한다.

안정적인 매출과 사업 영역 확장을 위해서는 정부 예산을 활용하는 사업 위탁도 고려해봐야 하며, 기업 소비자를 찾아 B2B 거래를 하기 위한 방안도 마련할 필요가 있다.

_황세원

2부

사회적기업과
사회적기업가를
키우는
지원조직

8장 채리티뱅크

영국 사회적경제의 든든한 버팀목

'채리티뱅크Charity Bank'는 은행이다. 우리가 일반적으로 아는 은행과 마찬가지로 예금을 받고 대출을 하는 것이 업무다. 영국 금융 당국의 규제도 받고 예금자보호도 된다. 자선단체나 사회적경제 조직에만 대출을 제공한다는 점에서 차이가 있을 뿐이다. 한국에도 '(사)신나는조합'이나 '(사)사회연대은행' '(재)한국사회투자'와 같은 사회적 금융기관이 사회적경제 기업에 대한 투자와 융자를 담당하고 있지만 이들은 금융위원회의 인가를 받은 금융기관이 아니라는 점에서 채리티뱅크와 차이가 있다.

자선단체 내에 설치된 특별기금에서 출발해 정식 은행이 되기까지 채리티뱅크가 걸어온 길은 사회적경제 내지는 사회적 금융이 감내해야 하는 지난한 과정을 그대로 보여준다. '세계 최초의 비영리은행'이라는 수식어를 얻는 과정은 무에서 유를 창조해야 하는 사회적경제 조직의 숙명과도 비슷한 '길고 구불구불한 길'이었다. 그 과정에서 '착한 금융'에 대한 시민사회의 인식이 성숙해졌고, 이를 자양분 삼아 사회적 금융은 성장할 수 있었다. 2008년 글로벌 금융위기가 닥쳤을 때 사회적 금융기관들은 오히려 연평균 20~30% 성장했다는 사실은 시사하는 바가 크다.

자선단체 은행으로서 흑자를 기록하며 안정적으로 유지되고 있던 시점에 채리티뱅크는 변신을 시도한다. 많은 시간과 비용을 들여 자선단체 지위를 포기한 것이다. 달라진 금융 환경에 적응하고 사회적경제 영역의 늘어나는 자금 수요에 부응하기 위해서였다. 필요하면 법적 지위를 포함한 모든 것을 바꿀 수 있는 유연함을 갖추되 사회적 미션과 비전만큼은 완고하게 지켜나가는 채리티뱅크의 자세는 '사회적'과 '경제'가 공존하면서 '사회적경제'를 이룰 수 있는 길이 존재한다는 것을 보여준다.

사회적 금융에 대한 수요가 커져가고 있는 한국 현실에서는 채리티뱅크의 성공 스토리뿐 아니라 이처럼 역동적인 변신 과정에 더욱 큰 관심을 가질 필요가 있다.

▼▼▼ 은행이지만 '다른 은행', 채리티뱅크 ▼▼▼

'은행'이라고 하면 보통 명동이나 강남 한복판, 목 좋은 위치의 건물 1층에 널찍하게 자리 잡은 아늑한 지점이 떠오른다. 흰 와이셔츠로 상징되는 은행원은 모두가 부러워하는 직장인이다. 은행은 확고한 신용을 바탕으로 엄청난 이익을 남기고, 은행원은 고액의 연봉을 자랑한다. 영국 런던은 그런 금융 이미지의 고향과도 같은 곳이다. 금융기관이 밀집한 템스 강변의 더시티The City[1]는 화려한 고층빌딩이 즐비하다. 유수한 상업은행과 투자은행이 모여 있는 세계 금융의 중심지다.

런던으로부터 남동쪽에 위치한 켄트 지역에는 이런 일반적 은행과는 성격이 다른 은행이 있다. 바로 '채리티뱅크'다. 채리티뱅크 역시 은행은 은행이다. 고객으로부터 예금을 받고 이렇게 모아진 자금을 개인이나 기관에 빌려준다는 점에서는 일반은행과 같다. 하지만 홈페이지 초기 화면을 장식하고 있는 "다른 세상을 희망하는 사람들을 위한 다른 은행"[2]이라는 말과 회사 이름에 붙이 있는 '자선Charity'이라는 단어에서 알 수 있듯 보통의 은행과는 다른 점이 있다. 설립자이자 전 CEO인 맬컴 헤이데이Malcolm Hayday[3] 씨는 그 다름에 대해 "진정으로 고객을 위해 일하는 은행"이라고 설명한다.

본래 금융업은 자금의 수요와 공급에서의 시간적·공간적 불일치 해소 즉 '금융 중개'를 목적으로 생겨났지만, 이미 본업을 미뤄놓고 투기에 뛰어든 지 오래다. 2007년 미국 발 서브프라임 모기지 사건에서 극명하게 드러났듯이 금융기관은 수익을 얻기 위해서라면 무슨 일이든

---

1 '더시티'는 뉴욕과 더불어 세계 최대의 금융시장이다. 영란은행Bank of England과 런던증권 거래소를 비롯해 은행·보험·유가증권·상품·해운 등의 기능이 밀집해 있다. 런던탑에서 세인트폴대성당에 이르는 템스 강 북쪽 강변의 2.9제곱킬로미터 구역으로 거주자는 7천여 명에 불과하지만 30여만 명의 금융 관계자들이 일하고 있다.

2 "A different bank for people who want a different world."

3 맬컴 헤이데이는 사회적 금융기관 설립을 위해 1993년 '자선원조재단Charities Aid Foundation'에 합류했으며, 2002년 채리티뱅크 설립 당시부터 CEO를 맡아오다 2012년 사임했다. 채리티뱅크의 현 CEO는 패트릭 크로퍼드Patric Crawford다.

할 준비가 되어 있다. 부동산 거품에 편승해 충분한 심사 없이 대출을 일으키고 이자를 챙긴다. 그러다가 거품이 붕괴되면 모든 책임을 차입자에게 떠넘긴다. 주택 가격이 담보 가치 밑으로 떨어진, 이른바 '깡통주택' 소유자들은 하루아침에 길거리로 내몰린다. 금융 소비자는 물론 스스로도 완전히 이해하지 못하는 '금융공학'의 허울 속에 자신들이 부담해야 할 리스크까지 소비자에게 떠넘기기 일쑤다. 이런 상황에서 금융기관이 '고객을 위해' 일한다는 말을 믿을 사람은 없다. 오로지 금융기관 자신의 이익, 주주의 이익만을 위해 움직이는 것이다. 최근 자주 사용되는 '약탈적 금융'이라는 표현에는 금융기관을 바라보는 대중의 차가운 시선이 담겨 있다. 신자유주의의 민낯을 적나라하게 보여주는 금융자본주의, 그 첨병이 바로 금융기관이다.

세계 최초의 비영리은행[4] 채리티뱅크는 이런 '약탈적 금융'에 대한 반성에서 출발했다. 설립자 헤이데이 씨는 사회적 금융Social Finance[5] 분야에서 일하기 전 20여 년간 일반 상업은행에서 일했다. 그는 이 시기를 "내 인생에서 어두운 시기Dark Side"라고 표현했다. 당시를 회상한 어느 인터뷰[6]에서는 "내가 정말 정직한 사람이라면 '더시티'에서는 결코 편안할 수 없다"라고 말했다. 심지어 발 뻗고 잠을 잘 수도 없었다고 한

---

4 채리티뱅크는 2013년 5월 자선단체 등록을 반납함으로써 법적으로 영리기업으로 전환했지만, 사명을 위한 의무 조항Mission Lock 등을 통해 기존의 비영리성을 계속 유지하고 있다.

5 한국의 대표적인 사회적 금융기관인 (재)한국사회투자는 사회적 금융에 대해 "일반 금융에 대한 대안적 금융으로, 투하된 자본이 창출하는 사회적 가치와 재무적 가치를 동시에 추구"하는 것으로 기술하고 있다. 즉 사회적 문제를 해결하기 위한 사업 자금의 조성과 운용에 시장 원리를 접목시켜 사회적경제 영역의 독자적인 자금 순환 구조를 정착시킴으로써 재원 운용의 지속가능성을 추구하는 금융을 말한다.

6 Fran Monks, 2009. 9. 2.

▶ 채리티뱅크 전 CEO 맬컴 헤이데이.

다. 그래서 새로운 길을 찾아 나선 끝에 도착한 곳이 사회적 금융이다. 그는 사회적 금융을 경제적 수익뿐 아니라 사회적·환경적 영향도 고려하는 '착한 금융' '깨어 있는 금융'이라고 설명한다. 사람들이 그를 일컬어 "자선단체의 성공을 돕는 것을 목적으로 하는 이상한 은행가"라고 부르는 이유다.

그는 "좀더 지속가능하고 유순한 은행 시스템을 만드는 것"을 미션으로 삼고 있다. 사회에 흘러넘치는 돈이 사회적 가치와 경제적 가치를 동시에 고려하는 책임 있는 영역으로 흘러가는 기초를 마련하고 싶다는 것이다.

▼▼▼ 사회적 가치 추구의 원리로 움직이는 은행 ▼▼▼

채리티뱅크는 자신의 여윳돈이 사회적·환경적·인간적으로 더 나은 곳에 사용되기를 원하는 사람들과 사회적경제 조직들을 연결해주는 은행이다. 이를 통해 이루고자 하는 비전으로는 "더 나은 사회를 만들기 위해 사회적 가치를 추구하는 기관들이 필요한 금융 자원에 쉽게 접근할 수 있는 사회"로 제시한다.

자선단체나 사회적기업, 협동조합 등 사회적경제 조직들이 필요한 자금을 제때 조달할 수 있다면 그들이 추구하는 사회적 가치는 더 빠르고 강하게 확산될 수 있다. 특히 정부 보조금이나 민간 기부금에만 의존하지 않고 융자 등 다양한 금융 자원에 접근할 수 있으면 지속가능성은 높아진다. 그러나 일반은행에서는 '수익 추구'를 최우선으로 하지 않는 사회적경제 조직에 선뜻 돈을 빌려주지 않는다. 그래서 별도의 금융기관, 사회적 가치를 높이 평가해주는 특별한 은행이 필요하다.

채리티뱅크의 미션은 '영국 내에서 가장 존경받는 은행'이 되는 것이다. 그러기 위해서는 금융 수익을 많이 내는 것과는 다른 성과가 필요하다. 이를 위해 사회적 투자자와 의식 있는 개인들로부터 유치한 자금을 자선단체나 사회적 가치를 추구하는 기관들에 빌려준다.

미션을 추구하는 데서 두 가지 원칙이 있다. 하나는 '시장 실패의 교정'이다. 자선단체나 사회적경제 조직이 창출하는 사회적 가치는 상업적인 용도로 작성되는 손익계산서에는 반영되지 않는다. 따라서 일반 금융기관의 관심을 끌기 어렵고 제대로 된 금융 서비스 역시 제공받지 못한다. 이렇게 사회적 가치가 과소평가됨으로써 자원이 과소 배분되는

170

▶ 영국의 사회적기업 마크.

것을 채리티뱅크는 '시장 실패'로 정의한다. 그리고 이를 바로잡기 위해 사회적 가치를 창출하는 기업을 제대로 평가하고 자원을 제공한다.

두 번째는 '이해관계자 간 네트워크 구축'이다. 비전과 미션을 공유하는 사회적경제 조직, 예금자, 투자자, 그리고 금융기관이 하나의 커뮤니티를 형성한다면 더 큰 사회적 미션을 꿈꾸고 도전할 수 있다. 채리티뱅크가 단순히 돈을 빌려주는 행위에만 그치지 않고 다양한 채널을 통해 예금 고객, 대출 기관, 지역사회 그리고 일반 대중과 소통하려는 이유다. 채리티뱅크는 2015년 6월 초 영국 내 은행권에서 유일하게 사회적기업 마크Social Enterprise Mark, SEM를 획득했는데, 이후 SEM을 보유한 기관들에는 대출 수수료를 25% 감면하기로 했다. 이것도 사회적경제 조직 간 네트워크 구축의 일환이라고 할 수 있다.

이런 미션을 수행하려면 임직원 개개인이 공통의 가치를 가슴에 품고 일해야 한다. 채리티뱅크는 구성원이 가치를 공유할 수 있도록 많은 노력을 기울인다. 내부적으로 지향하는 가치는 여섯 가지다. 일하는 방식의 '통일Integrity', 사회적경제를 지원한다는 '미션Mission', 일과 미션 수행의 '열정Passion', 고객과 비전을 공유하는 '연대Alignment', 고객 이익을 최우선으로 하는 '고객 중심Customers', 그리고 대출 기관 선정과 일하는 방식의 '투명성Transparency'이다. 이런 세부 가치와 원칙을 따르기 때문에 채리티뱅크는 스스로를 "수많은 은행 가운데 하나가 아니라 진짜 차이를 만들어내는 은행"이라고 자신 있게 말한다.

▼▼▼ 특별기금에서 자선기관 은행으로 ▼▼▼

채리티뱅크의 역사는 크게 세 단계로 나눌 수 있다. 전신에 해당하는 특별기금 '사회투자자들Investors In Society' 출범부터 2002년 정식 설립까지가 제1기에 해당한다. 1992년, 영국의 '자선원조재단Charities Aid Foundation, CAF'은 '자선기관을 위한 은행' 설립을 위해 논의를 시작했다. CAF는 자선기관들에 투자, 융자, 기부 등 자금 지원과 컨설팅 서비스를 제공하는, 말하자면 자선기관을 위한 자선기관이다. 금융과 관련한 더 전문적인 서비스를 제공하기 위해 은행 설립을 시도했으나 1990년대 초 영국의 금융시장 환경은 새로운 은행 설립에 우호적이지 않았다. 1991년 불거진 BCCI은행 스캔들[7]로 인해 금융 규제가 강화되고 있었기 때문이다. 선례가 없는 자선기관 형태의 은행이 가능한지에 대해 법적 해석도 명확하지 않았다. CAF는 차선책으로 조직 내에 별도의 기금을 만들어 직접 자선기관 등에 융자를 하기로 했다.

1993년 자선기관들에 융자를 제공할 방법을 모색하기 위해 별도의

---

7 BCCI은행Bank of Credit and Commerce International은 아랍에미리트계 자금을 기반으로 78개국에 400여 개 점포망과 200억 달러 상당의 자산을 보유하는 세계 7위의 은행으로 성장했다. 그러나 불법 무기 거래와 각국 정보기관의 비밀공작에 관여해 파문을 일으켜, 1991년 7월 5일 영국 정부를 시발점으로 여러 나라에서 영업 정지와 자산 동결 조치를 내려 결국 파산했다.

조직(Loans Services Unit)을 설치한 CAF는 이를 토대로 1995년 50만 파운드(약 8억 5000만 원)를 출연하여 시범 대출과 보증 업무를 수행할 '사회투자자들'을 설립했다. 1996년 최초로 대출을 집행한 이래 2002년 채리티뱅크로 자산을 이관하기까지 자선기관과 사회적경제 조직에 200여건의 융자를 실시했다. 놀라운 것은 '사회투자자들'이 제공한 대출 가운데 상환에 실패한 경우가 단 한 건에 불과했다는 것이다. "자선기관이나 사회적기업은 재정 상황이 취약하므로 상환 능력이 의심된다"던 일부의 우려가 기우에 불과했음이 드러났다. 50만 파운드로 시작됐던 '사회투자자들'의 자산 규모는 채리티뱅크 이관 당시 10배로 불어난 500만 파운드(약 85억 원)가 났다.

1997년부터 자선기관 은행의 세부 모델 개발을 시작한 CAF는 드디어 2002년, 자선단체 등록과 은행업 인가를 얻었다. 스스로가 자선기관이면서 자선기관과 사회적경제 조직에만 융자를 제공하는 은행인 채리티뱅크가 공식 출범한 것이다. 자선기관 은행의 필요성이 논의된 지 10년, '사회투자자들'이 활동한 지 7년 만의 일이었다.

▼▼▼ '전례 없는 시도'로 감독 당국도 혼선 ▼▼▼

'은행'의 지위가 필요했던 것은 '예금 유치' 때문이었다. '사회투자자들'도 수신이 가능했지만 금융기관이 아니었으므로 이자를 지급할 수 없었고 예금자보호 대상에도 해당하지 않았다. 당시 영국의 금융 감독 기구인 '영국재정청Financial Services Authority, FSA'[8]의 감독을 받지 않았으므로 소비자들은 예금의 안정성에 대해서도 완전히 신뢰하기 어려웠다.

이런 이유로 '사회투자자들'은 대출 재원을 마련하는 데 어려움을 겪었다. 반면 사회적경제 영역의 자금 수요는 계속 증가했다. 경기 위축으로 정부 지원이 줄어들자 비영리단체의 돈줄이 말라갔기 때문이다. 기금의 활동 영역을 확장하고 규모를 키우기 위해서는 자금원을 다양화해야 했다. 즉 더 많은 예금을 유치해 더 많은 자금을 지원하기 위해 적극적으로 은행 설립에 나섰던 것이다.

은행으로의 전환 과정은 사회적 금융을 포함한 모든 사회적경제 조직들에 시사하는 바가 크다. 소셜 섹터는 산적한 사회문제를 해결하기 위해 전례 없는 길을 가야 할 때가 많다. 무에서 유를 창조해내고, 기존의 틀을 깨는 혁신적인 방법을 동원해야 한다. 채리티뱅크 설립 과정도 그랬다. 자선기관을 비롯한 사회적경제 조직들에만 대출을 하는 은행을 세계 최초로 만드는 과정은 결코 녹록치 않았다. 헤이데이 씨는 그 과정을 "길고 구불구불한 길이었다"라고 회상했다.

사실 영국재정청, 자선위원회Charities Commission 그리고 세무청The Inland Revenue 등 모든 관련 기관은 '사회투자자들'이 은행으로 전환되는 데 대해 소극적인 반응이었다.[9]

---

8 영국의 금융시장 감독을 총괄하던 기구. 2012년 통과된 금융서비스법Financial Services Act에 따라 FSA는 폐지되었으며, 금융회사의 건전성을 감독하는 건전성감독청Prudential Regulation Authority, PRA, 소비자 보호와 영업 행위를 감독하는 영업행위감독청Financial Conduct Authority, FCA으로 분리되었다. 이 두 기관은 금융 시스템 리스크 등 거시 건전성을 담당하기 위해 영란은행 내에 신설된 금융정책위원회Financial Policy Committee, FPC와 더불어 3대 금융 감독 기구를 구성한다.

9 채리티뱅크는 2013년까지 금융기관인 동시에 등록자선기관으로서 금융 규제 당국, 자선기관 규제 당국, 세무 당국의 규제와 감독을 동시에 받았다.

"자선기관인 비영리단체가 은행업을 할 수 있는가?"가 논의의 핵심이었다. 자신들이 만들 은행이 자선기관의 지위를 유지하는 것은 CAF와 헤이데이 씨를 비롯한 추진 주체들에게 매우 중요한 문제였다. 넉넉하지 못한 재원으로 자선기관들에 융자를 하는 것인데, 거기서 발생하는 이익을 배당으로 유출하는 것은 용납하기 어려운 일이었기 때문이다. 이익이 남는다면 당연히 새로운 기관에 대한 융자 재원으로 활용해야 했다. 운영비 절감을 통해 대출 재원을 한 푼이라도 더 확보하기 위해 아직까지도 비상임 이사에게 급여를 지급하지 않고 상임 이사에게는 보너스를 주지 않는 채리티뱅크로서는 당연한 결론이었다.

자선기관인 은행에 관한 명확한 규정이 없는 상황에서 논의 초반에는 영국재정청과 자선위원회가 서로 공을 떠넘기곤 했다. "그쪽에서 먼저 허가하면 우리도 내주겠다"는 식이었다. 헤이데이 씨가 얻은 정보에 따르면 사실 그 기관들 내부에서도 "왜 지금까지 그런 게 없었지?"라는 인식이 있었다고 한다. 그러나 '가보지 않은 길'에 대한 두려움이 더 크게 작용했다. 그렇게 시간을 보내다 어느 순간 두 감독기관이 "한번 만들어보자"고 의견을 모았다.

큰 고비를 넘겼다고 생각했는데 이번에는 세무 당국이 제동을 걸었다. "세법상 비영리기관은 은행업을 할 수 없다"고 못 박고 나선 것이다. 하는 수 없이 프로젝트를 접어야 하는 분위기가 되고 말았다. 헤이데이 씨는 "그런데 무슨 까닭에서인지 세무청이 48시간 만에 입장을 번복함으로써 은행 설립이 최종 결정됐다"라고 전했다. 갑작스런 태도 변화의 이유에 대해서는 헤이데이 씨도 "여전히 미스터리"라고만 말했다.

헤이데이 씨는 "타이밍이 좋았다"고 당시를 회상했다. 지금에 비해 규제가 강하지 않았고, '자선기관을 위한 은행'이라는 콘셉트에 대해 일부이기는 하지만 공감하는 분위기가 있었기 때문이다. "그런 것이 왜 필요해?"라고 생각하는 것과 "그런 것도 필요하겠네"라고 생각하는 것은 종이 한 장 차이고, 당시의 사회적 분위기에 따라 어느 쪽으로도 갈 수 있지만 결과의 차이는 크다.

설립 당시 제시한 은행 규모가 크지 않았던 것도 허가를 얻는 데 주효했다. 성공하면 좋고 실패해도 큰 문제가 되지 않을 정도로 작은 규모로 시작한다면 감독 당국이 느끼는 부담이 훨씬 가볍기 때문이다. '첫술에 배부르려 하지 말아야 한다'는 교훈을 얻을 수 있는데, 사회적경제 영역에서 다양한 시도가 일어나고 있는 한국에서도 눈여겨봐야 할 대목이다.

▼▼▼ 글로벌 금융위기 때 20~30% 성장 ▼▼▼

제2기라고 할 수 있는 '자선기관이자 은행' 단계는 자선단체 지위를 반납하는 2013년까지 이어진다. 등록자선단체이자 은행으로 활동한 시기다. 고객의 예금을 재원으로 사회적경제 영역에 대출하는 세계 최초의 비영리은행으로서, 채리티뱅크는 640만 파운드(약 109억 원)의 자산으로 출발해 2010년 5400만 파운드(약 918억 원), 2013년에는 1억 파운드(약 1700억 원) 규모로 성장했다. 이 기간 이뤄진 대출은 총 1,000여 건으로 1억 8500만 파운드(약 3145억 원)의 자금을 지원했다. 2011년과 2012년에는 처음으로 흑자를 기록하기도 했다.

설립 이후 처음 몇 년 동안은 완만하게 성장하며 기반을 다진 시기였다. 그러다가 글로벌 금융위기가 도래한 2007년부터 3년간 해마다 20~30%씩 성장했다. 경제 전반이 위축되던 금융위기 와중에 도리어 큰 폭으로 성장한 것에 대해 헤이데이 씨는 '대중들의 인식 변화'가 이유였다고 설명한다.

사회적 가치에 눈뜬 금융 소비자들이 착한 금융과의 거래를 늘린 것입니다. 월가를 중심으로 한 주류 금융기관들의 도덕적 해이와 무차별적 이윤 추구에 대한 염증, 내가 예금한 돈이 사회적으로 좋은 일에 쓰이기를 바라는 바람이 커신 것이죠.

정부 정책 영향도 있었다. '지역사회투자세금공제The Community Investment Tax Relief, CITR' 제도가 그것이다. CITR 계좌로 정기예금에 가입하여 5년간 유지할 경우 매년 5%, 총 25%의 세금을 공제해주는 이 제도가 시행되자 최고 세율 납세자의 경우 연간 10%에 해당하는 이자를 받는 것과 같은 효과를 누릴 수 있었다. 극단적으로 은행이 이자를 한 푼도 지급하지 않더라도 예금자는 10%의 이자를 받는 셈이다. 주류 금융기관을 통해 대기업으로만 흐르는 시중 자금의 일부를 지역사회로 돌리기 위한 조세 정책의 일환이었다. 채리티뱅크는 2003년 은행권 최초로 지역사회 투자 세액 공제 상품을 취급하는 '지역사회개발금융기관Community Development Finance Institutions, CDFIs' 인증을 받아 놓았는데, 이것이 금융위기 이후 사람들의 관심을 끌면서 예금이 크게 늘어났던 것이다.

▼▼▼ 새로운 도약을 위해 익숙한 것을 버리다 ▼▼▼

2011년부터 2년 연속 흑자를 기록한 채리티뱅크는 중대한 결단을 한다. 지금대로만 운영하면 당분간 흑자 기조를 유지할 수 있는 상황이 었음에도 많은 시간과 비용이 투자될 변신을 시도하고 나선 것이다. 언 뜻 이해하기 어려운 결단이지만 '지속가능성'을 고려하면 불가피한 선 택이었다고 헤이데이 씨는 말한다. 그 시도는 자선단체의 지위를 반납 하고 명실상부한 '은행'으로 다시 출발하겠다는 것이었다. 이에 따라 2013년 5월 31일, 채리티뱅크는 자선단체가 아닌 법적으로는 완전한 영리회사로 재출범했다. 이때부터를 제3기라고 할 수 있다.

자선단체 지위 포기를 결심한 것은 글로벌 금융위기 이후 강화된 규 제에서 기인한다. 채리티뱅크의 미션이 명확했기에 설립 당시부터 배 당이나 금전적 보상을 바라고 주식을 보유한 주주는 없었다. 발행 주식 의 대부분이 우선주임에도 정관에 의해 배당 한도는 10%로 정해져 있 었다. 이윤이 생기면 자선단체나 사회적경제 조직에 대출하기 위한 것 이었다.

이 같은 지분 구조는 설립 당시에는 문제가 되지 않았지만 금융위기 이후 강화된 규제에는 부합하지 않았다. 배당 한도가 문제였다. 금융 당국은 자기자본비율[10]의 기준이 되는 '핵심자기자본core tier one capital' 을 새로 정의해 배당에 아무런 제한이 없는 보통주만으로 범위를 한정

---

10 국제결제은행BIS 자기자본비율. 자기자본을 위험가중자산으로 나눈 비율인데 BIS의 바젤은행 감독위원회는 금융기관이 지켜야 하는 적정 비율을 정해 권고하고 있고, 각 국가 은행 감독 기 구는 이를 감독 기준으로 삼는다.

했다. 이 때문에 재무제표에 아무런 변화가 없었음에도 하룻밤 사이에 은행 자본금의 상당 부분이 자기자본비율 계산에서 제외되고 말았다. 기존 구조로는 감독 당국에서 요구하는 적정 자기자본비율을 맞출 수 없게 된 것이다.

유일한 해법은 신규 자금을 유치하는 것인데 자선단체 지위를 유지한 상태로는 운신에 한계가 있을 수밖에 없었다. 그래서 자선단체의 지위를 반납하기로 결정한 것이다.

그러자 또다른 문제가 생겼다. 영국에서는 자선기관이 아니면 원칙적으로 상호에 '자선Charity'이라는 말을 쓰지 못한다. 상호를 바꿔야 하는 처지가 된 것이다. 하지만 채리티뱅크는 자선위원회의 협의를 거쳐 몇 가지 조건을 전제로 '채리티뱅크' 상호를 계속 유지하기로 했다. 과거와 마찬가지로 '자선기관과 사회적경제 조직에 대한 융자'라는 사업 목적과 비영리성을 정관에 그대로 두는 것과, 정관 개정을 위해서는 90% 이상 보통주주의 승인을 요구하는 방식으로 의무 조항Mission Lock을 두는 것이었다. 은행장을 비롯한 임직원의 임금 격차를 7배 이내로 하는 원칙도 계속 유지하기로 약속했다. 이로써 형식적으로는 자선단체가 아니지만 실질적으로는 비영리 원칙 아래 운영되는 틀이 갖춰졌다.

영리기업으로 전환 과정에는 2년여의 시간과 많은 비용이 들어갔다. 자선위원회와 무수한 협의를 해야 했고 방대한 서류가 필요했으며 금융 감독 당국이 추가로 요구하는 건전성, 안전성, 투명성 기준을 맞추기 위해 기존 체제를 더 정비해야 했다.

이전까지는 운영비 절감을 위해 인력을 최소화했지만 이 부분도 변화가 불가피했다. 일례로 금융 감독 당국은 회계 전담 직원이 최소 6명은 돼야 한다고 요구했다. 그 때문에 40여 명이던 직원은 순식간에 60명이 됐고 감사, 규제에 관한 조직도 재정비했다. 인적·물적 구성이 증가함에 따라 사무 공간이 부족해져 2015년 3월 초에는 공간을 두 배 이상 늘려 본사를 이전해야 했다. 그 모든 과정에 돈이 들었다. 2013년 80만 파운드에 이어 2014년 100만 파운드에 달하는 적자를 기록한 것도 이 때문이다. 채리티뱅크는 2015년에는 수지 균형을 맞추고 2016년부터는 흑자로 돌아설 것을 기대하고 있다.

표8_1 최근 3년간 재무상태표(단위: 1,000파운드)

계정	2014년	2013년	2012년
투자증권 Investment securities	57,973	45,494	27,942
대출/선급금Loans and advances to customers	55,075	53,854	60,691
총자산Total assets	114,209	100,628	93,367
고객예금Customer accounts	97,342	87,366	79,453
장기후순위채Long-term subordinated loan notes	2,500	3,500	3,500
총부채Total liabilities	100,537	91,389	83,327
자본Called-up share capital	11,622	6,122	6,122
유보금Other reserves	8,042	8,042	11,121
이익잉여금 Profit and loss account	-5,992	(4,925)	(7,203)
자본총계Shareholders' funds	13,672	9,239	10,040
부채와 자본총계Total liabilities and shareholders' funds	114,209	100,628	93,367

• 자료 출처: 채리티뱅크 홈페이지 〈연간 보고서Annual Report〉 발췌.

표8_2 최근 3년간 손익계산서(단위: 1,000파운드)

계정	2014년	2013년	2012년
수입이자Interest receivable	3,844	3,914	4,329
지급이자Interest payable	-1,036	-1,297	-1,053
순이자수입Netinterest income	2,808	2,617	3,276
영업이익Operating income	3,163	2,866	3,635
총순수익Net total income	3,287	2,966	3,795
관리비Expenses for banking operations	-4,364	-3,874	-3,269
영업비용Operating expenditure	-4,354	-3,770	-3,689
당기순손익Profit(loss) on ordinary activities after taxation	-1,067	-804	106

• 자료 출처: 채리티뱅크 홈페이지 〈연간 보고서〉 발췌.

▼▼▼ 본격적 신규 투자 유치로 규모 확장 ▼▼▼

자선단체 등록 반환 후 채리티뱅크는 본격적으로 신규 투자 유치에 나섰다. 성과는 곧바로 나타났다. 영국의 사회적 투자 기금인 '빅소사이어티캐피털Big Society Capital, BSC'[11]이 3년 동안 무려 1450만 파운드(약 246억 5000만 원)를 투자하기로 약정하고 2014년 4월 5일, 450만 파운드(76억 5000만 원)가 처음으로 입금됐다. 2012년 BSC가 출범한 이래 단일 투자로는 가장 큰 규모였다고 한다. 이 자본 유치 효과는 실적으로 나타났다. BSC 투자 이후 1년간 79건, 3700만 파운드의 신규 융자가 승

---

11 빅소사이어티캐피털은 금융기관에 잠자고 있는 휴면예금을 모아 시민사회 영역에 자금을 제공하기 위해 2012년 세워진, 일종의 사회적 자금의 도매상 역할을 하는 기관이다.

인됐는데 직전 1년간의 57건, 1200만 파운드와 비교해 크게 늘어난 수치였다. 2015년 3월 말에는 기존에 20만 파운드를 투자하고 있던 '머서자선재단The Mercers'Charitable Foundation'이 100만 파운드를 추가 출자하는 등 자본 유치는 순조롭게 이뤄지고 있다. 현재 진행 중인 출자까지 마무리되면 최대주주 BSC, 2대주주 CAF, 3대주주 머서자선재단 순으로 지분이 정리된다.

예금 업무에서도 변화가 일어났다. 이전까지 채리티뱅크는 한국의 정기예금에 해당되는 '예금계좌Saving Account'만 취급할 수 있고 '수시입출금식계좌 Current Account'는 취급할 수 없었다. 예금계좌는 납입 후 일정 기간 동안 인출하지 않는 등 몇 가지 조건을 충족할 경우 세금 혜택을 받을 수 있다. 반면 수시입출금식계좌는 이자나 절세 효과 측면에서는 다소 불리하지만 직불카드와 연동되는 등 일상생활에서 편리하게 사용할 수 있다. 이런 한계로 이전의 채리티뱅크는 고객의 다양한 수요에 대응하기 어려웠고 이것은 예금 유치에서 불리하게 작용했다.

신규 자금 유치로 시중은행 수준의 건전성을 확보한 이후 채리티뱅크는 수시입출금식계좌를 비롯한 모든 예금상품을 취급할 수 있게 됐다. 특정 고객의 주거래은행이 되어 고객의 성향과 자금 용도를 고려한 원스톱 서비스도 가능해졌다.

▼▼▼ 채리티뱅크의 대출에 실패가 적은 이유 ▼▼▼

사회적 금융기관으로서 채리티뱅크가 해결하고자 한 사회적 문제는 자선단체나 사회적경제 조직이 이윤 추구에만 몰두하는 상업은행의 높은 문턱을 넘지 못해 융자를 비롯한 다양한 금융 자원에 접근할 수 없다는 것이다. 새로운 금융 기법이 수없이 쏟아져 나오고 있지만 대부분의 자선기관과 사회적경제 조직은 여전히 정부 보조금이나 기업체의 지원금, 일반 시민의 성금에 의존하고 있었다. 가장 고전적인 자금 조달 수단인 은행 대출조차 이들과는 거리가 먼 얘기였다.

처음 CAF가 자선기관을 위한 은행에 관한 연구를 시작했을 때 자선기관 자신들 역시 차입 형태의 자금 조달에 부정적이었다고 한다. 외부의 무상 지원금 범위 내에서만 사업을 하는 보수성과 엄격한 도덕성이 문제였다.

대출을 제공하는 시중은행도 자선기관의 대출 적격성을 의심하고 있었기 때문에 수요와 공급 양측 모두에서 '융자'는 접근하기 어려운 수단이었다. 하지만 '사회투자자들' 설립 이후 이루어진 1,200여 건의 대출 실적만 봐도 융자에 대한 수요는 충분했다. 해결해야 하는 사회문제가 늘어나는 만큼 사업 수행에 필요한 자금 규모도 커지기 때문이었다. 미션을 수행하는 입장에서 볼 때 상환 가능한 범위 내의 융자를 경원시할 이유가 없었던 것이다. 그동안의 관행과 사회적 편견이 문제일 뿐이었다. 그런 가운데 정부와 민간기업의 기부금과 보조금이 줄어들기 시작하자 융자에 대한 수요는 커져갔다.

이때 필요한 것이 사회적경제 기관의 미션과 그들이 필요로 하는 자금의 용도를 이해하고 함께 고민해주는 금융기관이었다. 채리티뱅크는 이 필요에 따라 탄생했다고 할 수 있다.

2013년 채리티뱅크가 자선기관과 사회적기업을 대상으로 실시한 조사 결과에 따르면 응답자의 65%가 '대출'이 미션 수행에 도움이 된다고 대답했다. 이에 반해 일반 상업은행에 대출을 신청한 기관 중에는 31%만이 대출에 성공했다고 한다. 신청자의 29%는 거절됐고 40%는 고금리나 기간 등 대출 조건이 맞지 않아 포기해야 했다. 영국 사회적기업에 관한 실태 조사 보고서인 〈피플스 비즈니스The People's Business〉 2013년 판에 따르면 최근 1년간 지원금, 대출금, 지분 투자 등 외부 자금 조달을 시도한 사회적기업은 전체의 48%였다. 일반 중소기업의 두 배에 해당하는 비율이다. 그리고 응답자의 39%는 성장과 지속가능성을 가로막는 가장 큰 장벽으로 자금 조달을 꼽았다. 여전히 사회적경제 기관들이 느끼기에는 사회적 금융이 취약한 것이다.

자선기관이나 사회적경제 조직이 필요로 하는 자금의 건별 규모는 크지 않다. 〈피플스 비즈니스〉에 따르면 필요 자금의 중간치(median, 중앙값)[12]는 5만 8000파운드(약 1억 원)였다. 거대 금융기관들이 시간과 인력을 투입해 심사하고 관리하기에는 너무 작은 금액이다. 이 점은 상업은행들이 사회적 금융에 관심을 두지 않는 이유 중 하나인 동시에 채리티뱅크가 그동안 '상대적으로 작은 규모의 대출'이라는 틈새시장을 찾아내고 공략하는 데 도움이 됐다. 그러나 '일반은행'으로 전환한 이후에는 문제로 작용할 수 있다.

현재 채리티뱅크는 5만 파운드에서 250만 파운드의 융자를 취급하고 있으며, 주택조합은 350만 파운드까지 가능하다. 채리티뱅크는 2014년 말 현재 5500만 파운드인 융자 잔액을 2018년 말에는 2억

---

12 대푯값 중 하나로 크기순으로 나열했을 때 가운데 있는 값을 말한다. 비정상적으로 높거나 낮은 측정값이 있을 경우에도 왜곡될 우려가 없다.

5000만 파운드로 늘릴 계획이다.

일선에서 물러난 헤이데이 씨는 "채리티뱅크의 대출 업무가 앞으로 어떤 방식으로 전개될지 염려된다"고 했다. 법적 지위 전환 이후 신규 자금 유치는 외형 확장과 대출 여력 증가에 기여했지만 운영비를 증가시켰다. 지금처럼 소액 대출을 취급해서는 운영비를 충당할 수 없다면 건당 대출금 규모가 커지는 것이 불가피하다. 그렇게 되면 이를 이용할 수 있는 사회적경제 조직의 범위 역시 줄어들 수밖에 없다.

현재까지 채리티뱅크의 자금 운용은 견실하게 이뤄지고 있다. '사회 투자자들' 시절 200여 건의 대출 가운데 상환에 실패한 경우가 단 1건이라고 했는데 은행으로 전환한 이후에도 내손율[10]에는 변화가 없다. 2002년부터 최근까지 1,000여 건이 넘는 대출을 집행했는데 누적 대손율은 0.5%에 불과하다.

그 원인에는 사회적경제 조직의 보수적인 운영과 엄격한 도덕성, 책임감이 작용한 것으로 보인다. 경제적 가치가 아니라 사회적 가치를 더 중요시하기에 자선단체 등은 무리한 투자나 사업으로 위기를 초래하지 않는다. 또 한 기관의 상환 실패로 인해 채리티뱅크에 손실이 가면 다른 기관이 융자를 얻을 기회가 줄어든다는 것을 알기에 대출을 받은 기관들은 융자금 상환을 자금 운용의 최우선 순위에 둔다.

헤이데이 씨는 "고객과 채리티뱅크 사이에 강한 연대감과 공조의 문화가 있다는 것을 느낀다"라고 말한다. 이런 유대감은 채리티뱅크가

---

13 채권자가 보유한 채권 중 채무자의 상환 능력이 없거나 사실상 회수가 불가능한 채권을 대손 충당금과 상계하여 채권 등의 자산을 비용으로 처리하는 것을 대손상각이라고 하며, 보유 채권 중에서 대손 처리된 채권의 비율이 대손율이다.

자선단체나 사회적경제 조직의 미션과 비전, 활동 내용에 대해 깊이 이해하고 있기 때문에 가능하다. 고객이 하고자 하는 것이 무엇이고, 그것을 달성하기 위해 필요한 기술이나 인적 자원을 갖고 있는지, 현금 흐름은 충분히 확보할 수 있는지 등에 대한 폭넓은 이해를 바탕으로 접근하므로 채리티뱅크나 융자를 받는 기업 모두 실패가 적다.

헤이데이 씨는 "융자를 받은 기관에서 일이 생각처럼 잘 안 풀릴 때는 곧바로 은행에 알리는 것이 무엇보다 중요하다"라고 조언한다. 함께 문제를 해결할 수 있는 시간을 벌기 위해서다. 비용 산정과 위험 분석, 그리고 위험이 현실로 닥쳤을 때의 대처 방법을 은행이 더 잘 알기 때문이다.

▼▼▼ "최고의 찬사는 대출 거절에 대한 감사 인사" ▼▼▼

채리티뱅크의 융자를 통해 금융 거래 실적Track Record을 쌓은 기관은 제3의 기관으로부터 추가 자금 조달 기회를 얻기도 한다. 채리티뱅크의 대출 고객 가운데 41%가 지역기금Local Trusts 등으로부터 제2, 제3의 펀딩을 이끌어낸 것으로 조사됐다. 채리티뱅크의 대출이 단순한 1회성 지원에 그치지 않고 레버리지 효과도 발생시키는 것이다.

다른 자선기관 등과 공동으로 자금을 지원하기도 한다. 채리티뱅크가 100만 파운드의 융자를 하고 자선기관에서 같은 금액을 보조금이나 투자금의 형태로 매칭해서 제공하는 방식이다.[14] 채리티뱅크가 실사를 전담해주기 때문에 다른 자선기관은 비용과 시간을 절약할 수 있다는 이점이 있다. 2015년 3월 스코틀랜드 소셜 하우징 전문 투자기관인 '선한 투자를 위한 주택Homes for Good Investments'에 대한 자금 지원이 대표 사례다. 채리티뱅크는 사회적 투자 기금인 '임팩트벤처UKImpact Ventures UK'와 각각 200만 파운드씩 총 400만 파운드를 조성해 '선한 투자를 위한 주택'에 지원했다. 이 단체는 이렇게 받은 자금으로 주택 80채를 매입해 실업자와 저소득층에게 임대할 예정이다.

사회적경제 조직들이 융자를 받는 이유는 건물을 비롯한 자산의 취득이나 확장, 개보수를 위한 것으로 파악된다. 기부금이나 보조금이 들어오기 직전 일시적인 자금 부족을 해소하기 위한 브릿지론, 다른 금융기관으로부터 제공받은 단기자금의 장기 전환,[15] 운전자금이나 인력 채용, 소프트웨어·특허 등 지적 자산에 투자하기 위한 자금은 기관의 숨통을 터주는 중요한 역할을 한다. 채리티뱅크에서 대출을 받은 '공동체재활용주부모임Homemakers Community Recycling'의 의장 리처드 루이스는 "대출을 받은 후 자체 건물을 갖게 되었고 재정이 훨씬 튼튼해졌다. 지방정부 계약도 많이 따냈다. 우리는 다른 어떤 은행으로부터도 받을 수 없는 이해와 지원을 받았다"라고 전했다.

대출 결정은 신중하게 이루어진다. 2009년 위의 인터뷰[16]에서 헤이데이 씨는 이렇게 말했다. "때로는 '(대출이 아니라) 다른 수단을 강구해보

---

14 라준영 교수(가톨릭대학교 경영학부)는 채리티뱅크의 매칭 방식 투자와 관련해 국내에서도 사회적경제 조직이 성장 자본을 마련할 수 있도록 사회혁신 기금을 조성하고 이를 다른 보조금과 연계한 보조금연계형 다층펀드Grant-matched Multi-layer Fund, GMF 형태의 자금 지원을 제안한다.
15 채리티뱅크의 대출 기간은 담보가 있을 경우에는 25년, 무담보일 경우에는 5년까지 가능하다.
16 Fran Monks, 2009. 9. 2.

자'라는 말이 우리가 고객에게 해줄 수 있는 최고의 조언일 때도 있다. 우리가 받는 최고의 감사 인사는 (대출을 거절해서) 돌려보낸 고객들로부터 받는 인사다."

자선기관의 입장에서 해당 기관에 맞는 최상의 자금 구조를 함께 고민하는 것이 채리티뱅크의 역할이다. 시중은행이라면 고객에게 유리한 다른 금융 수단이 있더라도 자사의 상품을 권하겠지만 채리티뱅크는 어디까지나 고객 입장에서 판단한다. 그것이 설립 목적에 부합하기 때문이다. 채리티뱅크가 융자를 받은 단체 등에 대한 지속적 컨설팅을 중요하게 여기는 것도 같은 이유다. 3~4년 동안 꾸준히 관계를 유지하다가 여건이 충분이 성숙되었다고 판단될 경우 일반 상업은행과 새로운 거래를 하도록 권하곤 한다.

융자를 받은 기관들을 대상으로 매년 '혁신상Impact Awards'을 시상하기도 한다. '소셜 임팩트 혁신Social Impact Innovation' '커뮤니티 임팩트 혁신Best Community Impact Innovation' 그리고 '최고의 임팩트' 3개 부문에서 수상자를 선정한다.

▼▼▼ "내 예금이 착한 기업에 대출되면 좋겠다" ▼▼▼

채리티뱅크에 예금을 하는 사람들은 어떤 사람들일까? 일반적으로 사람들은 안전하면서 이자를 많이 주는 금융기관을 선호한다. 세계적 규모의 상업은행으로 돈이 몰리는 것도 그런 이유다. 글로벌 금융위기를 통해 대형 금융기관 역시 안전하지 않을 수 있다는 것을 배웠지만 도심의 화려한 빌딩, 쾌적한 시설이 구비된 은행 지점에 가면 안전하다는 인상을 받는 것은 어쩔 수 없다. 그런데 규모도 작고 지점도 없는 은행[17]에 예금을 맡기려는 사람은 누구일까? 단순히 '착한' '윤리적인' 사람들인 것일까?

채리티뱅트에 예금하려는 사람들에게는 두 가지 요소가 작용한다. 우선 금융기관의 안전에 관한 기준이다. 예전에는 자산 규모, '세계 몇 개국 진출' 등 외형적 지표로 은행의 안전성을 판단했지만 이 기준이 바뀌고 있다. 성과급에 눈먼 경영진의 과도한 투자와 성공하면 엄청난 성과급을 가져가지만 실패해도 책임은 지지 않는 '보상과 처벌의 불균형'은 사실상 대형 은행의 안전성을 위협하는 큰 요소다. 이 점에 대해 눈을 뜬 금융 소비자가 많아지고 있다.

또 하나의 요소는 '은행이 내 돈을 어디에 어떻게 쓰는가'에 대한 관심이다. 제3세계에서 아동과 여성 노동을 착취하고 환경 오염을 유발하는 기업들에 제공되는 것보다는 인류의 지속가능성과 사회적·환경적 가치를 위해 일하는 기관들에 내 예금이 쓰이기를 바라는 사람들이 채리티뱅크와 같은 사회적 금융을 찾는다. 이자 측면에서 손해를 볼 수 있지만 그보다는 사회 전체가 입는 혜택을 더 높이 평가하는 것이다. 공정무역, 공정여행 등 착한 소비자운동이 금융시장에서 일어나고 있는 것으로 볼 수도 있다.

이것이 2008년 글로벌 금융위기 당시 채리티뱅크와 같은 사회적 금융기관들이 20~30% 성장한 원인이다. 2014년 채리티뱅크의 조사 결

---

17 켄트에 본사를 두고 있는 채리티뱅크는 런던과 북아일랜드에 사무소를 두고 있지만 정식 지점이 아니라 그곳에서는 예금 거래를 할 수 없다.

과는 금융 소비자들의 인식 변화를 직접적으로 보여준다. 응답자의 72%는 "은행 자금의 최종 용도와 대출처를 알고 싶다"라고 대답했다. 63%는 한발 더 나아가 "내 돈이 좋은 목적에 사용되기를 원한다"라고 답했다. 그럼에도 응답자의 89%는 "내 예금이 어떻게 사용되는지 알지 못한다"라고 답해 시중 금융기관이 예금 고객의 변화된 욕구를 충족시키지 못하고 있음을 드러냈다.

채리티뱅크는 매년 예금 고객들에게 대출 포트폴리오Annual Portfolio Report를 발송한다. 여기에는 은행이 대출을 제공한 기관들의 이름과 하는 일이 상세하게 소개되어 있다. 예금 고객으로 하여금 대출 내역과 그 사회적 영향력을 직접 확인함으로써 돈을 맡긴 보람을 느끼게 하려는 것이다.

대출 기관과 예금 고객을 직접 연결하는 프로그램도 있다. 모든 고객들은 지역별로 채리티뱅크의 융자를 받은 기관의 모임에 참여할 수 있다. 자신들의 예금이 만들어내는 긍정적인 변화를 직접 확인할 수 있는 것이다. 매년 개최되는 '오픈 데이'도 같은 목적이다. 행사에 참여한 예금 고객은 융자를 받은 기관이나 채리티뱅크 임직원들과 대화를 통해 자신들이 예금한 돈이 어떻게 쓰이고 있는지 정확히 알 수 있다.

▼▼▼ 한국에 주는 조언: "새로운 금융 기법에 관심 가지라" ▼▼▼

말콤 헤이데이 씨를 만나면 듬직한 체구와 콧수염, 차분한 인상 때문에 전형적인 '영국 금융인'을 떠올리게 된다. 그렇지만 몇 마디 대화를 나눠보면 20여 년 동안 새로운 영역을 개척해온 선구자의 날카로운 혜안을 엿보게 된다. 방문단과의 대화 내내 그는 사회적경제에 대한 깊은 이해를 바탕으로 사회적 금융이 지향해야 할 목표를 제시했다. 현직에서 물러났지만 사회적경제, 사회적 금융에 대한 열정은 여전히 뜨거워 보였다.

그가 요즘 주력하는 일은 영국을 비롯한 전 세계에서 유사한 가치를 추구하는 금융기관 종사자와 연구자의 네트워크를 구축하는 것이다.[18] 사회적 금융을 확장하기 위해서다.

새로운 금융 기법과 조직들도 눈여겨보고 있다. 한국의 사회적경제 상황을 설명하고 적합한 사회식 금융[19]에 대한 그언을 부탁하자 그는 의외로 "굳이 은행이나 융자와 같은 전통적인 금융기관과 금융 기법에만 관심을 가질 필요는 없다"라고 했다. 사회적경제 조직이 필요로 하는 자금의 규모가 작다면 굳이 은행 문을 두드릴 것이 아니라 '크라우드 펀딩crowd funding' 등 새로운 방법을 활용할 수 있다고 조언했다. 협동조합 형태의 자금 공여 기관[20]을 늘리는 것도 한 방법이라고 했다. '사회적성과연계채권Social Impact Bond' 같은 방식도 중요한 대안이라고

---

18 한신대학교 영국 사회적경제 연수단 일행에게 채리티뱅크의 경험을 전수하고 사회적 금융에 대한 조언을 하기 위해 그는 편도 2시간이 넘는 거리를 기차로 이동하는 수고를 마다하지 않았다.

19 한국의 사회적 금융기관으로는 사회적기업을 대상으로 1억 원 이하의 대출을 취급하는 (사)한국 마이크로크레디트 신나는조합, 사회적 취약계층에게 소액의 창업 자금을 신용으로 융자해주는 마이크로크레디트 창업 지원과 더불어 사회적기업, 마을기업, 협동조합에 대한 융자 사업을 시행하는 (사)사회연대은행, 서울시 사회적 투자 기금 운영기관으로서 융자와 더불어 투자 사업을 병행하는 (재)한국사회투자 등이 있다.

20 협동조합인 쿱앤커뮤니티파이낸스Coop & Community Finance, CCF가 대표적이다. 채리티뱅크가 5만 파운드 이상의 융자를 취급하는 데 반해 CCF는 주로 2만 5000파운드에서 5만 파운드의 융자를 다룬다.

▶ 말콤 헤이데이 씨(가운데)와 한신대학교 방문단 일동.

했는데 이 만남 이후인 2015년 6월 서울시는 사회적성과연계채권 발행 계획을 발표하기도 했다.

　헤이데이 씨는 "사회적경제 조직이 이루고자 하는 것에 집중하고 방법을 고민하다 보면 최적화된 조직, 혁신적인 기법이 출현할 수 있다"면서 미션에 집중할 것을 주문했다. 무에서 유를 창조했던 그에게 어울리는, '당신들만의 새로운 길을 찾으라'는 말이었다.

_황호진

9장 쿱앤커뮤니티파이낸스

CO-OPERATIVE &
COMMUNITY FINANCE
the lender for social purpose

—

마을 협동조합을 위한 작은 은행

서울시와 경기도 등 지방자치단체들 중 '마을 만들기' '마을 공동체 복원' 사업을 벌이는 곳을 찾아볼 수 있다. 서울시는 2015년 9월을 기점으로 2기 사업에 접어들었다. 1기 사업이 지역의 여러 분야와 부문에 대한 공모 사업을 벌이는 데 집중했다면 2기 사업은 '마을경제'의 생태계를 만드는 데 초점을 맞추고 있다. 그 핵심이 마을기금 조성이다. 지역 주민 스스로 자금을 조성해서 마을에 꼭 필요한 사업과 프로젝트를 육성할 수 있도록 하겠다는 것이다. 여기에는 그동안의 사회적기업, 마을기업 정책이 "공공의 지원에 의존하게 만든다"는 비판을 받아온 점이 작용한 것으로 보인다.

또한 새로운 비즈니스를 시작하려면 아이디어, 함께할 동료, 분명한 비즈니스 모델 못지않게 투자자가 필요한데 한국 금융기관 구조에서는 마을 단위 기업이 투자나 대출을 받기가 지극히 어렵다. 특히 지역민에게 혜택을 돌리려면 수익을 극대화하는 데 비즈니스의 초점을 맞출 수 없고, 대출을 받더라도 장기간에 걸쳐 아주 조금씩 갚아나가는 수밖에 없다. 그런 여건을 이해하고 수용해줄 금융기관은 한국 안에서는 찾기 어려운 실정이다. 금융업 협동조합 설립은 법적으로 허용되지 않고, 신협과 마을금고 등 기존의 지역 기반 금융 조직은 본래의 취지를 잃어버린 지 오래기 때문이다.

그렇다고 마을기금이라는 것이 선뜻 대안으로 다가오지도 않는다. 자비를 모아서 사업을 하라니, 그렇게 무책임한 말도 없어 보인다. 게다가 전문 금융기관조차 투자 손실을 보는 경우가 흔한데, 신규 사업이 대부분인 마을기업들에 돈을 빌려준다면 조성하나마나 금세 날리지 않을까 걱정스럽다.

그렇기 때문에 영국의 공동체 금융기관의 예를 살펴보는 것은 의미가 있다. 특히 1000만~9000만 원대의 자금을 공동체 기반의 협동조합에만 빌려주는 것을 전문으로 하는 금융기관이라면 우리가 생각하는 '마을기금'의 모습과 비슷할 것이다.

길지 않은 영국 사회적기업 현장 탐방 기간 동안 영국에서 가장 오래된, 40년 역사의 쿱앤커뮤니티파이낸스Coop & Community Finance, CCF의 본부 직원 이언 로스웰Ian Rothwell을 만나 인터뷰할 수 있었던 것은 행운이었다. 브리스톨에서 근무하는 그가 런던까지 우리 일행을 만나러 와준 덕분에 가능했던 일이었다. 카페 지하 회의실에서 점심 식사를 겸해 이뤄진 인터뷰 자리에서 성심성의껏 기관을 설명해준 덕분에 커뮤니티 금융이 갖춰야 할 요건, 지향해야 할 바를 조금은 더 구체적으로 그려볼 수 있었다.

▼▼▼ 지역 발전 위한 윤리적 투자 추구 ▼▼▼

'쿱앤커뮤니티파이낸스'[1]는 영국 내에 60여 개가 존재하는 '지역사회개발금융기관CDFIs' 중 하나다. 이 기관들의 연합체인 지역사회개발금융협의회Community Development Finance Association, CDFA의 회원이기도 하다.

한국과 마찬가지로 영국에서도 협동조합, 사회적기업, 공동체소유기업Community-owned 등은 시중은행에서 대출을 받기가 어렵다. 때문에 별도의 사회적 금융기관들이 존재하는데 '채리티뱅크'와 같이 비교적 규모가 큰 대상을 지원하는 기관이 있고, 그 아래 중간 규모의 자금지원기관들이 있으며, 가장 작은 규모로는 지역 기반의 비즈니스에 대출을 하는 CDFIs들이 존재하는 구조다.

CCF(ICOF Ltd.)는 산하에 두 개의 자회사를 둔 그룹 형태의 기업이다. 'ICOF보증회사ICOF Guarantee Company Ltd.'와 'ICO펀드ICO Fund plc.'다. 이 명칭은 1970년대 노동당 정부가 만든 '산업공동소유법Industrial Common Ownership Act'과 관련이 있다. 이 법에 따라 ICOF에 공적 자금이 지원될 수 있었고, 노동자협동조합 설립 지원 명목으로 25만 파운드(약 4억 2500만 원)를 지원받았다.

한 가지 짚고 넘어가야 할 사실은 CCF는 다른 CDFIs와는 달리 최초한 번의 지원 이후로는 정부 보조금을 받지 않고 주식을 발행하는 방법

---

1 Coop & Community Finance(CCF)는 'Industrial Common Ownership Fund(ICOF) Ltd.'의 상호(거래명)다. 이 글에서는 CCF라는 명칭을 주로 쓰되 기업 구조를 설명하는 부분에서는 ICOF 명칭을 사용한다.

표9_1 CCF의 조직 구조

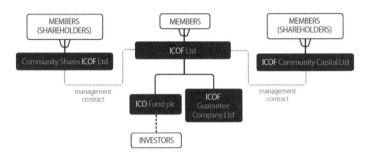

으로 자본을 충당해왔다는 것이다.

자회사 중에서 1987년 설립된 ICO펀드가 공공 주식을 발행해서 그 판매금으로 자본금을 마련하는 역할을 하는데, 특정한 목적을 위한 주식을 발행한다는 것이 특징이다. 노동자협동조합, 종업원출자인수회사employee buyouts 등 민주적으로 운영되고 안정된 일자리를 만드는 회사 설립을 지원하는 목적이 대표적이다. 또 에너지재생기업 설립을 위한 투자금을 모으기도 한다. 여기에는 지역공동체와 관련된 사람들이 투자할 수 있다. 익명의 상업 자본 등은 받지 않는다. 말하자면 목적과 가치가 확실한 윤리적 투자ethical investment를 추구하는 것이다.

CCF그룹에는 2012년 설립된 커뮤니티 공제조합인 '커뮤니티소유기업Community Shares ICOF Ltd.'과 'ICOF커뮤니티캐피털ICOF Community Capital Ltd.'까지 포함된다. 이 조합들에는 직원이 없으며 CCF가 계약을 맺어 자금 운용을 대행하는 형태로 운영된다. 이 중 '커뮤니티소유기업'은 커뮤니티가 소유한 기업이 받은 투자금을 관리하는 회사고, 'ICOF 커뮤니티캐피털'은 개인과 단체가 모두 투자 가능한 투자조합으로 이렇게 조성한 자금을 마을기업, 사회적기업, 협동조합에 대출하며 관리하는 회사다.

▼▼▼ CCF 특유의 대출 심사 방법, 지역 조사 ▼▼▼

금융기관으로서 CCF의 주된 사업은 여신업, 즉 대출이다. 일반 시중은행에서 대출을 받기 어려운 협동조합에 대해 1만~5만 파운드(약 1700만~8500만 원)의 소액 대출을 하는 것이다. 이처럼 대출금이 소액이라는 데 CCF의 틈새시장이 존재한다.

법적 설립 형태상으로 CCF는 예금을 받는 수신 기능은 할 수 없다. 일반적인 지역사회개발금융기관CDFIs은 정부 지원금, 기부금 등으로 자본을 조달하지만 CCF는 앞서 설명한 것처럼 주식 발행으로 자본금을 확보한다. CCF가 지원금을 받지 않는 것은 그것이 오히려 투자 손실을 높일 수 있다고 판단했기 때문이다. 지자체 등에서 지원금을 받으면 부실한 기업에도 정치적 이유로 대출해줘야 하는 상황이 발생할 수 있고, 행정 편의상 단기 실적 중심으로 투자금이 운용될 수도 있기 때문이다. 성과를 위해 투자 금액을 늘리거나 대상자 수를 확대하도록 압력을 받을 수도 있다. 이런 결과로 대출금의 부실 비율이 높아지고 회수율이 떨어지면 금융기관으로서 지속가능성이 위협받기 때문에 CCF는 공적 보조금을 받지 않는다.

CCF의 특징은 협동조합을 지원하는 금융기관인 동시에 그 자체가 협동조합이라는 것이다. 대출을 받은 기업은 자동으로 조합원에 가입하게 된다. 가입자는 30파운드(약 5만 1000원)의 출자금을 내야 한다. 대출을 받은 기업이 조합원으로서 투자금 운영 관련 의사결정에 참여하는 것이 언뜻 이상하게 여겨지지만, 이 기업들이 모두 지역공동체에 기반을 두고 지역 발전을 위해 일하는 회사들이라는 점을 생각하면 납득이 된다. 2015년 현재 조합원은 800명 정도다. 잉글랜드 서부 브리스톨Bristol 본사와 웨일스, 잉글랜드 남부 사우샘프턴Southampton의 지사를 거점으로 전국적인 영업을 하고 있다는 것도 특징적이다.

가장 눈에 띄는 부분은 CCF만의 대출 심사 기능이다. 대출 심사 대상 기업에 대해 유관 단체, 협력 단체와 기관으로부터 사전 조사 형태의 자료를 받아 심사에 활용한다. 이 내용에는 협동조합의 인적·물적 구성과 역사, 사업성에 대한 내용들이 다 들어간다. 공식적인 자료보다는 이렇게 다양한 통로를 통해 수집한 정보가 더 정확한 대출 심사를 하는 데 도움이 된다고 보는 것이다. 그 이유는 대출 대상이 워낙 작은 규모의 기업들이기 때문이기도 하고, 이 기업들의 목적이 이윤을 내는 것이 아니라 지역에 기여하는 것이기 때문이다. 이 시스템을 위해서는 대출 신청 지역의 단체들과 긴밀한 네트워크를 유지할 필요가 있다. 또한 커뮤니티 비즈니스에 특화된 전문성을 확보하고 있어야 한다.

이런 방식으로 CCF는 40년간 400여 개의 협동조합에 1900만 파운드(약 323억 원)의 대출을 해왔다. 연간 10여 개의 조합이 총 47만 5000파운드(약 8억 원)의 대출을 받아왔다. 또한 1회 이상 대출한 조합원 기업에 대해서는 사후 관리 차원의 컨설팅도 한다.

▼▼▼ "협동조합운동 지원"을 위한 CCF의 역사 ▼▼▼

우리는 협동조합운동을 지원하고, 지속하도록 기여한다.

We've been supporting & sustaining the co-operative movement.

CCF의 비전이다. CCF는 1973년 정식 설립됐지만 그 이전부터 협동조합에 대해 금융 지원을 하는 활동은 있어왔다. '동부랭커셔청각장애인공제조합East Lancashire Deaf Society', 유기농 식자재를 유통하는 협동조합인 '에센셜트레이딩Essential Trading', 장애인 돌봄 서비스 협동조합인 '셰어커뮤니티Share Community' 등을 지원해온 활동이 CCF로 발전한 것이다.

1973년 '산업공동소유법'에 따라 지원받은 25만 파운드 중 5만 파운드를 노동자협동조합 '스콧베이더Scott Bader'[2]에 빌려준 것을 시작으로 CCF는 40년간 연평균 10개의 협동조합에 대출을 해왔다. 처음이자 마지막으로 정부에서 받은 조건 없는 자금이었던 25만 파운드는 몇 년 못 가서 소진돼버렸다. 대출을 받고자 하는 수요자가 너무 많았기 때문이다. 이 보조금은 전액 융자 기금으로 써야 했고 인건비나 운영비로는 사용할 수 없었다. 상환 비율과 운용 실적은 좋았으나 대출 가능한 기금이 고갈되자 더 이상 금융기관으로 역할을 할 수가 없었다.

이 문제는 1980년대 들어서면서 해결의 실마리가 보였다. 공공 목적으로 주식을 발행해서 자본을 확충하는 방법을 찾아낸 것이다. 1987년

---

2 스콧베이더는 조합원을 포함한 직원 300여 명이 플라스틱을 생산하던 노동자협동조합이었다.

설립한 'ICOF펀드'를 통해 10년 후 상환 조건의 우선주를 발행해서 55만 파운드(약 9억 원)를 확보했다. 이때 주식을 매입한 사람들은 대부분 협동조합운동을 지지하는 개인들이었다. 일종의 '윤리적 투자'였다. 이들은 10년간 상환을 요구할 수 없었고 연간 3~4%의 배당금을 받았다. 이때 발행한 주식에 대한 상환 시점인 1997년도가 되면 전액 상환 요구로 인한 자금 경색 어려움이 발생하지 않겠느냐는 우려도 있었다. 그러나 실제로 그런 일은 일어나지 않았다. 투자를 유지하거나 더 늘린 사람들이 많았던 것이다. 2007년도에는 주식 발행을 통해 160만 파운드(약 27억 원)의 자금을 조성하기도 했다.

1990년대 들어 영국에서 커뮤니티 캐피털이 활성화됐다. 주로 지역재생 분야에서 사회적경제 차원의 시도가 많이 일어났다. CCF도 자회사로 'ICOF커뮤니티캐피털'을 설립하고 개인과 조직에 45만 파운드를 대출하면서 사회적경제가 활성화되고 지역공동체에 활력이 돌아오는 데 기여했다.

2006년에는 1973년 이후로 최고의 대출 실적인 연간 120만 파운드(약 20억 원)의 대출을 기록했다. 이 성과에는 정부가 CDFIs의 투자금에 대해 세금을 감면해주면서 세액 공제가 이뤄진 영향이 컸다. 2009년과 2010년에는 종업원이 인수한 기업 세 곳에 금융 지원을 할 수 있었으며, 2010년 10월에는 커뮤니티가 소유한 매장에 100만 파운드를 대출해주었다.

2010~2013년에는 '협동조합그룹The Co-operative Group'의 '협동조합기업허브The Co-operative Enterprise Hub'와 협력해서 커뮤니티기업의 주식 발행을 지원하는 데 주력했다. 다수의 지역 주민들이 소유권을 가지

표9_2 CCF 40주년 기념 그래픽

• 자료 출처: CCF 2013 연차보고서.

고 혜택을 보는 사업이 주된 대상이었는데 친환경 재생에너지 프로젝
트, 커뮤니티 사랑방 역할을 하는 술집pub, 지역 팬들이 소유하는 스포
츠클럽 등이 이 도움을 받았다.

CCF의 사업 활동을 살펴보면 일정한 지향성이 있다. "지역사회에서
주민들이 일하는 사업체를 스스로 소유하게 하고, 민주적으로 운영할
수 있도록 융자와 투자, 지원을 한다"는 것이다. 한 지역을 살기 좋게
만드는 여러 가지 방법 중에서도 이처럼 사업체의 '민주적 소유' '민주
적 운영'에 초점을 맞추는 것은 지역 주민 한 사람 한 사람의 주체성이
중요하다는 철학이 바탕에 깔려 있기 때문이다. 주민들이 스스로 더 나
은 삶을 위해 필요한 것이 무엇인지 찾아내고, 이를 한 사람의 리더십
이나 상업 논리에 기대지 않고 집단 지성을 통해 민주적으로 풀어나갈

때 좋은 커뮤니티기업이 된다는 철학이다.

이처럼 CCF가 내세우는 핵심 가치는 '공동체' '공동체소유기업' '민주성과 지속가능성' 그리고 '지역 발전과 활성화' '재생에너지' 등을 들 수 있다. 이런 가치들을 실현시키기 위해 커뮤니티 금융기관을 운영한다.

이들이 바라보고 추구하는 비전은 "초기 협동조합이 적절하고 손쉬운 금융 지원을 받아서 성장함으로써 영국 내 협동조합 섹터가 번영하는 것"이다. 가장 민주적이고 지역 밀착적인 기업인 협동조합, 그것도 소규모로 커뮤니티 비즈니스를 수행하는 협동조합들이 성장, 번영할 때 영국이 살기 좋은 나라가 될 것이라는 비전이다.

▼▼▼ 영국 세 지역에서 일하는 직원은 총 3.5명 ▼▼▼

CCF 브리스톨 본사에 상근하는 직원은 단 두 명. 반상근하는 대표와 재무 담당자가 전부다. 그리고 투자와 개발 매니저가 웨일스와 사우샘프턴 지사 사무실에 각각 1명씩 근무하고 있다. 전체 직원이 3.5명인 셈이다. 지사 사무실은 사실 직원의 자택 안에 있다. 주요 업무가 금융 지원 면담과 현장 방문 상담과 심사로 외근과 출장이 빈번하다 보니 재택근무를 하도록 한 것이다. 경비가 절감되는 장점도 있다.

대중문화잡지 판매를 통한 노숙인 자립 지원으로 유명한 사회적기업 '빅이슈Big Issue'의 경우 산하 기관인 '빅이슈인베스트Big Issue Invest'가 CDFIs 역할을 수행하고 있는데 CCF와 비슷한 규모의 기금을 20여 명이 운용하고 있다. CCF는 그에 비해 적은 인원으로 효율적으로 운용되고 있는 셈이다.

이를 가능하게 해주는 것은 직원들의 전문성이다. 투자 매니저 이언 테일러Ian Taylor는 2015년 현재 27년째 CCF에서 일하고 있다. 우리와 인터뷰를 한 개발 매니저 이언 로스웰은 8년째 일하고 있는데 이전에 먹거리 협동조합을 운영했고 도시재생 분야에서도 일한 경력이 있다고 한다. 금융 업무는 CCF에서 처음 하게 된 것인데 그는 "금융회사 출신보다는 협동조합을 창업, 운영해본 사람이 이 업무에 더 적합하다"라고 말했다. 협동조합의 가치와 목적을 이해하고 운영상의 특징을 알아야 하기 때문이다.

그는 사전 조사와 각종 통로를 통해 들어오는 대출 기업 정보들은 취합하고 반영해 심사하는 업무를 담당한다. 이언 테일러에게 금융 업무를 배우며 일해왔는데, 특히 대출자들을 수치상의 자료만이 아니라 대출 신청자들의 설명과 태도를 통해 직관적으로 기업의 상태를 가늠하는 노하우를 배웠다고 한다.

이언 로스웰은 CCF가 다른 CDFIs와 달리 사회적기업 또는 소셜벤처 회사에는 되도록 자금을 주지 않고 주로 협동조합에 대출을 해주는 이유에 대해 "지역을 기반으로 지역민의 필요에 따라 설립되고 운영된다는 점이 확실하기 때문"이라고 설명했다. 사회적기업 등 중에는 지원금을 노리고 사업을 시작하는 경우도 있기 때문이다. 다만 민주적으로 소유되고 운영되는 것이 분명한 사회적기업은 대출 대상으로 인정하고 있다.

직원 수가 적다고 해서 CCF의 의사결정이 단순하게 이뤄지는 것은 아니다. CCF에는 당연직과 선출직으로 구분되는 22명의 이사trustee들

표9_3 연간 대출 금액(1973~2013. 단위: 파운드)

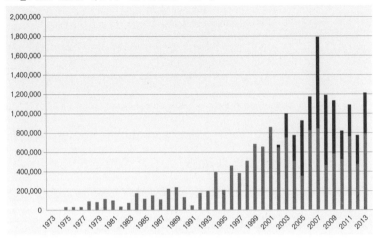

■ ICOF커뮤니티캐피탈/커뮤니티소유기업   ■ ICOF   • 자료 출처: CCF 2013 연차보고서.

이 있다. 이들은 조직에 대한 의사결정을 하며, CCF의 융자와 펀드 운영에 대한 회계 절차와 재무 적정성에 대한 감사 역할을 맡는다. 9명의 선출직 이사는 융자를 받았던 조합 이사장이나 경영대표 등으로 구성된다. 본인의 협동조합 운영과 대출 자금 사용 경험과 전문성으로 CCF의 안정된 운영에 기여하는 것이다. 조합에 대한 대출 심사를 할 때 향후 이 조합의 대표가 CCF 이사로 참여할 수 있을지, 도움이 될지에 대한 부분도 영향을 미친다. 선출직 이사는 매년 3명씩 교체된다. 나머지 13명의 이사 중에는 영국협동조합연합Co-operatives UK이 추천한 2명의 이사가 포함된다. '협동조합은행' 등 영국 협동조합 분야의 주요 기관과 단체를 대표하는 인물들이 참여한다.

▼▼▼ CCF의 실적과 성과, 고객과 수혜자 ▼▼▼

지난 40년간의 CCF 실적을 살펴보면 꾸준히 성장하다가 글로벌 금융위기가 오기 직전인 2007년에 180만 파운드(약 30억 원)에 가까운 투자와 융자가 이뤄진 것을 볼 수 있다. 그중 절반이 ICOF펀드를 통해 구체적인 목적 사업에 지원되었다. 금융위기 영향으로 대출 실적이 줄긴 했지만 2000년대 이후 유지해온 수준에서 크게 떨어지지는 않았다. 2003년 이후 대출 실적은 평균 100만 파운드 수준으로 유지되고 있다.

2013년에는 120만 파운드를 대출 또는 투자금으로 내보냈는데, 그중 3분의 2인 80만 파운느는 ICOF펀드로, 33만 파운드는 협동조합 대출로, 8만 파운드는 '커뮤니티소유기업'을 통해 커뮤니티가 소유한 벤처기업에 대한 대출금으로 나갔다.

이런 활동으로 CCF는 2012년 시티그룹재단The Citi Foundation에서 개최하는 '시티 마이크로 기업가정신 어워드Citi Microentrepreneurship Awards'에서 커뮤니티 금융 부문 혁신상Innovation awards을 수상했다. 이해에 설립된 '커뮤니티소유기업'의 활동이 수상 이유였는데, 커뮤니티소유기업에 대한 투자가 지역에 실질적으로 기여할 수 있다는 점을 인정받은 것이다.

ICOF그룹 기준으로 2012년 영업이익은 3만 3000파운드(약 5600만 원)였다. 전년도에는 비슷한 수준의 적자를 봤지만 2012년 이익으로 상각할 수 있었다. 2012년 순자산은 136만 파운드(약 23억 원)였다.

이와 같이 CCF의 금융 사업은 지금까지 큰 손실 없이 이어져오고 있다. 2008년부터 4년 동안 110만 파운드(약 19억 원)를 66개의 공동체 소유 매장에 대출했는데 이 중에서 운영에 실패한 곳이 하나도 없다는 점은 돋보인다. 이는 철저하게 지역 기반으로, 지역의 필요에 따라 운영되는 곳에 대출이 이뤄졌기 때문으로 분석할 수 있다.

CCF의 단기 목표는 협동조합과 종업원소유기업, 민주적으로 소유하고 운영되는 사회적기업에 금융 지원, 융자 지원을 늘리는 것이다. 또한 사회적 금융 이용자들에게 사후 관리 서비스를 더 제공하고자 한다. 사회적 금융 관련 프로젝트를 운영하고 컨설팅을 무료로 제공하는 것도 목표 중 하나다.

CCF는 대출 서비스를 이용하는 소비자(대출자)들의 협동조합인 셈이므로, 고객은 조합원들이다. 그리고 자금을 지원하고 배당을 받는 기업, 단체, 개인도 고객이라고 할 수 있다. 수혜자는 대출을 받은 기업들, 그리고 이 기업들의 활동을 통해 나아진 지역 생활을 누리게 된 주민들이라고 할 수 있다.

CCF는 고객 그리고 수혜자와 관계를 정기적이고 상설적인 회의와 방문을 통해 이어가고 있다. 조직 구조 자체가, 수혜자이자 대출 당사자가 조합원이 되고, 이들이 지속적으로 활동하면서 임원 역할을 하게 되는 형태이기 때문에 관계 형성에 유리한 측면이 있다. 또한 조합원들은 협동조합 운영에 대해 잘 알고 있으며 사회적 미션과 민주적 운영 경험이 확실한 주체들이라는 점도 조직의 안정적인 의사결정과 운영에 긍정적이다.

▼▼▼ 전반적인 평가와 한국에 주는 시사점 ▼▼▼

금융이란 몸에 피가 돌 듯 세상의 자원을 원활하게 순환시키는 역할을 한다. 그런 점에서 볼 때 대형 금융기관만으로는 온몸 구석구석까지 순환이 이뤄지도록 할 수 없다. 심장부터 말초 혈관까지 양분이 전달되도록 하려면 작은 단위의 기관들도 필요하다.

영국은 첨단 금융의 나라지만 그렇기 때문에 금융기관을 이용할 수 없는 사람이 점점 많아졌다. 그 대안으로 공동체와 지역사회, 사회적 가치를 추구하는 단체들을 위한 금융이 생겨났다. 당장 수익을 올리는 것보다는 많은 사람들이 혜택을 볼 수 있는 곳에 돈을 빌려줄 때 사회 전체가 튼튼하고 안전해지리라는 생각이 여기 깔려 있다.

그중에서도 CCF와 같이 작은 규모의 협동조합 기업을 위해 특화된 금융기관까지 존재한다는 점은 역시 영국이 금융의 나라라는 것을 느끼게 한다. 상업적 방향으로만이 아니라 공동체의 가치를 위해서도 다양한 금융을 발전시켜온 것이다. CCF는 사회적 금융 중에서도 가장 소외되기 쉽지만 그 필요성이 가장 선명하고 효과가 클 수 있는 부문을 위해 일한다. 그러면서 '민주적으로 소유되고 운영되는 기업체'가 지역마다 늘어날 수 있도록 한다는 사명을 실천해가고 있다.

특히 1990년대 영국에서 '공동체 살리기' '공동체를 중심으로 한 지역경제 살리기' 바람이 불었을 때 CCF는 큰 역할을 했다. 영국 정부가 CDFIs를 대상으로 투자금에 대한 세액 공제를 허용한 영향도 크게 작용했다.

지금 한국에서 '마을 만들기' '마을경제 생태계 만들기' 등 사업이 벌어지고 있는 서울과 경기도 지역은 1990년대 영국과 비슷한 상황이라고 할 수 있다. '마을경제 생태계'에 꼭 필요한 금융 기능이 빠져 있는 우리 현실에서 영국에서 CDFIs를 육성하고 세액 공제 정책을 폈던 것은 멀고 부럽게만 느껴진다.

이런 문제를 현장에서도 충분히 인식하고 있기 때문에, 협동조합에 금융 업종을 허용해야 한다거나 크라우드 펀딩 등을 통한 사회적 투자를 활성화해야 한다는 주장은 계속 나오고 있다. 다만 어떤 철학과 지향점, 운영 원리를 갖춘 금융을 만들어야 할지에 대해서는 아직 구체적인 논의가 이루어지지 않고 있다. 그런 의미에서 단순하지만 분명한 CCF의 철학과 운영 방식은 곱씹어볼 만하다.

_유병학

10장 **언리미티드**

UnLtd *

—

'사람'을 키우는 중간지원조직

'중간지원조직'은 말 그대로 행정과 민간의 중간 역할을 하는 조직이다. 한국과 같이 하향식 정책 전달이 일반화된 나라에서는 중간지원조직 없이는 지역사회의 잠재력을 발굴해내기 힘들다. 사회적경제 분야에서는 특히 중간지원조직의 역할이 큰 편이다. 그러나 이 조직이 정확하게 어떤 역할을 해야 하는지에 대해서는 아는 사람이 많지 않다.

현실적으로 현장도 정부도 아닌 조직이 할 수 있는 역할에는 한계가 있는 것이 사실이다. 우선 재정 면에서 정부 지원금으로부터 완벽하게 독립하기 어렵고, 정부 예산의 사업 비율이 커질수록 사업 방향을 독립적으로 잡기 어렵다. 정부가 원하는 방향으로 사업을 진행하다 보면 "관료화된다"는 비판을 받기 십상이다. 중간지원조직에서 일하는 직원이나 활동가 입장에서는 현장의 불만을 접해도 해결해줄 수 있는 권한이 별로 없다는 게 문제다. 현장의 빠른 흐름을 따라가기 힘들다는 어려움을 토로하기도 한다.

"현장에 밀접하고 권한이 있으면서 재정적으로 독립된 중간지원조직은 존재하지 않는 것일까?" 영국 사회적경제 분야 탐방을 시작할 당시 이런 고민을 가지고 있었다. 이번 방문에서 참고할 만한 사례를 접했으면 하는 기대도 있었다. '언리미티드UnLtd'가 그 해답이라고 할 수는 없으나, 적어도 위의 질문에 대한 힌트는 얻을 수 있었다.

▼▼▼ 사회적기업가 개인을 단계별로 지원 ▼▼▼

영국 런던 북동부의 화이트크로스스트리트Whitecross Street에 위치한 언리미티드는 건물 밖에서 봐서는 아무 특이한 점을 발견할 수 없다. 주택과 사무실이 공존하는 평범한 동네에 위치한 아담한 4층 건물은 고풍스럽고 고요해 보였다. 가까이 다가가니 벽면에 사회적기업가들의 사진이 붙어 있어 지원기관 건물임을 실감할 수 있었다.

우리가 방문하기 바로 전에 다른 단체의 방문이 있었던 모양이다. 세계에서 가장 큰 사회적경제 지원 네트워크를 보유한 기관이다 보니 견학과 방문 요청이 끊이지 않는 듯했다. 그런데도 우리를 환영해주며 자료를 꼼꼼히 준비해 설명하는 모습에서 "사회적경제 분야의 글로벌 소셜 네트워크에 기여한다"는 목적에 대한 열정이 엿보였다.

2000년 설립된 언리미티드는 '사회적기업가 양성'이라는 목적을 위한 조직이다. 사회적기업가 개인을 단계별로 지원하는 시스템을 가지고 있는데, 상Award을 수여하거나 대학과 연계한 교육 프로그램을 운영

▶ 언리미티드 외관.

하는 등 방법은 다양하다. 영국뿐 아니라 해외에서도 비슷한 모델을 만들고 확산시키기 위해 노력하고 있으며, 웹을 통한 교류와 정보 공유에도 힘쓰고 있다고 한다.

현재 100명 정도의 직원들이 일하고 있는데 중간지원조직 치고는 상당한 규모라서 놀랐다. 업무 분야는 연구·정책·개발·인사·재정·벤처 팀으로 구성돼 있다. 이 중에서 창업 시점의 사회적기업가와 같이 일하는 현장 스태프가 13명, 사업을 진행 중인 사회적기업가와 일하는 스태프가 7~8명이라고 했다. 그 밖에 실험적인 프로젝트도 많아서 연구 용역을 주거나 간접 고용 형태로 외부 전문가를 고용하는 경우도 많다고 한다.

▼▼▼ 복권기금을 의미 있게 사용하는 방법 ▼▼▼

새천년을 맞이하던 2000년, 영국에서는 "지금까지 모인 복권기금을 의미 있는 일에 사용하자"는 사회적 분위기가 조성됐다. 이에 따라 영국 정부는 로또 수익금 배분 단체인 '밀레니엄커미션Millennium Commission'이 보유 중인 1억 파운드 (약 1700억 원)를 사회적경제 분야에 사용하도록 결정했다.

이 돈으로 신탁이 설립됐고 사회적기업가를 지원하는 7개 기관이 이 사회에 참여해 어떻게 사용할지를 논의했다. 그 기관은 '아쇼카Ashoka' '체인지메이커Changemakers' '커뮤니티액션네트워크Community Action Network, CAN' '코믹릴리프Comic Relief' '스카맨트러스트The Scarman Trust'

'SENSCOT' '사회적기업가학교School for Social Entrepreneurs, SSE'였다. 이 회의 결과로 사업 방향이 정해졌고 언리미티드가 설립됐으며 2002년부터 실제 운영이 시작됐다.

언리미티드는 "지원기관이 개인을 직접 일대일로 관리하고 양성한다"는 방식을 따른다. 이는 설립 당시에는 전례가 없던 새로운 방식이었기에, 이 방식이 어떤 성과를 낼 수 있는지를 증명하는 것이 핵심 과제였다. 사회적기업을 육성하고 지역사회에 기여하는 데 효과적이라는 것이 성과로 증명되면서 언리미티드는 기금의 사용 방식을 점차 확정할 수 있었다. 이후 꾸준히 사회적기업가 양성과 지역 인큐베이팅 사업을 진행해왔으며, 동시에 '사회적경제 생태계 구성'을 중심 과세로 추진해오고 있다. 언리미티드와 비슷한 중간지원조직 모델을 확산시키는 것과 직원들의 교육 훈련에도 힘쓰고 있다.

클리프 프라이어Cliff Prior 언리미티드 CEO는 2014년 한 사회적경제 행사 참석을 위해 한국을 방문한 적이 있다. 그는 1980년대 HIV 환자를 위한 보금자리를 운영한 것을 시작으로 정신·보건 분야 자선단체 '리싱크Rethink' 등에서 활동하다가 언리미티드에 합류했다. 그가 CEO로 위촉된 데는 리싱크를 해당 분야에서 가장 큰 단체로 성장시켰던 능력과 리더십이 높이 평가됐다고 한다.

주택, 지역사회 보호, 보건 정책 등에서 폭넓게 활동했던 경험을 바탕으로 '코믹 릴리프 UK 지원금 위원회' '클로어Clore 사회 리더십 그룹' 'FYSE 아시아 젊은 사회적기업가 조직' 등과 정부의 보건과 사회적기업 관련 제3섹터 TF팀에도 참여해 매우 활발한 활동을 하고 있다. 최근

▶ 클리프 프라이어 언리미티드 CEO.

에는 언리미티드 글로벌 네트워크를 만드는데 힘을 쏟고 있는데, 전 세
계를 다니면서 사회적기업가를 양성하기 위한 조직을 구성하고 지원하
는 방법을 공유하고 있다. 한국 방문도 그 맥락이었던 것으로 보인다.

▼▼▼ 기관보다 개인을 지원해야 하는 이유 ▼▼▼

언리미티드의 미션은 "세계를 변화시킬 수 있는 에너지를 가진 사람
들에게 손을 뻗어 지원하고 촉진하는 일"이다. 간단히 말하면 사회를
바꾸고자 하는 의지를 가진 사람이 꿈을 실현할 수 있도록 돕는 것이
다. 개인의 리더십을 개발하면 자연스럽게 그 효과로 지역사회에 혜택
이 돌아간다는 생각이 바탕에 깔려 있다.

한국의 지원 형태와 가장 두드러지는 차이점이 이 부분이다. 사회적 기업가로 세우기 위해 개인의 역량에 집중 지원하는 데는 위험이 따른다. 기관이나 프로그램에 예산을 배분하는 편이 훨씬 안전한 것이 사실이다. 영국에서도 이는 새로운 시도였고 쉽지 않았을 것이다. 그럼에도 이런 방식을 택한 것은 예산을 형평성에 맞게 배분하기만 해서는 지속 가능하고 혁신적인 사회적 변화를 만들어낼 수 없기 때문이다. 사회적 경제 분야에 생태계가 조성되려면 아이디어와 실행력을 가진 사람들이 이 분야에서 열정적으로 그리고 지속적으로 활동해야 한다. 그렇기에 개인에 초점을 맞춘 지원 방식이 필요했고, 언리미티드는 그 선택이 미션과 가치 실현에 주효했다고 보고 있다.

구체적인 지원 내용을 보면, 첫째로 언리미티드의 가장 큰 사업은 '어워드Award'다. 우리말로는 '시상' 정도로 해석할 수 있겠으나 단발성으로 상을 수여하는 데 그치는 것이 아니라 수상한 사람의 수준에 맞게 단계적 지원을 하는 사업이다.

수상자는 '사회적 문제를 해결하고자 하는 열정을 가진 사람' 또는 '현재 사업을 하면서 사회적기업가의 마인드를 가진 사람'을 기준으로 선정한다. 그리고 네 단계의 세부 구분 기준이 있다. '아이디어만 가진 사람' '아이디어를 테스트해보고 비즈니스를 시작하려는 사람' '사업의 지속성을 가지고 안정적으로 하고 싶은 사람' '사업을 확장하면서 (전국 단위 등) 더 많은 투자를 받고 싶은 사람'이다. 즉 이미 성과를 낸 사람을 상찬하기 위한 것이 아니라 사회혁신의 아이디어를 가진 사람들이 성장하고 성과를 낼 수 있도록 지원하는 데 이 사업의 목적이 있는 것이다.

물론 아이디어 단계의 가능성을 평가하는 것은 쉽지 않다. 때문에 언리미티드는 어워드 평가팀을 따로 두고 상시 운영하고 있다. 객관적인 평가 도구도 개발 중에 있다. 현재 적용 중인 평가의 구체적 기준으로는 "이 사회적기업이 얼마나 많은 사람을 지원하는가?" "3년 후 얼마나 많이 살아남았는가?" "얼마나 많은 일자리를 제공했는가?" "얼마나 많은 사람이 수혜를 받았는가?" 등이 있다.

수상자에 대한 지원 내용은 다음과 같다. 창업 아이디어를 가진 예비 사회적기업가를 발굴, 지원하는 '레벨 1' 프로그램은 매년 1,000명의 예비 사회적기업가에게 평균 2,000파운드(최소 500~최대 5,000파운드)를 지원한다. 사업 아이디어가 지역에 도움을 주는지, 구체적 계획을 가지고 있는지를 기준으로 선정한다.

안정적으로 사회적기업을 운영하고 있는 기업가를 대상으로 하는 '레벨 2'는 6개월마다 25명의 수상자를 선정해서 각각 1만 5000파운드를 지원한다. 최소 1년 이상 기업을 운영해서 연간 매출액 2만 파운드 이상을 발생시킨 사업가가 대상이다. 그중에서 비즈니스 모델을 더 확산시키고자 하는 명확한 비전과 계획을 가진 사업가를 선정한다. 독특한 점은 지원금을 1년 동안 수상자의 인건비로 사용할 수 있다는 것이다. 이 기간 동안 언리미티드의 전담 직원이 다양한 경영 조언과 지원을 해주고 전문가 집단의 지원도 연계해서 사업이 확장될 수 있도록 돕는다.

'UnLtd 4iP'라는 명칭의 어워드도 있는데, 이는 특별히 디지털 미디어를 활용한 사회혁신 프로젝트를 진행하거나 그 상품화를 시도하는 개인을 대상으로 하는 시상 제도다. 웹사이트, 게임, 모바일 애플리케이션 등을 이용한 아이디어로 많은 사람들이 참여해서 사회를 변화시킬 수 있는 방법을 개발하는 사람이 주된 대상이다. 이 상은 영국의 최대 민영방송사인 '채널4'가 공동 운영하며 상금도 지원한다. 수상자 개인에게는 최대 5,000파운드가 주어지고, 프로젝트를 실현할 수 있도록 채널4의 디지털 미디어 전문가들이 교육과 멘토링을 제공한다.

▼▼▼ 대학을 통한 사회적기업가 발굴 ▼▼▼

언리미티드의 두 번째 사업 부문은 대학 연계 프로그램이다. 제2의 언리미티드가 만들어지기를 희망하며 만든 사업으로, 전문가들을 양성해 장기적인 인적 자원 네트워크를 만들기 위한 목적도 있다. 영국 각지의 대학에서 운영하는 프로그램이기에 예산이 많이 소요되겠다고 생각했는데, 고등교육기관 재정을 지원하는 정부 조직(잉글랜드고등교육기금위원회Higher Education Funding Council for England, HEFCE)의 펀딩을 받아서 운영되고 있다고 한다.

이 프로그램을 위해서는 우선 지원할 대학을 선정한다. 그런 다음 그 대학의 사회적기업가를 양성한다. 그리고 이 프로그램을 통해 성장한 사람들로 하여금 다른 대학으로 옮겨가서 학생들을 지원하도록 함으로써 언리미티드와 같은 역할을 하게 한다. 2013년에는 66개 대학에 47만 5000파운드를 지원했는데, 그 지원금 혜택을 받은 사람들이 네트워크를 만들어 노하우를 공유하고 있다. 네트워크가 커지면 지역의 대학끼리 묶어서 파트너십을 만들어주기도 하는데 이것이 '지원조직 클러스터'를 형성한다.

대부분의 영국 사회적기업은 지역 주민과 지역개발을 위한 활동을 한다. 그렇기 때문에 이 프로그램은 지역 내에서 대학이 사회에 기여하는 활동을 하게 만드는 장점을 가진다. 현재 영국 내에 8개의 지역 클러스터가 만들어져 있는데, 런던은 '킹스칼리지런던King's College London' '런던비즈니스스쿨London Business School' '유니버시티칼리지런던University College London'의 세 학교가 보건을 주제로 클러스터를 만들었다. 하지만 대학의 클러스터 그 자체는 지원 사업을 위한 재정이나 인적 자원 역량이 부족하다. 언리미티드는 졸업생들을 훈련시켜서 클러스터에서 일하게 하는 것으로 또 다른 순환 구조를 만들어냈다. 이 프로그램에서 성장한 학생들이 사회적기업가가 되면 언리미티드와 대학이 매칭펀드로 지원금을 주기도 한다.

클러스터 외에도 실험적 단계로서 연 2만 파운드를 지원해 대학에서 사회적기업가를 발굴하도록 하는 프로그램을 시작했다. 2015년에 5개 대학이 참여하고 있는데, '옥스포드브룩스대학교Oxford Brookes University'에서는 케냐에 학생들을 파견하여 현지 사회적기업가에게 직접 배울 기회를 가졌고, '셰필드대학교The University of Sheffield'는 학생들에게 바우처voucher를 발행해서 대학이 구성한 변호사와 회계사 등 전문가 그룹으로부터 법무·컨설팅 서비스를 받을 수 있도록 하고 있다. 또한 더 많은 대학들이 사회적기업가 양성 방법을 배울 수 있도록 이미 프로그램이 진행 중인 대학의 강의계획서나 자료를 공유하는 플랫폼도 운영하고 있다.

▼▼▼ 전 세계에 사회적기업가 양성 네트워크를 ▼▼▼

세 번째로 소개할 언리미티드의 사업은 '글로벌 소셜 네트워크' 사업이다. 세계 각 나라에 언리미티드와 비슷한 조직들의 연합체를 만드는 것으로, 그동안 영국에서 발전시킨 사회적기업가 양성 시스템과 모델을 다른 나라에도 알리고 적용하기 위한 것이다.

언리미티드에 따르면 인도, 인도네시아, 베트남, 미국, 남아공 등 여러 나라에 이미 비슷한 조직이 있다고 한다. 이들과 네트워크를 형성하기 위해 CEO가 직접 전 세계를 다니면서 조직을 만들기도 하고, 지원 방법을 공유하고 있다. 전 세계 여러 나라에서 언리미티드로 연수를 오기도 한다. 언리미티드는 "각 나라의 배경이나 제도가 달라 똑같은 모델을 적용하기 어려운 경우도 있지만, 사회적기업가를 양성하고자 하는 목적은 같기에 네트워크를 통해 어려움을 나누고 노하우를 공유하고 있다"고 설명했다. 교류와 정보 공유는 주로 온라인 플랫폼에서 이뤄지지만 오프라인에서 만나는 경우도 꽤 있다. 국제 행사뿐 아니라 각 지역의 소규모 행사들도 계속해서 열리는데 2016년에는 아시아에서 관련 컨퍼런스가 예정돼 있다고 한다(http://gsen.unltd.org.uk/).

이 네트워크의 멤버가 되려면 협약을 맺어야 하는데 "어떻게 사회적 가치 확산에 이바지할 것인가" "재정적으로 사회적기업가를 지원하고 멘토링을 할 계획이 있는가" 등의 질문에 필수적으로 답해야 한다.

언리미티드는 영국 정부의 지원으로 안정적 재원을 확보하고 있지만 다른 나라의 기관들은 그렇지 못한 경우가 많다. 국제적인 협력을 위해서는 국가 간 지원도 필요하지만 언리미티드의 지원금은 영국 내에서만 사용할 수 있어서 협력에 한계가 있는 것도 사실이다.

네트워크의 장점은 비슷한 문제를 공유하고 함께 해결해나갈 수 있다는 점에 있다. 한 가지 사례로는 중국의 2,000여 개 시민사회 조직이 모여서 사회적기업에 대한 정부 지원을 받고자 했는데, 이 과정에 언리미티드 글로벌 네트워크가 참여해서 200여 개 조직을 인큐베이팅하고 키워냈다고 한다.

언리미티드에서는 그 밖에 다양한 지원 사업을 전개하고 있다. 연간 1,000명 이상의 사회적기업가를 지원하고 있으며, 지금까지 1만 명 이상의 사회적기업가를 배출해냈다. 직접 지원 외에 여러 프로그램을 통해 도움을 받은 사회적기업가 또한 1만 명이 넘는다.

금액을 살펴보면 2013년 기준으로 어워드를 통해 지원한 총 금액이 443만 파운드(약 79억 원)이고 다른 형태로 사회적기업가를 지원하는데 약 516만 파운드(약 88억 원)를 사용했다. 수입은 외부에서 받는 기부도 있으나 '마르지 않는 샘'으로 표현되는 초기 자금이 든든한 버팀목이 돼주고 있다.

언리미티드의 수혜자는 사회적기업가다. 넓게 보자면 사회적기업가가 도움을 주는 지역사회 전체라고도 할 수 있다. 언리미티드 지원 방식의 혁신성은 "성장 단계의 사회적기업가를 지원하여 초기의 실패 리스크를 줄인다"는 데서 찾아볼 수 있다. 소액의 지원을 하더라도 일단 수상자가 되면 전담 인력 개발 매니저를 할당하여 맞춤 지원을 제공한다는 것도 이 취지에 따른 것이다.

여기에는 "사회문제를 혁신적으로 해결하는 사회적기업가를 키우기 위해서는 초기의 리스크를 관리할 수 있어야 한다"는 생각이 바탕이 됐다. 사회적기업가들이 안정적으로 활동할 때 사회로 돌아가는 이익은 일반기업이 창출하는 이익의 파급 효과보다 훨씬 더 크다. 그렇기에 수많은 사회적기업가를 키우고 있는 언리미티드 사업의 사회적 영향Social Impact은 지원금의 수십, 수백 배에 달한다고 할 수 있다.

▼▼▼ 한국에 주는 시사점: 독립적 사업 설계 조직이 있는가 ▼▼▼

중간지원조직으로서 언리미티드가 가진 차별성은 프로젝트 자체에 단발성 지원을 하는 것이 아니라 사회적기업가 '개인'을 양성해서 인적 인프라를 구축한다는 데 있다. 지원 대상을 사업 초기·중기·성숙기 등 여러 단계로 나눔으로써 실제로 많은 비용을 투입하지 않더라도 효과가 충분히 나타날 수 있도록 한 점은 돋보인다. 사회적경제 분야의 네트워크를 형성함으로써 사회적기업가들이 서로 멘토-멘티 역할을 하고 시너지를 낼 수 있도록 한 점이나 국제 네트워크를 통해 글로벌 단위의 사회적 영향을 발생시키고 있는 점도 높이 평가할 만하다. 또 한 가지는 큰 금액의 공적 기금을 사회적경제 분야에 지원하는 데 대해 초기에 많은 우려가 있었지만 가시적인 성과와 설득력으로 사회적 동의를 이끌어낸 것도 주목할 만한 부분이다. 한국 역시 미소금융재단 등 가용 자원이 없는 것은 아니지만 사회적경제 부문에 사용하는 데 대해 그 성과와 사회적 가치를 자신 있게 주장하고 나서는 단체는 거의 없는 실정이다. 그런 점에서 언리미티드의 혁신성과 노하우를 배울 필요가 있다.

▶ 언리미티드를 방문한 한신대학교 연수단.

　한국에도 다수의 사회적경제 분야 중간지원조직들이 존재한다. '함께 일하는 재단'에서 소셜벤처 인큐베이팅센터를 운영하면서 사회적 기업가 양성을 처음 시도했고, 현재는 많은 기관들이 생겨나 다양한 역할을 수행하고 있다. 다만 이 중에서 독립적으로 지원 방법을 설계하고 수행할 수 있는 곳이 얼마나 되는지 돌아볼 필요가 있다. 정부가 정한 지원 방식에 맞춰 운영을 대행하는 수준이라면 진정한 '중간지원조직'이라고 할 수 없을 것이다. 창업 초기의 협동조합과 사회적기업에 대한 교육과 컨설팅은 적잖게 찾아볼 수 있지만 그 후에 안정적으로 운영되는지에 대한 관심이 소홀한 측면도 아쉬운 점이다.

　사회적기업과 협동조합이 갑자기 많이 생겨나서 아직 옥석이 가려지지 않은 데다 각종 지원 정책이 행정 체계별로 구분돼 시행되는 한국 현실에서 언리미티드 모델을 그대로 도입하는 것은 무리일 것이다. 그러나 '사회적기업가는 어떻게 양성되는가'에 대한 교훈, 그리고 이런 지원 체계를 만들기 위해 우리에게 부족한 것과 개선돼야 할 부분에 대한 정보를 얻기 위해서는 언리미티드의 활동에 더 많은 관심을 기울일 필요가 있다.

_정화령

11장 영파운데이션

—

연구와 실천의 양 날개를 가진 중간지원조직

사회혁신Social Innovation은 왜 필요할까? 더 잘 살기 위해서, 더 행복해지기 위해서 등 여러 가지 답이 나올 수 있을 것이다.

올해로 탄생 100주년을 맞은 영국의 사회학자이자 사회운동가 마이클 영Michael Young[1]은 "우리는 불평등의 근원을 끊기 위해 사회혁신의 힘을 사용한다"[2]라고 했다. 그리고 "더 평등하고 정의로운 사회를 위한 혁신"을 위해 영파운데이션The Young Foundation[3]을 설립했다.

영파운데이션은 사회적기업가를 육성하고, 사회적기업에 대한 정부와 기업의 투자를 이끌어내고 연결하며, 직접 사회적기업을 만들거나

---

1 1915. 8. 9.~2002. 1. 14.

2 "We harness the power of social innovation to tackle the root causes of inequality." 영파운데이션 홈페이지(http://youngfoundation.org/).

3 http://youngfoundation.org/

투자하면서 사회적경제 생태계를 만들어가고 있다. 즉 사회적기업들이 활성화되면, 더 나아가 사회적경제 생태계가 만들어지면 사회가 더 평등하고 정의로워진다는 뜻으로 해석할 수 있다. 직접 확인하고 싶다면 영파운데이션의 사업과 프로그램을 살펴보면 된다. 30여 가지의 사회혁신 사업들은 다양한 연령대의 삶의 문제, 지역과 제도의 문제를 다루고 있는데 자세히 들여다보면 분명한 지향점이 보인다.

한국에서도 사회적기업, 사회적경제, 사회혁신이라는 말을 점점 더 자주 들을 수 있다. 그러나 그 궁극적인 목적에 대한 성찰이 있는지, 사회적 공감대가 있는지 궁금해진다. 그저 하나의 유행으로 소비하고 치워버리지 않으려면 이제라도 왜 그러한 것들이 한국 사회에 필요한지에 대해 더 고민해야 한다. 그런 의미에서 영파운데이션의 설립 과정과 주요 사업들을 살펴보는 것은 도움이 될 것이다.

▼▼▼ 연구, 교육, 사회혁신 실천의 결합 ▼▼▼

영파운데이션은 런던 동부 베스널그린Bethnal Green 지역에 위치해 있다. '영Young'이라는 명칭이 '젊은이' '청년'을 뜻하는 것으로 생각하기 쉬운데, 설립자 '마이클 영'의 이름을 딴 것이다. 그런 동시에 늘 새롭고 젊어야 하는 혁신, 사회적기업가 정신Social Entrepreneurship의 특징이 잘 반영된 이름이기도 하다.

마이클 영은 1954년 '커뮤니티연구원The Institute for Community Studies, ICS'을 설립했는데 이것이 영파운데이션의 전신이다. 이 기관은 학문적

▶ 영파운데이션 설립자 마이클 영

연구와 실용적 사회혁신을 결합한 도시학 싱크탱크였다. ICS는 2005년에 '상호원조센터Mutual Aid Centre'와 합병했고, 이름을 영파운데이션으로 변경했다. 이 재단의 투자 부문 중에서 연구 부문은 지금도 비중이 높은 편이다. 총 51명의 직원 중에서 연구원이 43명을 차지한다는 점만 봐도 알 수 있다. 사회문제와 사회혁신 방안에 대한 연구와 조사·분석을 진행하면서 공청회, 세미나 등을 끊임없이 열어오고 있다. 그와 동시에 사회혁신 사업과 프로젝트를 직접 진행하며 일부는 독립 단체로 발전시키기도 했다. 그 종류가 무려 30여 가지에 달한다.

이 중에서 '오픈유니버시티Open University' '제3연령대학University of the Third Age' '경제사회연구위원회Economic and Social Research Council' '사회적 기업가학교School for Social Entrepreneurs' 등은 연구와 교육, 사회혁신이 결합된 형태라고 할 수 있다.

표11_1 영파운데이션의 사업

Action for Happiness		
Arrival Education	Health Line(pre-cursor of NHS Direct)	Space Unlimited
Asylum Justice	Language Line	Spice
Bethnal Green Ventures	Maslaha	Start Again
Centre for Justice Innovation(with the Center for Court Innovation in New York)	**Open University**	**Studio Schools**
Economic and Social	Saheli	University of the Third Age
Research Council Education Extra(now part of ContinYou)	School for Social Entrepreneurs	UpRising
Enabling Enterprise	School of Everything	VI-ability
Grandparents Plus	Social Innovation Camp	We Do Ideas
	Social Innovation eXchange(SIX)	Which
	Social Life	Working Rite
		Year Here

▼▼▼ 설립자 마이클 영과 후임 CEO들 ▼▼▼

마이클 영은 2002년 타계했지만 지금도 가장 창의적이고 세계적으로 영향력 있는 사회혁신가 중 한 명으로 꼽힌다. 그는 정치가로도 알려져 있다. 2차 세계대전 종전 직후인 1945년, 노동당 성명서를 발표함으로써 노동당이 선거에서 대승하고 클리먼트 애틀리 총리 내각이 성립되는 데 결정적으로 기여했다.

주목해야 할 점은 '전후 복지국가'를 형성하는 데 중요한 역할을 했다는 것이다. 1957년에는 당시의 후임 정부가 가지고 있던 교육철학을 비판하면서 '능력주의Meritocracy'라는 용어를 만들어서 부가시켰다. 영은 《능력주의의 도래The Rise of Meritocracy》라는 책을 통해 "사회에 크나큰 기여를 하는 것은 '창조적인 소수'이긴 하지만 다수의 대중에 의한 진보를 과소평가해서는 안 된다. 소수에 집중하는 것은 다수를 버리는 것이다"라고 주장했다. 그는 이처럼 '능력주의'라는 말을 부정적인 맥락으로 사용하곤 했는데, 당시 정부는 이 말을 '능력 개발을 추구해야 한다'는 식으로 받아들여서 그를 실망하게 만들었다. 이런 일들이 그가 정부를 떠나 일하도록 한 원인이었다.

그는 1954년 ICS 외에도 1950~1960년대에 걸쳐서 '오픈유니버시티' '사회적기업가학교' '소비자연합Consumers' Association' 등 자신의 철학을 담은 각종 사회단체와 기관을 설립했다. 고령화가 사회문제로 대두되기 이전임에도 노령 인구 문제에 관심을 가지고 '제3연령대학'과 '그랜드페어런츠플러스Grandparents Plus'(손자손녀를 돌보는 조부모들을 지원하는 자선단체) 등을 만든 점도 눈에 띤다.

▶ 영파운데이션 전경.

　1957년에는 사회학자 피터 윌모트Peter Willmott와 함께 20세기의 가장 영향력 있는 사회학 연구 성과로 평가되는 〈런던 동부 지역의 가족과 혈연Family and Kinship in East London〉이라는 보고서를 발표했다. 이 연구는 전쟁 후 런던 동부의 도시 노동자계급 사람들을 에식스Essex에 새로 조성된 주거지로 이주시킨 정책의 효과를 분석한 것이었다. 이 보고서에서 마이클 영의 주된 관심과 영파운데이션 프로젝트들의 목적을 엿볼 수 있다. 현재도 여전히 영파운데이션이 기반을 두고 있는 영국 동부와 베스널그린 지역의 노동계급 사람들의 삶에 대해 깊은 관심을 표하면서 그들의 삶에 대한 자세, 감정, 신념까지 연구 대상에 포함시킨 것이다. 그리고 그들이 삶에 대한 회복력을 가지려면 사회적 관계, 네트워크, 상호 협력이 중요하다는 것을 발견해냈다.

　영파운데이션에 영향을 미친 인물은 마이클 영 한 사람만은 아니다. 전 CEO이자 현재 '네스타The National Endowment for Science Technology and

▶ 왼쪽_제프 멀건. 오른쪽_사이먼 윌리스.

the Arts, NESTA'의 최고 책임자인 제프 멀건Geoff Mulgan은 1993년 정책 싱크탱크인 '데모스Demos'를 공동 설립했고, 토이 블레어 총리 시절에 노동당 정책 수장을 맡은 점 등에서 마이클 영과 비슷한 이력을 가지고 있다. BBC 기자이기도 했던 그는 영파운데이션에 대한 보고서와 자료를 정리해 전 세계적으로 이 기관을 알리는 데 기여했다. 중국, 호주, 미국, 일본 그리고 러시아까지 전 세계 정부에 사회혁신 정책과 전략에 대해 자문해온 사회혁신 분야에서 손꼽히는 영향력을 가진 인물이다.

영파운데이션의 현재 CEO는 사이먼 윌리스Simon Willis다. 핵무기 군비 축소 등 각종 사회운동에 참여한 이력과 영국 재무부에서 금융 범죄 업무 담당, IT 산업 종사 이력을 동시에 가진 그는 미국의 네트워크 통신회사 '시스코시스템Cisco Systems'에 있을 때 세계적인 사회혁신 단체를 만들고 이끄는 일을 했다. 주로 '도시의 지속가능성과 사회혁신'에 중점을 둔 단체들과 비영리단체들을 창립했다. 그중 하나가 영파운데이션과 함께 설립한 'SIX Social Innovation Exchange'다. SIX는 '글로벌 사회 혁신 네트워크'를 지향하는 조직인데 현재는 비영리단체, 사회적기업, 공공기관, 교육기관, 학계, 연구소, 지방정부, 글로벌기업에 이르기까지 4,000여 개의 기관과 개인이 참여할 만큼 발전했다. 2008년부터 매년 '섬머 캠프Summer Camp'라는 이름으로 사회혁신가들의 회의를 개최해왔는데 6회 행사가 2013년 9월 서울에서 열리기도 했다. 사이먼은 시스코시스템을 떠난 뒤 사회적기업 인큐베이터 기관인 '퍼포스닷컴Purpose.com'을 설립했으며, 이후 영파운데이션으로 옮겨왔다.

▼▼▼ 영파운데이션이 일하는 방식 ▼▼▼

마이클 영이 ICS를 설립한 것은 영국의 복지 체계가 다 담지 못하는 지역사회의 진정한 요구를 파악하기 위해서였다. 영파운데이션은 지역의 문제, 주민들의 요구를 파악한 뒤 이를 이전에 없던 혁신적인 방법으로 해결하는 방안까지 연구한다. 그리고 이 내용을 정부나 공공단체와 공유하고 자문해준다. 2차 단계로 그 방안을 실천에 옮기기 위해 단체를 만든다. 조직 내부에 소셜벤처를 만들어서 육성한 뒤 독립시키거나, 외부 벤처에 투자하는 방식으로 지원한다.

이런 일이 필요한 이유는 영국 정부가 사회적기업에 직접 기금을 지원하는 방식이 아니라, 중간지원조직에 투자를 해서 그 조직의 자발적인 연구와 지향성을 기준으로 선정한 사회적기업을 육성하는 방식을 취하고 있기 때문이다. 사회적기업을 설립하려는 사람 입장에서는 투

표11_2 영파운데이션의 지향점

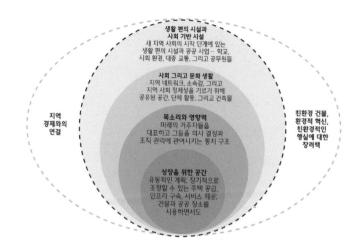

자를 유치하고 공공 부문의 사업 입찰에 참여해서 계약을 따내는 일이 어려울 수밖에 없다.

영파운데이션은 '사회적기업가 레지던스Social Entrepreneur in Residence' 전략을 취하고 있는데, 이는 재단이 신규 소셜벤처의 '공동창업 자Co-founder'가 되는 것이다. 사회적기업에 투자한 뒤 사업이 성공적으로 시작돼 수익이 발생하면 배당을 받는 형식이다. 뿐만 아니라 사회적기업이 성장하기 위한 바탕이라고 할 수 있는 사회적경제 생태계를 조성하는 데도 많은 노력을 기울인다. 이를 위해 정부기관과 기업의 협조를 이끌어내고 있다.

영파운데이션은 청년들을 위한 사회혁신 프로젝트에 많은 비중을 할애한다. 이 부분을 위해서는 특히 정부기관, 중고교, 대학, 재단, 자선단체, 사회적기업, 그리고 일반기업 등과 분야를 막론한 협력이 필요하다.

젊은이들의 만족스러운 삶을 위한 '청년아카데미The Young Academy'

는 청년 개개인이 전문 능력을 발굴해 키울 수 있도록 지원하는데, 이는 사회적기업들을 통해 진행한다. 사회적기업들이 맞춤 프로그램을 개발할 수 있도록 투자하고 육성하는 식이다.

그 예로는 정신건강의 불편함을 지닌 사람들을 위한 고용 지원 프로그램인 '야망 깨닫기Realising Ambition', 청년들의 사회적 성취를 위한 요인을 연구하는 '틀을 깨고 나온 젊은이들The Young Persons Outcomes Framework', 청소년들에게 이론과 더불어 실질적으로 사용되는 기술을 가르치는 '스튜디오 스쿨Studio School', 학생들을 위한 치유 능력을 개발하도록 학교 선생님들을 지원하는 사회·정서 프로그램인 '바운스 백Bounce Back' 등을 들 수 있다.

특히 '해로 탈선 청소년을 위한 감정 회복Emotional Resilience for gang members in Harrow'이라는 프로그램은 런던 해로Harrow 자치구 경찰로부터 위임받은 것인데, 범죄에 노출될 수 있는 14~19세 학생들의 정서 회복력을 개발시키고 적용하는 내용을 담고 있다.

▼▼▼ 사회적기업을 키우는 방법, 액셀러레이터 ▼▼▼

영파운데이션의 많은 사업 중에서 특별히 자세하게 소개하고 싶은 프로그램은 '액셀러레이터The Accelerator'다. 그리고 이 프로그램을 통해 사업화된 기업과 조직 들인 '철학재단The Philosophy Foundation' '젊은 조언자들Young Advisors' '휴먼유토피아Humanutopia' '치매탐험Dementia Adventure'을 살펴보면 영파운데이션이 어떻게 사회적기업을 키우고, 그

기업들을 통해 사회적 변화를 만들어
내고 있는지를 알 수 있다.

액셀러레이터는 벤처 단계의 사회
적기업들이 성장하고 더 큰 사회적 영향력을 가질 수 있도록 그들에게
필요한 투자를 연결해주는 지원 프로그램이다. 또 벤처 단계에서 비즈
니스 모델을 더 효과적으로 설계할 수 있도록 재정 코치를 비롯한 주요
부문 전문가들을 통해 일대일 맞춤 컨설팅도 해준다. 이를 통해 창업자
들이 배우는 것은 마케팅, 고객 수요 분석, 재정 계속 수립, 법, 인적 자
원, 그리고 조직에 대한 지식과 노하우다.

이 프로그램의 특징은 재단이 나서서 떠먹여주는 식이 아니라, 창업
자 스스로가 사회적 영향력을 키우는 방법을 찾아내고 리더십과 자신

표11_3 액셀러레이터 프로그램 지원 성과

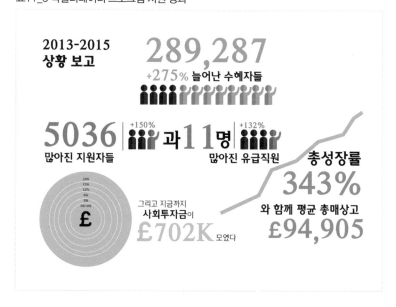

감을 가질 수 있도록 기다려준다는 데 있다. 그리고 인큐베이팅과 멘토링, 컨설팅에 참여할 전문 인력들을 확보하고 적극적으로 참여시키며, 사회적기업가들과 지속적으로 교류하도록 하는 데 영파운데이션은 상당한 노력과 자원을 들인다.

지원 1년 후에는 벤처 사업들의 실적을 발표한다. 기업 재무 상태의 변화, 발생한 사회적 영향력 등을 발표하고 다른 기업의 사례들을 공유하면서 기업가들은 자신감과 자극을 얻게 된다고 한다. 2014년 영파운데이션의 성과 보고서에 따르면, 액셀러레이터 프로그램을 통해 지원받은 벤처기업들은 평균 343% 성장했다. 뒤에 소개할 '휴먼유토피아'도 이 성과에 포함된 기업인데 독특하게도 투자를 유치하는 방식이 아니라 사회적기업끼리 상호 교환을 통해 성장의 동력을 얻었다. 재정적으로 살펴보면, 7개 지원 단체들은 평균 70만 2000파운드(약 1억 2000만 원)의 사회적 자금을 유치했으며 그중에서 평균 35만 파운드는 기부금이었다.

물론 모든 사업이 성공하는 것은 아니다. 2012년에 지원받은 기업 중 문을 닫은 곳이 나오기도 했다. 그러나 영국 기업의 평균 생존율이 50%에 못 미치는 데 비하면 90%에 육박하는 액셀러레이터 지원 기업의 생존율은 월등히 높은 편이다. 이 보고서에서 한 창업자는 "기존에 알던 것과는 차원이 다른 멘토를 알게 되었다"고 프로그램을 평가했고, 또다른 창업자는 "좀더 많은 투자자들과 함께하게 됐고, 꾸준한 개별 지원들이 우리가 유치한 자금을 잘 쓸 수 있도록 도와주고 있다"고 전했다.

액셀러레이터의 성과를 사례를 통해 알아보자. 첫째로 '철학재단'을 소

The Philosophy Foundation
thinking changes

표11_4 철학재단 현황

정보 목록	액셀레이터 가입 초기	2014년 2월
유급 직원 수	2명	13명
지원자 수	9명	5명
총 매출	97,327파운드	233,591파운드
거래 소득	77%	80%

멘토: 새너 브라운힐

코치: 마커스 메이슨

개하겠다. 철학재단의 주목적은 교실에서 철학적 질문을 통해 학문에 대한 열망과 성취를 높이는 데 있다. 주로 영국의 중학교에서 철학 워크숍을 진행하는데 수입의 80%는 학교와 직접 계약Direct Contract Delivery을 통해 발생한다. 철학재단은 액셀러레이터에 1년여 동안 참여한 후 매출이 2.5배 정도 늘어났다. 이전보다 월등히 많은 수의 학교와 계약을 맺었고 상근 직원 수도 2명에서 13명으로 늘어났다.

이 기업의 대표 엠마 월리Emma Worley는 "멘토, 코치와 가진 일대일 모임과 맞춤형 개발 프로그램은 우리 사업에 큰 도움이 됐고, 우리의 일을 새로운 후원자와 학교에 더 잘 알릴 수 있게 됐다"라고 참여 소감을 밝혔다.

둘째로 소개할 '젊은 조언자들'은 청년들을 여러 정책 결정권자들과 연결해주는 프로그램이다. 청년들을 자치정부나 자선단체 내에 배치해서 청년에 영향을 미치는 정책이나 제도에 대해 결정권자와 논의하도록 하는 방식이다.

이 프로그램은 소셜 프랜차이즈 구조social franchise structure를 통해 진행된다. 지역별로 분산돼서 진행됐기 때문에 단기간에 15만 명의 청년들이 참여할 수 있었다. 또 지역의 단체들과 협력하는 방식이어서 적은 비용으로 큰 성과를 낼 수 있었다.

이 기업의 대표 개리 벅스턴Gary Buxton은 "우리 프로젝트의 영향력이 커지고 있으며, 그에 따라 수입도 늘고 있다"면서 "약간의 시간만 더 있으면 더 큰 프로젝트가 될 수 있으리라고 생각한다"라고 말했다.

세 번째로 '휴먼유토피아'에 대해 알아보자. '휴먼유토피아'는 학교 또는 지역과 협력해서 청소년들이 자신의 인생과 미래에 대해 깊이 있는 고민을 할 수 있도록 돕는다. 지금까지 약 15만 명의 청소년들이 여기 참여했으며 200여 개의 학교와 협력 관계를 맺고 있다.

이 프로그램의 특징은 공공기관, 기업, 그리고 제3섹터(사회적경제, 협회 등)와 밀접한 파트너십 아래 진행된다는 것이다.

마지막으로 '치매탐험'은 치매환자들과 자연을 잇는 일을 한다. 또한 치매에 대한 인식을 바꾸는 캠페인을 벌이고 더불어 간병인 네트워크를 지원하기도 한다. 이런 노력들을 통해 환자 개인의 치매 증상 완화를 도울 뿐 아니라 그들을 돌보는 간병인에게 휴식과 회복을 경험하게 한다.

최근 1년간 이 조직은 매출이 7.5배 늘어날 정도로 급격하게 성장했다. 이 프로그램에 참여한 사람은 1,300명에 달한다. 이 프로그램은 영국 보건부의 투자를 받았고 두 개의 공익 신탁으로부터도 지원을 받았다. 이 기업은 앞으로 몇 년 내에 4만 명 이상의 치매환자 또는 가족과 간병인과 연결되는 것을 목표로 하고 있다. 또 안정적인 사업과 사회적 영향력 확대를 위해 공간 기반인 센터를 설립할 계획을 가지고 있다.

▼▼▼ 한국에 던지는 시사점 ▼▼▼

영국은 1950년대에 국가의 복지 시스템을 마련했다. 하지만 영파운데이션은 "이 시스템이 국민들의 비공식적이고 일상적인 관계들이 개인 삶의 질에서 얼마나 중요한 역할을 하는지를 놓쳤다"라고 지적한다.

정부의 공식적인 서비스로 모든 복지 영역을 커버하려고 한 자체가 잘못이기도 하지만 주민들 스스로 이를 성취할 기회를 갖지 못하게 했다는 점에서도 문제였다. 삶을 변화시키기 위해 필요한 것들을 생각해 내고 해결을 위한 조직과 자원을 만들어내는 활동은 지역 안에서 주민들이 자발적으로 할 때 효과가 더 크기 때문이다. 이런 점을 고려하지 않고 정부가 섣불리 나서게 되면 그전까지 지역 안에 존재하던 비공식적인 지원 체계가 오히려 무너질 위험이 있다.

한국에서는 어떤 사회문제 또는 결핍이 발견되면 정부나 지자체가 나서서 예산을 들여 해결해야 하는 것으로만 생각하는 경향이 있다. 영 파운데이션의 사례를 연구하면서 더 궁극적인 변화가 지속적으로 나타나려면 민간 주도로 다양한 혁신들이 선행되어야 한다는 것을 알 수 있었다.

이를 위해서는 사회혁신의 주체를 키우고 육성하는 쪽으로 정부의 자원이 투입될 필요가 있다. 이를 위한 중간지원조직도 정부의 예산을 하달하는 데 그치기보다는 사회혁신 방안을 꾸준히 연구하고 전문 네트워크를 확보하는 능력을 갖춰야 할 것이다.

또한 사회혁신을 지원하는 정부와 중간지원조직의 가장 중요한 자세는, 액셀러레이터 프로그램의 특징과 같이, 의미 있는 시도들이 성과로 이어질 때까지 충분히 기다려주는 것이라고 할 수 있다.

_김태일

3부

영국
사회적기업
제도와
정책 환경

—

3부의 내용은 영국을 구성하는 잉글랜드England, 스코틀랜드Scotland,
웨일스Wales, 북아일랜드Northen Ireland 의회 내각 중
잉글랜드 의회 내각이 수행해온 정부 정책을 주로 소개한다.

—

'사회적기업Social Enterprise'을 단순히 사회문제 해결을 미션으로 갖는 기업의 형태로 이해한다면 1820년대에 협동조합 모델을 시작한 영국의 로버트 오언Robert Owen을 최초의 사회적기업가로 부를 수 있을 것이다. 로버트 오언이 활동하던 1800년대 이후 유럽에서는 다양한 형태의 사회적기업들이 탄생하고 성장해왔다. 이러한 시도들이 대안경제로서 의미 있는 사회적 성과를 내기 시작하면서, 각 나라별로 현장 전문가들이 사회적 운동으로 주도하고 정부의 지원을 받으면서 그들만의 문화와 특징을 지니는 독특한 사회적기업의 모델로 자리 잡기에 이르렀다 (Somers, Chapter 3, 2013).

▼▼▼ 영국 사회적기업의 이해 ▼▼▼

역사적 배경

영국에서는 1800년대에 시작된 협동조합, 자선단체와 비영리기관들이 진행해온 자체 수익 사업, 지역사회 중심의 지역사회기업, 공정무역을 전 세계 최초로 시작한 공정무역기업 등을 포함하여, 사회적기업이 전 세계 어떤 나라보다 일찍 발달했다. 이러한 초창기 사회적기업들은 '사회적기업'이라는 이름은 사용하지 않았지만 이미 다양한 사회문제를 비즈니스 모델을 이용해 해결해갔다. 영국 내에서 본격적으로 사회적기업이라는 용어를 사용하기 시작한 것은 유럽 내 연구자들의 모임에 의해서다. 1991년 이탈리아에서 사회적 협동조합이 법적으로 정의되고, 이를 연구하기 위한 유럽 내 연구자 네트워크인 EMES가 시작되어 1996년에 최초로 영국과 유럽 여타 국가의 연구자들이 〈사회적기업의 출현〉이라는 공동 프로젝트를 시작했다(Ridley-Duff and Bull, 2011).

이후 1998년에 런던 내 대표 협동조합과 협동조합 기반의 지역재생 사업을 지원하는 중간지원기관이 합병하면서 런던사회적기업연합회 Social Enterprise London, SEL가 탄생했다(Wikipedia, 2015a). 런던 시 정부의 지원을 받아 설립된 SEL은 영국 내에서 1800년대 중반부터 지속된 전통적 사회적기업인 협동조합이 주축이 되어 만들어진 중간지원기관이지만, '협동조합'이라는 용어 대신 '사회적기업'이라는 이름을 사용했다. 이는 영국의 정치권과 대중에게는 다소 오래되어 식상한 인식을 주는 협동조합 대신 '사회적기업'이라는 이름을 전면에 내세워 정치권과 대중의 지원을 받기 위한 전략적 선택이었다. SEL 내 협동조합 현장 전문가들은 '사회적기업'이라는 생소하지만 새로운 이미지를 심어주는 브랜딩 작업과 함께, 18년간의 보수당 1당의 장기 집권 이후 새롭게 들어선 노동당 정부의 적극적 지원을 받기 위한 로비 활동을 활발히 벌이기 시작했다. 1997년에 집권을 시작한 노동당 정부가 최초로 '사회적기업' 지원 정책 제안을 공식적으로 거론한 것은 1999년에 재정부에서 발간한 지역재생을 위한 국가 전략 보고서인 〈기업과 소외〉에서다. 이 보고서에서는 사회적기업을 영국 사회에서 소외된 계층을 지원하면서 사회정의를 실천할 수 있는 기업 형태의 하나로 소개하고 있다(Teasdale, 2011; Park and Wilding, 2013).

이후 노동당 정부는 2001년부터 통상산업부 Department of Trade and Industry가 중소기업에 비즈니스 정보를 제공하는 '비즈니스링크Business Link' 홈페이지를 통해 사회적기업 관련 정보를 제공하기 시작했다. 이와 함께 사회적기업 지원 업무를 전담할 사회적기업실Social Enterprise Unit을 통상산업부 내에 신설하는 작업을 진행하면서, 사회적기업 영역에 대한 최초의 정부 지원 전략 수립을 시작했다. 이 과정에서 초창기 사회적기업이라는 용어를 사용하던 SEL의 협동조합 현장 전문가를 포함하여 커뮤니티 지역운동 전문가, 소셜비즈니스 전문가 들이 합류하면서 영국 정부가 정의하는 사회적기업의 범위는 더 광범위하게 확장되었다. 전통적 좌파의 이상과 원칙보다는 실용적인 것을 강조하는 신노동당의 정책 기조에 따라, 민주적 운영을 강조하는 전통적인 협동조합뿐 아니라 비즈니스를 통해 사회문제를 해결하고자 하는 다양한 형태의 기업을 포함하는 사회적기업을 정부의 정책 지원 대상으로 정의한 것이다. 2002년에 발표한 영국 정부의 최초 사회적기업 육성 3년 전략에는 이처럼 다양한 이해관계자들과의 논의 결과로 규정된 광범위한 사회적기업의 정의를 포함하고 있다.

정부가 정의하고 지원하는 사회적기업의 대상이 확장됨에 따라 SEL 역시 활동과 지원 대상을, 초창기 협동조합에서 커뮤니티기업을 포함한 런던 지역의 사회문제를 비즈니스를 통해 해결하는 모든 기관으로 확장했다. 정부가 선도적으로 사회적기업을 정의하고 활발한 지원을 시작함에 따라 이미 여러 영역에서 활동하고 있던 다양한 성격의 사회적기업들도 '사회적기업'이라는 하나의 이름으로 영역을 구성하고 목소리를 모을 필요가 생겨났다. 2000년에 사회적기업 영역을 대표하는 최초의 전국 규모 민간협의체인 사회적기업연합Social Enterprise Coalition이 출범했다. 이후 런던을 기반으로 활동하는 SEL과 사회적기업연합은 미션과 업무의 중복성을 인지하고 2012년에 합병하여 지금의 영국사회적기업연합회Social Enterprise UK, SE UK로 재탄생했다.

2002년 정부가 최초로 사회적기업 지원 정책을 발표한 이후 영국의 사회적기업은 1인기업을 포함하여 약 68만 8000여 개로 성장하여 약 200만 명의 일자리를 만들어내고 있다.[1] 2010년 새로운 보수당과 자유민주당 연립정부가 시작되면서 사회적기업 영역만의 전폭적인 지원보다는 사회적기업이 자라난 토양과 뿌리로 생각할 수 있는 시민사회 영역에 대한 전반적인 지원을 벌이고 있다. 10년 이상 지속된 사회적기업 지원 정책에 힘입어 자생력을 갖춘 사회적기업이 많이 탄생했다는 자신감 속에, 현 정부는 세계에서 가장 주도적으로 사회적 투자 시장을

---

1 "G8 factsheet: social investment and social enterprise", 영국 정부 홈페이지(https://goo.gl/Xan7Cv).[온라인 참조: 2015년 5월 26일]

조성하고 활성화하는 정책을 벌여나가고 있다.

사회적기업의 정의

영국 사회적기업의 시작과 성장은 다양한 뿌리와 배경을 가지고 있다. 사회적기업이라는 용어를 처음 공식적으로 정의하려고 시도한 것은 영국 정부다. 2002년 통상산업부 내 사회적기업실은 사회적기업을 다음과 같이 정의했다.

> 사회적기업은 사회적인 목표를 위주로 하는 비즈니스로, 주주나 소유주를 위해 수익을 극대화하기보다는 주로 비즈니스의 사회적 목적 노는 커뮤니티를 위해 수익을 재투자한다(DTI, 2002).

노동당 정부 이후 집권한 연립정부도 동일한 사회적기업의 정의를 채택하고 있다(DBIS, 2011). 이 정의는 사회적기업의 세 가지 요소를 강조한다. 1)비즈니스일 것, 2)사회적 목표가 비즈니스의 주목적일 것, 3)만들어진 수익은 사회적 목적이나 커뮤니티를 위해 재투자할 것.

또한 영국 사회적기업 섹터를 대표하는 SE UK는 사회적기업을 소개하는 책자에서 다음과 같이 정의하고 있다. "사회적기업은 법적으로 정의된 조직의 형태가 아닌 하나의 접근 방법이다. 사회적기업은 사회적 목적을 위해 존재하는 비즈니스를 지칭할 때 쓰이는 용어이며, 종국엔 어떤 원칙을 적용하고 있느냐가 사회적기업을 결정짓는 관건이 된다." 이러한 원칙은 다음 다섯 가지 세부 조건으로 구체화된다. 1)조직 운영을 기술하고 있는 공식 문서에 명확한 사회적 또는 환경적 미션을 명시해야 한다, 2)수입의 대부분은 상거래 활동을 통해 만들어져야 한다, 3)수익의 대부분은 사회적 미션 수립을 위해 재투자되어야 한다, 4) 사회적 미션의 목적에 부합하도록 조직이 소유되고 운영되어야 한다, 5)투명한 운영과 사회에 미치는 영향도를 보고해야 하며, 따라서 SE UK의 회원으로 가입하기 위한 조직은 이러한 조건을 갖추고 있음을 증명해 보여야 한다(Stroyan, Henry and BWB, 2014).

이처럼 영국에서는 주요 정책이 반영될 수 있도록 정부가 규정한 정의와 사회적기업 영역의 현장 전문가들이 이해하는 정의가 공존하고 있다. 공통 요소가 존재하지만 차이도 발견되는 이 두 정의를 하나로 묶어내는 합의되거나 법으로 규정된 정의는 존재하지 않는다. 이러한 이유로 '사회적기업'이라는 수식어를 남용하거나 오용하는 사례가 관찰되자 '사회적기업 마크Social Enterprise Mark'를 인증하는 독립 민간 사회적기업인 소셜엔터프라이즈마크Social Enterprise Mark[2]가 2010년에 설립되었다. 소셜엔터프라이즈마크가 인증하는 사회적기업 마크를 획득하기 위해 갖추어야 할 조건은 다음과 같다(SEM, 2015).[3]

- 사회적이거나 환경적인 목표를 가지고 있을 것
- 독립적인 비즈니스일 것
- 최소한 수입의 50% 이상은 상거래 활동을 통해 만들어질 것(새로 시

---

2 www.socialenterprisemark.org.uk
3 사회적기업 마크 획득을 위해 요구되는 여섯 가지 조건 중 각각의 조건을 구체적으로 어떻게 증명해 보일지, 어떤 주기로 이 조건 충족을 증명해 보여야 하는지, 마크 획득을 위한 평가를 받기 위해 지불해야 하는 비용은 얼마인지 등의 자세한 내용은 SEM, 2015 참조.

작한 스타트업의 경우 창업 후 18개월 이내 갖추어야 할 조건)

- 최소한 수익의 50% 이상은 사회적이거나 환경적인 목표를 위해 쓰여야 할 것

- 비즈니스가 해산되는 경우 회사가 소유하고 있는 모든 자산이 사회적이거나 환경적 목표를 위해 쓰여야 할 것

- 기업이 만들어내는 사회적 가치를 명확히 보고할 수 있어야 할 것

이상과 같은 사회적기업의 실용적 정의 이외에 영국 내 사회적기업을 연구하는 학계에서도 사회적기업에 대한 통일된 정의가 존재하지 않는다(Teasdale, 2011; Somers, 2013). 또한 영국뿐 아니라 사회적기업이 비교적 활성화된 유럽, 북미 등에서도 국가마다 사회적기업이 시작되고 성장한 배경과 역사, 정책 기조에 따라 사회적기업의 정의는 달라진다(Ridley-Duff and Bull, Chapter 3, 2011). 영국의 경우 정부의 적극적 지원에도 불구하고 법을 통한 정의가 존재하지 않는 가장 큰 이유는 사회적기업 운영에 요구되는 창의성을 위협하기 때문이다. 법으로 엄격하게 정의하는 사회적기업은 정책 지원 대상을 규정하거나 현황을 파악하는 목적으로는 유용할 수 있으나, 사회적 목적과 비즈니스 수익 달성의 두 마리 토끼를 잡아야 하는 사회적기업의 창의적인 기업 운영에는 걸림돌로 작용할 수 있다.[4]

여전히 영국 내에서 통일된 사회적기업의 정의가 존재하지는 않지

---

4 "Why defining social enterprise is important", 〈가디언〉 온라인, 2014년 4월 9일(http://goo.gl/pzWKRZ); "Definition is not important", 〈가디언〉 온라인, 2013년 3월 18일(http://goo.gl/EttKKp).[온라인 참조: 2015년 5월 17일]

만, "사회적기업의 정의" 논의에서 주요하게 토론되는 주제는 다음과 같다(Ridley-Duff and Bull, Chapter 3 and Chapter 6, 2011; Ridley-Duff and Southcombe, 2011).

- 민주적 운영 방식은 사회적기업에 필수적으로 요구되는가?
- 사회적기업의 '사회적' 목적이란 무엇을 뜻하는가?
- 사회적기업은 특정 형태를 갖는 기업을 지칭하는가, 특정 비즈니스 프로세스를 뜻하는가?
- 사회적기업의 운영 프로세스상 '사회적' 기업으로서 준수해야 할 절차와 규칙은 무엇이며 어떻게 정의되는가?

법적 지위

영국에서는 법적으로 정의된 사회적기업이 존재하지 않으며, 따라서 사회적기업이 취할 수 있는 법적 지위는 실로 다양하다. 여기에서는 영국 정부와 사회적기업 영역을 대표하는 SE UK가 소개한 사회적기업이 가질 수 있는 법적 지위를 소개한다(SE UK, 2012a; DBIS, 2011).

- **유한책임주식회사Compmay Limited by Shares, CLS**: 영리회사들이 가장 많이 취하는 법인의 형태다. 회사의 주인은 주주이며 따라서 주주들은 배당금을 취할 수 있다. CLS는 사회적기업만을 위해 만들어진 법인 형태가 아니므로 사회적기업이 CLS로서 설립될 때면 통상 회사의 정관에 기업의 사회적 목적을 명시한다. 하지만 아래에 소개되는 여타의 법인 형태가 회사 자산을 몇몇 개개인에게 귀속될 수

없도록 보호 장치를 갖추고 있는 것에 반해, CLS는 회사의 자산이 대주주 개인에게 귀속될 위험을 내포하고 있다.

- **유한책임보증회사**Company Limited by Guarantee, CLG: CLG는 주주를 갖지 않는 대신 회사의 법적 보증인으로 회원을 갖는다. 회원은 주주가 아니므로 회사의 소유권을 갖지 않고 따라서 회사의 수익에 따른 배당금을 취할 수 없다. CLG는 사회적기업, 비영리기관, 자선단체 등이 흔히 취하는 법인 형태다. 이 경우 회사의 정관에 기업의 사회적 목적을 명시한다. 비영리기관으로 자선기관의 자격을 취득하여 자선기관위원회Charity Commission에 등록한 사회적기업은 CLG 법인 형태를 취할 수 있으나, 주주를 갖는 CLS의 형태는 취할 수 없다.

- **지역공동체이익회사**Community Interest Company, CIC: 사회적기업 활성화를 위해 2005년 회사법Companies Act 내에 새롭게 정의된 법인 형태다. CIC는 지역공동체를 위한 서비스를 제공하는 비영리적 성격을 띠지만 상법상의 지위를 부여했다. CIC는 회사 정관에 회사의 사회적 목적을 명시해야 하며, 회사의 자산은 회사 정관에서 정의한 지역공동체를 위한 목적으로만 이전되고 소유될 수 있도록 한정하고 있다. CIC는 CIC/CLS와 CIC/CLG 두 가지 형태로 존재할 수 있다. CIC/CLS의 경우 주식을 발행하여 투자를 유치할 수 있고 주주에게 배당금을 할당할 수 있다. 하지만 일반 CLS와 달리 투자자에게 부여되는 전체 배당금은 회사 총 이윤의 35%를 넘지 못한다. CIC/CLG는 비영리적 성격을 띠지만 자선위원회에 등록된 다른 비영리기관들이 수익 활동을 할 수 없는 것과 달리 수익 사업이 가능하

다(Pratt, 2009). CIC는 이처럼 사회적 목적을 가지고 운영되는 기관에 상법상의 지위를 부여하여 주식 발행을 통한 투자 유치를 가능하게 하되, 전체 이윤과 회사의 자산이 지역공동체에 귀속되도록 정의하고 있다.

- **협동조합과 지역공동체혜택회**Co-operative and Community Benefit Society, CoS/CBS: 영국의 금융감독위원회Finace Conducat Authority에 2014년 이전 등록된 협동조합들은 산업공제회 Industrial and Provident Society라는 법인 형태를 갖추고 있었다. 2014년 8월부터 발효된 '협동조합과지역공동체혜택회법Co-operative and Community Benefit Society Act'에 의해 협동조합(Co-operative Society, 이하 Co-op Society)과 지역공동체혜택회(Community Benefit Society, 이하 Bencom)라는 법인이 정의되었다. 금융감독위원회는 등록이 신청된 기관의 정관을 검토하여 Co-op Society 법인이나 Bencom 법인 형태를 승인한다. '협동조합과 지역공동체혜택회법'에서 정의하는 Co-op Society는 국제협동조합연맹International Co-operative Alliance, ICA이 정의한 협동조합 7대 원칙에 부합하는 수준의 광범위하고 유연한 협동조합의 정의를 채택하고 있다. Bencom은 협동조합과 달리 기업의 수익이 조합원이 아닌 하나의 공동체를 위해 쓰여야 한다(Legislation, 2014; CAS, 2014; CoopUK, 2014).[5]
- **자선주식기관**Charitable Incorporated Organisation, CIO: 법적으로 자선단체를 정의하고 규제하는 자선단체법Charities Act(1993)의 2006년 개정안에서는 자선단체의 정의를 좀더 명확하게 하면서

자선단체의 수익 활동을 인정했다. 이후 2011년 개정안에서 '자선주식기관CIO'이라는 새로운 법인 형태를 소개하고, 자선단체의 상업 활동을 허용하고 실제로 상업 계약의 주체가 될 수 있는 CIO라는 새로운 법인 형태를 규정했다. CIC가 비영리 목적을 지닌 기업체로 정의될 수 있다면, CIO는 비영리 목적을 지닌 상업 활동이 허용된 자선단체로 정의될 수 있다(CC, 2014).[6]

▼▼▼ 영국 사회적기업 현황 ▼▼▼

지금까지 살펴보았듯이 영국의 사회적기업 영역에는 광범위하고 다양한 형태의 기업들이 존재한다. 사회적기업 영역 내에는 성장 역사와 배경에 따라 독립적인 세부 영역이 존재한다. 협동조합 영역, 개발신탁 영역, 커뮤니티기업 영역, 비영리기관/자선단체의 수익 사업 자회사 등이 영국의 사회적기업 영역을 이루는 독립적인 세부 부문들이다. 또한 정부, 학계, 현장 전문가가 모두 동의하는 통일된 사회적기업의 정의가

---

5 협동조합이라 명칭을 정하고 홍보하는 기업이 모두 '협동조합과지역공동체혜택회법'에서 정의하는 Co-operative Society의 법인 형태를 갖추어야 할 법적 의무는 없다. 영국 내 협동조합이 법적 형태로 취할 수 있는 다양한 법인의 종류는 영국협동조합연합회에서 상세히 소개하고 있다. 자세한 내용은 http://goo.gl/AXGsed 참조.

6 자선단체 관련 법이지만 영국에서는 많은 사회적기업의 출발이 자선단체의 지속가능을 위한 수익 사업의 일환으로 비즈니스를 운영하는 사례가 상당하다. CIO의 제정으로 기존의 자선단체법이 엄격히 자선단체의 영리 활동을 금지하던 것에서 완화되어 자선단체들의 영리 활동이 용이해졌다. CIO의 도입 이전에는 자선단체는 독립된 영리기업을 만들어 그 수익을 자선단체에 기부하는 형식을 취해왔다.

존재하지 않아 사회적기업 현황을 조사할 때 어떤 기업을 사회적기업에 포함시켜 집계해야 하는지가 항상 논란이 되어왔다. 이는 최근에 수행된 여러 연구조사에서 집계된 사회적기업 숫자에서 나타나는 편차의 근본적인 이유가 되기도 했다(Teasdale, S. et al., 2013; Lyon et al., 2010).

여기서는 이러한 논란의 소지를 인지하면서 가장 최근에 조사 발표된 두 가지 보고서를 참조하여 영국 사회적기업의 규모와 특징 등을 살펴본다. 첫 번째 보고서는 2012년 국무조정실 내 비즈니스혁신기술부 Department for Business, Innovation and Skills, BIS에서 실시한 소기업 현황 통계조사Small Business Survey, SBS를 근거로 중소기업군에 포함된 사회적기업의 현황을 유추하여 발표한 〈Social Enterprise Market Trends: Based upon the BIS Small Business Survey 2012〉(이하 〈SBS 2012〉)다 (Cabinet Office, 2013; Stroyan, Henry and BWB, 2014). 〈SBS 2012〉는 사회적기업 전수조사가 아닌 통계표본으로 선택된 5,723여 개 기업을 대상으로 전화 인터뷰를 한 결과로, 통계적 추론에 의해 사회적기업 전체 집단 관련 다양한 수치를 계산해낸 것이다. 두 번째 보고서는 SE UK에서 2013년에 자체 수행한 설문조사다. 이 조사는 2013년 2~3월 사이에 SE UK가 보유하고 있는 9,024개 사회적기업 목록에서 650개 기관을 표본 추출하여 전화 설문조사, 228개 기관을 표본 추출하여 이메일 설문조사를 수행한 결과다(SE UK, 2013).

전체 규모

〈SBS 2012〉는 설문조사에서 사회적기업이라고 응답한 기업에 한해 다음과 같은 조건을 충족한 경우에만 사회적기업으로 간주했다.

- 기업 수익의 50% 이상이 주주나 회사 소유주에게 지불되어서는 안 된다.
- 기업 수입의 75% 이상이 보조금이나 기부금에서 비롯되어서는 안 된다.
- 따라서 상거래를 통해 만들어진 기업의 수입이 25% 미만이어서는 안 된다.
- 다음과 같은 사회적기업의 정의를 따라야 한다. "사회적기업은 사회적 목표를 위주로 하는 비즈니스로, 주주나 소유주를 위해 수익을 극대화하기보다는 주로 비즈니스의 사회적 목적 또는 커뮤니티를 위해 수익을 재투자한다."

이러한 기준으로 계산해낸 사회적기업은 전체 중소기업의 5.7%를 차지하며 이를 기반으로 통계적으로 유추해낸 영국 내 사회적기업의 전체 숫자는 28만 3800개다. 이 숫자를 전체 직원 수에 따른 사회적기업의 숫자로 나누어보면 표1과 같다.

표1 영국 내 기업 형태에 따른 사회적기업 수

기업 형태(직원 수)	기업 수	사회적기업 비율(%)	사회적기업 수
1인기업(1)	3,557,255	6.0	213,400
마이크로기업(2~9)	1,022,695	5.5	56,200
소기업(10~49)	177,950	6.3	11,200
중견기업(50~249)	29,750	8.7	2,600
대기업(250~)	6,455	5.7	400
계	4,794,105	5.9	283,800

기존의 많은 자료에서 영국의 사회적기업 규모를 논할 때 약 7만 개라는 숫자가 자주 거론되는데, 실제로 표1에서 나타난 1인기업과 대기업에 해당되는 사회적기업을 제외하면 약 7만 개로 계산된다.

전체 직원 수

〈SBS 2012〉에서 발표된 영국 전체 사회적기업 직원 숫자는 110만 9000명이다. 직원 수를 유추한 방법은 직원 숫자에 따라 분류한 사회적기업의 모둠별 평균 직원 수를 구하고, 이를 전체 모둠별 사회적기업 수의 비율로 계산했다.

표2 영국 내 기업 형태에 따른 사회적기업 종사자 수

사회적기업 형태 (직원 수)	사회적기업 수	사회적기업 형태별 평균 직원 수	사회적기업 형태별 전체 직원 수
1인기업(1)	213,400	1	213,400
마이크로기업(2~9)	56,200	3.8	213,700
소기업(10~49)	11,200	20.0	224,200
중견기업(50~249)	2,600	110.2	286,200
대기업 (250~)	400	450	171,500
계	70,000	10.3	1,109,000

매출액

〈SBS 2012〉에서 발표된 영국 사회적기업의 전체 매출액은 약 549억 파운드(약 93조 원)다. 이 숫자는 대기업으로 구분된 사회적기업을 제외하고, 직원 숫자에 따라 분류한 사회적기업의 모둠별 평균 매출액을 구하고, 이를 전체 모둠별 사회적기업 수의 비율로 계산한 것이다. 대기업으로 구분된 사회적기업을 제외한 전체 사회적기업의 평균 매출은 약 20만 6800파운드(약 3억 5000만 원)다.

표3 영국 내 기업 형태에 따른 사회적기업 매출액(파운드)

사회적기업 형태 (직원 수)	사회적기업 수	사회적기업 형태별 평균 매출액	사회적기업 형태별 총 매출액
1인기업(1)	213,400	39,000	8,300,000,000
마이크로기업(2~9)	56,200	247,000	13,900,000,000
소기업(10~49)	11,200	1,264,000	14,200,000,000
중견기업(50~249)	2,600	7,160,400	18,500,000,000
계	283,500	206,800	54,900,000,000

SE UK 보고서에서 조사된 사회적기업 매출액의 중간값은 약 18만 7000파운드(약 3억 2000만 원)으로 계산되었다(SE UK, 2013).

수익률

〈SBS 2012〉는 조사 시점 바로 전인 2011년 회계연도에서 수익을 남긴 사회적기업의 비율이 63%인 것으로 집계했다. 이것은 2010년 같은 조사에서 69%로 집계된 것에 비해 감소한 수치다. SE UK(2013)의 조사에서는 조사 전해인 2012년에 수익을 남긴 사회적기업의 비율은 약 55%인 것으로 나타났으며, 이는 같은 조사의 전년 수익률(53%) 대비 2%가 증가한 수치다.

기업 연수

10년 이상 운영해온 사회적기업 비율은 〈SBS 2012〉에서는 67%
(2011년 말), SE UK 조사에서는 42%(2013년 3월)로 집계되었다. 좀더 자세
한 조사 결과는 표4에 나타나 있다. SE UK(2013)의 조사에서는 신생 기
업(0~3년)의 비율이 2011년 조사 결과에서 보인 19% 대비 큰 폭으로 증
가했음이 관찰되었다.

표4 영국 사회적기업 연수 분포

사회적기업 연수	SBS 2012 보고서(%)	SE UK 보고서(%)
0~3년	10.3	29
4~10년	22.8	29
10년 이상	66.9	42

수익 모델

SE UK(2013)의 조사에 응한 878개 사회적기업의 84%는 매출의 50%
이상을 보조금이나 기부금이 아닌 기업의 수익 사업을 통해 올리고 있
다고 응답했다. 같은 표본에서 고객 대상을 물어본 결과 63%의 기업
이 일반 대중, 52%는 공공 영역, 49%는 민간 영역이라고 대답했다. 또

표5 영국 사회적기업 수익 모델(SE UK, 2013)

수익 모델	채택된 수익 모델로 답한 사회적기업 비율(%)	유일한 수익 모델로 답한 사회적기업 비율(%)
일반 대중 대상 상거래	63	32
공공 영역 대상 상거래	52	23
민간 영역 대상 상거래	49	13

한 기업의 주요 또는 유일한 고객 대상으로 일반 대중이라고 답한 기업
은 32%, 공공 영역으로 답한 기업은 23%, 민간 영역으로 답한 기업은
13%다. 이 밖에 사회적기업의 주요 또는 유일한 고객 대상이 제3섹터
기관인 기업은 10%, 보조금이나 기부금인 기업은 7%, 다른 사회적기
업인 기업은 4%다.

▼▼▼ 주요 사회적기업 관련 중앙정부 지원 정책 ▼▼▼

신노동당 정부(1997~2010) [7]

정책 프레임워크

영국 정부의 사회적기업 지원은 토니 블레어가 수상으로 집권한 신
노동당 정부[8]가 2001년 통상산업부 내에 사회적기업실을 출범시키면
서 본격적으로 시작되었다.[9] 당시 사회적기업실이 통상산업부 내에 위
치한 것에서 알 수 있듯이, 영국 정부의 초창기 사회적기업 지원은 중
소기업 지원 정책의 일부로 실시되었다. 사회적기업의 사회적 미션보
다는 공공선을 위한 '비즈니스'라는 정의와 함께 사회적기업의 경제적

7　이 항목의 전반적인 내용은 다음을 참조하여 작성했다. Bridge et al., 2014.

8　영국 3대 정당 중 하나인 노동당은 1997년 전통 좌파 정책에서 변화된 제3의 길이라는 새로운
　　정책 방향을 선언하면서 '신노동당New Labour'이라는 정당의 브랜딩 명칭을 사용했다. 토니
　　블레어, 고든 브라운 수상으로 이어지는 1997~2000년 사이의 집권 노동당을 신노동당이라 부
　　른다.

9　2000년대부터 활성화된 영국 사회적기업의 근간을 이루는 협동조합, 시민사회단체, 자선단체,
　　커뮤니티단체, 비영리기관 등을 지원하는 정책은 이전부터 산발적으로 존재하고 있었다.

인 역할에 강조점을 두었다. 특히 영국의 상당수 사회적기업이 비영리 기관과 자선단체의 지속가능성을 위한 수익 모델 창출 부서로 시작되 었음에도, 영국 정부는 사회적기업을 제3섹터 내 비영리기관, 자선단 체, 시민단체, 풀뿌리단체와는 구별되는 공공선을 위하는 '윤리적인 민 간기업'으로 고려했다(Somers, Chapter 5, 2013).

새로 출범한 사회적기업실은 2002년에 영국 정부 최초로 전반적 사 회적기업 대상 정부 지원 전략을 발표했다(DTI, 2002). 이 보고서에서는 사회적기업 지원을 통해 영국 정부가 성취하고자 하는 정책적 목표 다 섯 가지를 다음과 같이 정의하고 있다. 1)경제의 경쟁력과 생산성 향상, 2)지속가능한 경제적 활동을 통해 부를 창출, 3)지역(동네)과 도시 재생, 4)공공서비스 제공 개혁, 5)사회적 자본과 시민 참여를 통한 사회적·경제적 통합이 그것이다. 이처럼 영국 정부의 최초 사회적기업 지원 전 략에서는 영국 사회가 직면한 경제적 문제를 해결하는 데 사회적기업 이 중요한 역할을 해줄 것을 기대하고 있다. 또한 같은 보고서에서 정 의하고 있는 사회적기업 지원 전략의 핵심은 1)사회적기업을 활성화 하기 위한 법적·정책적 환경 조성, 2)사회적기업이 더 나은 비즈니스 를 할 수 있도록 자금 지원과 경영 지원, 3)사회적기업의 성과 홍보를 통한 가치 확립에 대한 지원이다.

이후 사회적기업 영역의 전문가들은 사회적기업의 경제적 역할을 지나치게 강조하는 정부의 사회적기업에 대한 정의와 그에 따른 지원 정책 비전에 대해 반론을 제기했다. 또한 사회적기업 지원 전략을 기 반으로 좀더 구체화된 실천 계획을 만들고 실행하는 데 여러 정부 부 처와 조정과 협력이 요구되었다. 통상산업부 내 사회적기업실이 이러한 요구에 따라 실천 계획을 만드는 것에는 한계가 있었다. 이에 따라 2006년 국무조정실Cabinet Office 산하에 제3섹터청Office of the Third Sector 이 신설되었고, 정부가 고려하는 사회적기업 정의와 지원 정책에 대한 방향도 함께 바뀌기 시작했다. 제3섹터청은 단순히 사회적기업만 지원하는 곳이 아니라 좀더 광범위하게 제3섹터를 구성하는 다양한 시민사회단체, 비영리단체, 커뮤니티단체와 함께 사회적기업을 총괄하여 전담하는 부서로 탄생했다. 이러한 변화는 사회문제 해결과 경제성장에 제3섹터의 역할이 점점 늘어남에 따라 이를 전담하는 부서의 필요에 의해 시작되었다. 사회적기업의 정부 지원도 제3섹터청에서 전담함으로써 사회적기업의 사회적 미션 수행이 이전보다 강조되면서 제3섹터 내 여타 단체들과 유기적인 관계와 협력을 권장하는 지원 정책들이 시작되었다.

제3섹터청의 사회적기업팀은 2002년에 발표되었던 사회적기업 지원 정책 전략을 점검하고, 더 구체적인 사회적기업 3개년 실천 계획을 2006년에 발표했다(OTS, 2006). 무엇보다도 이 보고서에서는 I)사회적기업 문화의 활성화, 2)사회적기업을 설립하고 운영하는 사람들을 위한 정확하고 적절한 정보 제공, 3)사회적기업의 자금 조달, 4)정부와 효과적인 협업이라는 네 가지 영역에서 지원 실천 계획이 수립되었고, 이에 따라 사회적기업을 대상으로 하는 구체적인 지원이 제공되었다. 이 실천 계획을 통해 영국 정부가 달성하고자 했던 목표는 윤리적 시장 증진, 사회적 니즈의 충족, 공공서비스 개선과 사회적기업의 증가다. 이러한 목표는 사회적기업의 사회적 미션 달성이 구체적으로 명시된 것으로, 이는 2002년의 사회적기업 지원 정책 전략의 강조점이 사회적기업의 경제적 역할에 있었던 것과는 구별된다(OTS, 2006, p16).

초창기 지원 전략이 사회적기업 영역의 기반을 수립하는 데 집중했다면, 2006년의 실천 계획은 기반 수립 이후 사회적기업의 확장을 목표로 한다. 특히 주목할 것은 윤리적 시장 증진이나 공공서비스 개선과 같이 사회적기업의 역할을 신자유주의가 주도하는 자본시장의 문제점을 해결하고, 비효율적이고 질 낮은 공공서비스의 질을 높이는 대안으로 인식하기 시작한 점이다. 영국 정부의 사회적기업 정책은 보수당-자유민주당 연립내각으로 정부가 바뀐 뒤에서도 바로 이러한 시각을 견지해왔다. 특히 양질의 공공서비스를 효율적으로 제공할 수 있는 주체로서 정부보다는 사회적기업이 중요한 역할을 하기를 기대하며, 기존에 정부가 전담하던 공공서비스 제공을 사회적기업이 수행하는 데 불편함이 없도록 하는 것에 정책 방향을 집중해오고 있다. 정부 모든 부처에서 공공사업 조달 과정을 검토하고, 사회적기업을 대상으로 공공사업 입찰을 위한 정보와 교육을 제공하는 정책 등이 2002년의 사회적기업 지원 전략과 2006년의 3개년 실천 계획에 모두 포함되어 있다(Somers, 2013, p.203).

새로운 법

노동당 정부가 사회적기업 영역 활성화를 위해 제정한 법은 지역공동체이익회사CIC법과 자선주식기관CIO법이다. CIC는 2005년 첫 제정 후 사회적기업으로 가장 많이 사용되고 있는 법인 형태의 하나가 되었다. 2005년에 200개에 불과하던 CIC가 10여 년이 지난 2014년 10월에는 9,871개로 증가했다(ORCIC, 2014). CIO는 규모가 작은 비영리자선단체를 위해 만들어진 새로운 법인 형태로, 비수익 활동인 기부금과 예치금만을 통해 운영이 어려운 경우 자유로운 수익 활동으로 기관의 지속 가능성을 확보할 기회를 제공하고 있다. 기존에 이러한 목적으로 수익 활동을 하기 위해 비영리자선단체는 CLG 법인 형태를 주로 갖추고 있었는데 요구되는 다양한 행정 요건이 더 까다로웠다. CIO의 제정으로 작은 규모의 비영리자선기관들의 사회적기업 형태의 수익 사업 수행이 훨씬 수월해졌다(Pioneering Post, 2013).[10]

주요 지원 정책

신노동당 정부가 주도한 주요 사회적기업 정책은 2002년에 발표된 보고서 〈Social Enterprise: A Strategy for Success〉(DTI, 2002)와 2006년의 보고서 〈Social enterprise action plan: Scaling new heights〉(OTS, 2006)에서 찾아볼 수 있다. 이 두 보고서에 발표된 주요 정책들을 요약해보면 표6과 같다.

DTI 산하로서 중소기업 지원을 전담하고 있는 소기업청Small Business Service, SBS은 다양한 사회적기업 지원 프로그램에 따라 지역경제 활성화의 일환으로 지원을 실시했다. 소기업청은 영국 전역에서 움직이는 45개의 '비즈니스링크' 사업계획서 안에 사회적기업에 대한 지원 정보를 개재했고, 사회적기업의 재정과 기금에 대한 요구에 따라 지역사회개발금융기관Community Development Finance Institutions, CDFIs, 지역사회개발벤처기금Community Development Venture Fund과 빈곤 지역 내 기업 활동

---

10 "What charities need to know about Charitable Incorporated Organisations", 〈Pioneering Post〉 온라인, 2013년 2월 19일(http://goo.gl/jc0kV8)

표6 신노동당 정부(1997~2010) 사회적기업 주요 지원 정책

정책 목표	세부 프로그램
사회적기업을 위한 환경 조성	• 법적 규제: 사회적기업 관련 규제를 검토하고 완화 방안을 마련 • 조달: 중앙정부와 지방정부의 모든 조달 과정에서 사회적기업이 참여할 수 있는 절차와 근거 마련 • 정부 부처 간 사회적기업이 제공하는 공공서비스 사례를 공유하여 사회적기업의 공공서비스 제공에 대한 인식 제고
사회적기업 문화 활성화	• 증거 수집과 구축: 사례 DB화, 섹터 통계조사, 사회적기업 매핑연구, 사회적기업 평가 도구SROI 개발과 사용 장려, 사회적기업 우수 사례 프렌차이즈와 복제 전략 연구, 영국 사회적기업의 사회적·경제적·환경적 영향도 조사 • 사회적기업 홍보대사 선정과 그들의 스토리 홍보 • 청년 대상 인지도 향상: 학교 교육 커리큘럼 내 사회적기업 교육 포함, 지역의 사회적기업과 학교 연결을 통해 젊은이들의 장래 경력으로 사회적기업 소개, Enterprise Insight를 통해 젊은이들에게 사회적기업 정보 제공, 사회적기업의 날 진행, 사회적기업 네트워킹 이벤트 진행 등 • 일반기업 대상 인지도 향상: 사회적기업 시상 프로그램 운영, 정부 중소기업 지원 프로그램에 사회적기업을 포함, 일반기업과 사회적기업 매칭 프로그램 운영, 일반기업 사회공헌 프로그램에 사회적기업 참여 지원, 윤리적 소비·시장 연구 조사
사회적기업을 위한 적절한 정보 제공	• 비즈니스 정보 제공: 중소기업을 위한 정보 제공 홈페이지인 '비즈니스링크'에서 사회적기업 설립, 재정, 마케팅 정보 등 제공. 정부 부처에서 운영하는 모든 중소기업 지원 프로그램에 사회적기업 지원을 반드시 포함 • 사회적기업 컨설턴트 역량 강화: 컨설턴트에게 요구되는 역량을 정의하고 컨설턴트 교육을 위한 교재 개발 • 사회적기업 역량 강화 프로그램 운영: 사회적기업 기술 훈련(ChangeUp 프로그램), 멘토링 프로그램 운영, 맞춤형 관리자 훈련 프로그램, 미숙련 종업원 무료 교육훈련, 사회적기업 교육에 무엇이 필요한지와 이것을 제공하기 위해 기존 비즈니스 교육 프로그램을 이용하는 방안 연구조사

	• 지역 활동: 전국 각 권역별로 설립된 지역개발센터Regional Development Agency, RDA를 통한 지역별 사회적기업 인지도 제고 행사와 교육 프로그램 지원, 지역에서 요구하는 사회적기업 지원 정보 파악과 제공
	• 사회적기업 간 교류 지원. RDA를 통해 전국 권역별 사회적기업 네트워크 설립과 운영 지원
	• 사회적기업 정보 플랫폼 점검: 사회적기업 정보를 제공하는 모든 플랫폼을 검토하여 누락된 정보를 찾아내고 새로운 정보 보충
	• 사회적기업의 자산과 부채 조사: 영국중앙은행이 전국적인 사회적기업 재정 상황을 조사. 금융기관의 기존 사회적기업 대상 자금 제공과 사회적기업의 수요 간 격차 조사
사회적기업의 자금 조달	• 대출 금융 지원: 지역 기반의 사회적기업 대출을 지원하기 위한 지역사회개발금융기관Community Development Finance Institutions, CDFIs 활성화 기인, 사회적기업 상기 융자 프로그램 (퓨처빌더스기금Futurebuilders Fund, 리스크캐피털기금Risk Capital Fund 프로그램) 운영
	• 사회적 투자 세제 혜택: 지역사회투자세금공제Community Investment Tax Relief를 통해 투자자들의 CDFIs 투자 유인 −5년간 매년 5% 세금 공제; 기업투자제도Enterprise Investment Scheme를 이용하여 사회적기업에 투자 시 소득세 20% 공제 −자본 수익 면세; 벤처캐피털공익신탁 투자 시 소득세 30% 감면, 자본 수익 면세.
	• 사회적 투자 시장 조성: 은행의 휴면예금을 이용한 사회적 투자 은행의 설립 장기 계획 논의 시작
	• 사회적기업의 공공서비스 제공을 위한 입찰과 계약 과정상의 문제점 파악
정부와 효과적인 협업	• 사회적기업 공공서비스 제공 입찰과 계약을 위한 정보 제공과 교육 실시
	• 공공서비스 제공을 위한 외부업체 선정 시 사회적 가치 고려를 위한 연구조사 실시
	• 보건, 환경, 소수민족 평등, 세계화, 노령화 등을 담당하는 정부 부처에서 사회적기업이 직접 참여하여 서비스를 제공하는 기회 확대

신뢰 만들기	• 2012년 런던 올림픽에서 사회적기업의 참여 기회 확대 방안 연구. 일방적 사회적기업의 지원이 아닌 민간 경쟁 기업이 인정할 수 있는 공정한 경쟁을 통한 참여 기회 확대 방안 연구 • 사회적기업 영역의 통일된 대화 창구로 SE UK에 대한 재정적 지원과 협업을 통해 사회적기업 영역의 목소리 경청 • 기타 사회적기업 영역을 대표하는 민간협의체 지원과 협업

지원을 위한 피닉스기금Phoenix Fund 등을 운용했다.

이상의 신노동당 사회적기업 지원 정책은 1)사회적기업 기반 조성, 2)사회적기업을 통한 공공서비스 혁신, 3)사회적기업 자금 조달을 위한 사회적 투자 시범사업 수행 등으로 요약될 수 있다. 여기에서 주목할 것은 영국 정부 최초로 정부가 제공하는 공공서비스의 전달 주체로 사회적기업이 중요한 역할을 수행할 수 있다는 인식과 함께 사회적기업 지원의 전략적 방향이 결정되었다는 점이다. 사회적기업이 공공서비스 혁신의 도구로서 간주되어, 정부 내 전 부처의 공공서비스 전달 체계 주체로서 사회적기업의 역량을 활용할 수 있도록 공공서비스 전달 체계에 대한 점검과 변화가 시작되었다. 이러한 변화를 나타내는 것으로, 2006년 시민사회청의 보고서를 보면 환경부, 식량농촌부, 보건부,[11] 올림픽위원회, 지역사회지자체부 내에서 자체 정책 프로그램의 일부로 사회적기업 지원 프로그램이 포함되어 있는 것을 찾을 수 있다

---

11 보건부의 경우 특히 사회적기업의 보건과 돌봄 프로그램 제공을 위해 2007년 1억 파운드 규모의 사회적기업투자기금Social Enterprise Investment Fund을 조성했다. 기금은 보건과 돌봄 서비스를 제공하는 사회적기업의 창업과 장기 성장 자금으로 주로 투자되었다(Alcock et al., 2012).

(OTS, 2006). 또한 지역사회 발전 프로그램, 지역재생 프로그램, 일자리 프로그램, 사회통합 프로그램으로서 사회적기업의 역할도 강조되고 있는 것을 발견할 수 있다(Somers, 2013).

보수당-자유민주당 연립정부(2010~2015)

정책 프레임워크

영국도 2008년 글로벌 금융위기를 피해 갈 수는 없었고, 뒤이어 실시된 2010년 총선에서 승리한 보수당-자유민주당 연립정부는 대대적인 긴축 재정을 시작했다. 정부가 제공하는 공공서비스에 배정된 예산을 대폭 삭감하는 동시에 '큰 사회Big Society'라는 새 정책 비전을 발표했다. '큰 사회'란 지역사회를 중심으로 각 개인이 자신과 지역사회를 위한 책임을 지고 의사결정을 내리는 사회를 뜻한다. 이러한 비전을 현장에서 실천하기 위해 국무조정실 산하 제3섹터청의 이름을 변경한 시민사회청Office for Civil Society을 신설하고 '큰 사회' 정책을 전담하도록 했다. 정부의 '큰 사회' 비전을 실천하는 실용적 정책을 운영하고, 지금껏 유지해오던 시민과 정부 간의 통상적 관계에 급진적인 변화를 만들어 내는 것이 시민사회청의 주요 미션이다.

시민사회청이 출범과 함께 발표한 '큰 사회' 정책은 다음과 같은 세 가지 정책 기조로 구성되어 있다(HM Government, 2010).

- 지역사회에 더 많은 의사결정의 권한을 이양함: 지역사회에 더 많은 의사결정 권한을 주기 위해 지역사회가 지역자산을 소유할 수 있는

권한을 보장하는 법안을 제정, 중앙정부의 예산과 권한의 많은 부분을 지방정부를 통한 지역사회단체 지원으로 이양, 지방정부의 예산 집행 과정을 투명하게 공개

- 공공서비스를 개방하여 비영리·자선단체, 사회적기업, 민간기업, 협동조합 등 다양한 주체가 공공서비스를 제공함: 중앙정부나 지방정부가 직접 제공하던 많은 공공서비스를 정부가 아닌 사회적기업, 지역기업, 비영리자원봉사단체가 제공하도록 함, 공공기관이 제공하는 공공서비스를 종업원 소유나 협동조합 형태의 독립된 파생spin-off 기업을 만들어 제공하도록 지원

- 사회가 요구하는 많은 부분에서 더 많은 개인과 시민이 자원봉사나 기부 활동 등을 통해 참여할 수 있도록 지원함: 시민 개개인이 사회를 위한 금전적 기부나 자원봉사가 용이하도록 지원, 청소년을 대상으로 지역사회를 위한 활동에 활발히 참여할 수 있도록 하는 교육 프로그램 지원, 지역단체에 필요한 다양한 교육 프로그램을 포함한 지원 제공, 지역단체의 활동을 위한 자금 지원

보수당-자유민주당 연립정부가 출범했던 2010년 영국의 사회적기업 영역은 신노동당 정부의 적극적인 지원에 힘입어 일정 정도의 운영과 성장이 독립적으로 가능한 수준에 도달했다. 따라서 보수당-자유민주당 연립정부의 사회적기업 지원 전략은 이미 잘 운영되고 있는 사회적기업 영역이 제시하는 성장 전략에 맞추어 그들을 지원하는 것에 초점을 두고 있다. 사회적기업 지원 전략의 자세한 내용은 사회적기업 영역을 대표하는 민간협의체와 협의를 거쳐 결정되었다. 2010년부터 시

작된 연립정부의 사회적기업 지원은 영역을 대표하는 민간협의체인 영국사회적기업연합회SE UK와 영국협동조합연합회Co-operative UK를 비롯한 16개의 대표 민간기관이 사회적기업 지원 정책의 전략적 파트너로 선정되었다(Cabinet Office, 2015).

시민사회청은 '큰 사회' 정책을 실천하는 주 기관으로서 다음의 세 가지 미션 수행을 목표로 한다. 1)자선단체, 사회적기업, 자원봉사단체, 비영리기관 등의 운영이 용이하도록 지원, 2)사회적기업을 포함한 시민사회 영역에 더 많은 자원이 지원되어 시민사회 영역이 독립성과 회복력을 갖출 수 있도록 지원, 3)시민사회 영역의 조직과 공공기관 간 협업이 용이하도록 지원.

이를 위한 중단기 지원 프로그램으로는 1)사회적기업을 포함한 시민사회단체의 설립과 운영에 걸림돌이 되는 기존의 법제도와 규제 등을 검토하고 개선, 2)빈곤 지역을 중심으로 지역사회 활동을 위한 자금 지원, 3)지역기업과 지역의 시민단체, 사회적기업을 연계하여 시민사회 활동 지원 등을 실시한다. 장기 지원 프로그램으로는 1)시민사회의 용이한 자금 조달을 위해 '큰사회은행'을 설립하여 사회적기업을 포함한 시민단체의 사회 프로그램에 융자나 보조금을 전문적으로 제공하는 사회적 금융기관에 대한 주요 자금 지원 은행의 역할을 하고, 2)중앙정부와 지방정부의 공공서비스 제공 방식과 법적 조건 등을 개편하여 지역사회의 사회적기업, 협동조합, 상호조합, 비영리기관 등이 지역민과 함께 기획한 공공서비스를 직접 제공할 수 있도록 하고, 3)시민사회 영역의 단체와 기관이 더 효율적으로 운영되기 위한 역량 강화 프로그램을 제공한다.

이처럼 연립정부의 사회적기업 지원 정책은 사회적기업 영역의 범위와 의미를 확대하여 시민사회를 대상으로 한 포괄적인 지원에 통합되어 있다. 많은 사회적기업의 뿌리가 시민사회에서 비롯된 것인 만큼 사회적기업만을 따로 분리하여 지원하는 정책보다는 시민사회 전체를 대상으로 다양한 자원봉사기관, 비영리기관, 지역단체, 지역기업 등을 함께 연계하는 더 포괄적인 지원 정책을 마련하기 시작했다. 또한 사회적기업을 통한 공공서비스 제공은 더욱 적극적으로 확대되어 기존에 존재하던 정부 산하 공공서비스 제공 기관들을 협동조합이나 상호조합 형으로 독립시켜 운영하는 것을 적극 권장해오고 있다. 지원 범위의 확대와 공공시장의 개방과 더불어 자금 지원은 사회적 성과가 증명된 이후 지급되는 성과중심보조금payment by results의 형식으로 전환하고, 성장 잠재력이 큰 사회적기업을 대상으로 하는 사회적 투자 시장을 활성화하는 방향으로 변화하고 있다.

새로운 법

앞서 설명한 것처럼 공공서비스 시장 개방과 더 많은 권한을 시민사회에 이양하는 것은 사회적기업 영역 주요 지원 정책 중 하나다. 이를 실현하는 두 개의 새로운 법이 다음과 같이 제정되었다.

- 공공서비스(사회적가치)법Public Services(Social Value) Act[12]:

---

12 "Social Value Act", Social Enterprise UK 홈페이지(http://goo.gl/kW8WNX)[온라인 참조: 2015년 4월 25일]; "Guidance of Social Value Act: information and resources", 영국 정부 국무조정실Cabinet Office 홈페이지(https://goo.gl/vrx6cD).[온라인 참조: 2015년 4월 25일]

2012년에 입안되어 2013년부터 발효되기 시작한 법으로 영국 잉글랜드 지역 내의 모든 공공기관과 웨일스 지역의 일부 공공기관에 적용된다.[13] 법의 내용은 이들 공공기관이 발주하는 외주 사업이나 물품 조달에서 사회적 가치와 환경 가치를 고려해야 한다는 내용이다. 법의 핵심은 공공기관의 구매력을 활용하여 지역사회의 경제적·사회적·환경적 혜택을 만들어내도록 하는 것이다. 이 법으로 인해 사회적기업이 공공기관의 외주 사업 수행과 물품 조달 기관으로 선택될 수 있는 입지가 강화되었다.

- **지역주권법Localism Act[14]**: 2011년에 제정된 지역주권법은 더 많은 권한과 예산을 중앙정부에서 지방정부로, 나아가 지역사회 주체들에 이양하는 것을 골자로 한다. 법은 크게 다섯 가지 영역으로 구성되는데 지방정부의 새로운 권한, 지역사회 권한, 이웃 지역 계획, 지역사회 자산, 사회적 주택에 관한 새로운 규정을 정의하고 있다(Anthony Collins Solicitors, 2014; Cook, 2010; DCLG, 2010; Raine and Staite, 2011; NAVCA, 2015). 지역사회를 중심으로 하는 지역사회 기업의 경우 지역주권법 중 특히 '지역사회 권한Community Rights'과 관련된 법 조항에 영향을 받는다. '지역사회 권한'은 지역사회의 세 가지 권한을 정의하고 있는데, 그중 지역사회의 입찰 권한Community right to buy, 지역사회의 도전 권한Community right

---

13 이 법안은 영국 내 잉글랜드 국회에서 통과된 법안으로 잉글랜드 지역에서 제공되는 공공서비스에만 적용된다.

14 "Guidance of Localism Act 2011: Overview", Department of Communities and Local Government, 2011, 영국 정부 국무조정실 홈페이지(https://goo.gl/RRLBqX).[온라인 참조: 2015년 4월 25일]

to challenge이 사회적기업과 관련된다. 지역사회의 입찰 권한은 공공기관이 소유하던 자산이나 지역사회를 위한 가치가 있다고 평가되는 선술집, 상점, 도서관, 레저센터, 운동장 등의 매각 계획이 있을 때, 지역사회가 6개월의 기간 동안 공동 명의로 자금을 마련하여 매입 입찰에 응할 수 있는 권한이다. 지역사회의 도전 권한은 앞서 소개한 공공서비스 법과 연계되는 내용으로 지방정부가 제공하던 공공서비스를 지역사회의 사회적기업, 지역단체, 자원봉사단체 등이 외주 사업체로서 제공할 수 있도록 공개 입찰과 심사를 요청할 수 있는 권한이다. 지역주권법은 사회적기업이 우선적으로 지역자산을 매입하거나 공공서비스 제공 사업을 수주할 수 있도록 강제하는 수준의 법은 아니다. 다만 이러한 기회를 먼저 사회적기업과 지역기업이 만들어낼 수 있는 권한을 부여하는 것이고, 이러한 기회가 존재할 때 지방정부가 충분한 입찰 참여 기간을 보장하여 이들 사회적기업과 지역기업이 입찰에 참여할 수 있도록 하는 법안이다.

주요 지원 정책

영국에서 사회적기업이 기반을 다진 초창기인 노동당 정부에서는 사회적기업을 널리 홍보하고, 더 많은 주체들이 사회적기업을 시작하고, 지속가능한 비즈니스 모델을 갖추어나가는 것에 초점이 맞추어졌다. 이와 대비되는 보수당-자유민주당 연립정부의 지원 정책은 현재 운영되고 있는 사회적기업이 좀더 효율적인 운영 모델을 갖추고 사회적 가치 창출과 함께 안정된 수익을 낼 수 있도록 지원하는 것에 중심을 두고 있다. 특히 이전과 달리 사회적기업에 대한 사회적 투자를 유치하고, 투자가 가능할 만한 역량을 지니고 수익을 내는 사회적기업으로 성장시키는 데 집중 지원을 해왔다.

앞에서 설명했듯이 2010년부터 집권한 연립정부의 사회적기업 영역 지원 정책은 시민사회 내 여러 영역을 함께 지원한다. 사회적기업의 모태가 영국의 전통적인 자선단체, 자원봉사단체, 지역단체인 것을 고려하여 사회적기업만을 분리한 지원이 아닌 서로 다르지만 유사한 목적과 역할을 하는 영역에 공통으로 필요한 니즈에 대한 지원을 통합적으로 제공한다. 표7은 연립정부가 2015년 5월에 정리하여 발표한 2010년부터 5년간 지원한 사회적기업 관련 정책으로, 시민사회의 다양한 단체와 기관들을 대상으로 하는 통합 지원 정책이다.

표7 연립정부 '큰 사회' 정책 세부 프로그램[15]

비영리단체, 자선단체, 사회적기업, 협동조합 등 시민사회 내 다양한 주체의 공공서비스 제공 기회 확대	• 성과중심계약금payment by results 지원을 통한 대규모 공공서비스 제공: 중앙정부가 제공하던 대규모의 공공서비스를 시민사회 내 비영리기관이나 사회적기업이 제공하는 계약 체결. 계약 시에는 기관의 서비스 성과 달성에 따른 계약금 지급. 전과자 관리 서비스, 취업 프로그램, 다양한 규모와 역할의 시민사회 단체가 참가하는 서비스프로그램 운영 • 성과 중심 계약금 지원을 통한 지역 단위의 공공서비스 제공: 시민사회 내 다양한 단체가 지역 단위의 보건, 돌봄, 치안 서비스 등을 제공할 수 있도록 조달 시장 개방. 입찰에 성공한 단체에 성과중심계약금 지급 • 정부 부처가 통합적으로 제공하는 공공서비스 대상 조달과 제공 방안의 검토: 공공서비스 전환 네트워크Public Service Transformation Network, 문제적 가족Troubled Families 프로그램 운영

15 "Making it easier for civil society to work with the state: Progress update", HM Government, 2012(https://goo.gl/kgewB1).

	• 정부 입찰 관계자가 공공서비스의 공급망 체인에서 적절한 사업자 파악과 시민사회 기관의 공공사업 입찰시 컨소시엄 구성을 용이하게 해줄 Partnership Finder 개발 운영
	• 사회적 성과 평가 기준안과 절차를 개발하는 인스파이어링 임팩트 Inspiring Impact 프로그램 지원
	• 조달아카데미Commissioning Academy: 조달 과정을 기획하는 공무원 대상으로 조달 과정에서 이미 존재하고 있는 자원을 활용하여 공공서비스를 제공하는 혁신 방안을 교육하고 고민함. 시민사회가 공정한 입찰기회를 갖도록 하는 절차와 정보 교육
	• 사회적성과연계채권Social Impact Bond, 사회적성과기금Social Outcomes Fund, 사회적가치법Social Value Act의 시행으로 시민사회의 공공서비스 제공 기회 확대(자세한 내용은 아래 참조)
	• 조언서비스전환기금Advice Services Transition Fund: 주택, 교육, 취업, 육아 등의 사회문제 해결을 위해 지역민이 필요로 하는 정보와 조언을 제공하는 지역 내 제3섹터 기관들의 협업 프로젝트 지원
	• 상호조합 지원 프로그램: 공공기관이 상호조합 형의 독립 기관으로 전환하는 것을 지원하는 '제공의 권한Right to Provide' 프로그램 운영
	• 조달 파이프라인 페이지 운영: 중앙정부 내 시민사회와 중소기업 대상 외주 조달 사업 기회 정보 제공
시민사회 영역과 중앙정부 간 협력 관계	• 콤팩트Compact 프로그램 활용: 중앙정부와 시민사회가 공통 목표 달성을 위해 상호 존중의 관계와 협업을 약속한 협약. 1998년에 노동당 정부가 시작한 프로그램으로, 더 적극적인 활용을 위해 콤팩트 보이스Compact Voice 프로그램 운영. 콤팩트보이스를 통해 시민사회의 통일된 의견을 모으고 정부와 맺은 구체적인 협약 사항과 모범 사례 등을 공유
	• 전략적 파트너 프로그램: 시민사회청은 시민사회의 다양한 영역을 대표하는 8개 기관이 참여하는 파트너 프로그램 운영(자세한 내용은 아래 참조)
	• 제3섹터의 성장과 제3섹터가 필요로 하는 개인들의 자원봉사나 금전적 기부를 저해하는 법적·제도적 요소를 검토하고 보완점을 제시함: 자원봉사법Charity Act(2006)의 전면 검토, 자선주식기관 Charity Incorporated Organisation의 전면 시행

비영리단체, 자선단체, 사회적기업, 민간기업, 협동조합을 포함하는 시민사회 영역의 역량 강화와 운영 지원	• 지역별 제3섹터 기관 지원 프로그램 전환: 지역 내 기관들의 협업과 조율 지원, 지역의 니즈를 충족시킬 수 있는 지원 서비스 제고, 지역 기업과 지자체의 협업과 지원 프로그램 활성화. 이를 위해 3000만 파운드의 Big Fund 지원
	• 자금 지원 정보를 한곳에 모은 포털(Funding Central, Conracts Finder) 개발과 운영
	• 지역 내 민간기업과 시민사회 기관 연결 프로그램Business Conne-cors 운영, 소셜액션기금Social Action Fund을 통해 민간 섹터 전문가들의 시민사회 자원봉사 활동 활성화 지원, 기부 혁신Innovation in Giving 프로그램을 통해 개인의 기부 활동을 끌어내는 혁신 프로젝트 지원
	• 투자와계약준비기금Investment and Contract Readiness을 통해 사회적기업의 투자 유치에 요구되는 역량 강화 지원
시민사회 영역 자금 지원	• 큰사회기금, 사회적투자세금공제, 사회적인큐베이터기금 등 지원 (자세한 내용은 아래 참조)

• **전략적 파트너 프로그램**: 시민사회청은 시민사회의 다양한 영역을 대표하는 8개 부문의 파트너가 참여하는 파트너 프로그램을 운영했다. 4년간 8200만 파운드를 지원하며, 파트너 기관들은 시민사회의 공공서비스 제공 정책 수립에 대해 조언하고, 시민사회 영역 내 서로 다른 부문 간 협력 관련 전문 지식과 경험을 공유하며 시민사회 정책 수립을 함께 수행한다.[16]

---

16 전략적 파트너 프로그램에 참여하는 기관은 다음과 같다. Association of Chief Executives of Voluntary Organisations(ACEVO), Euclid Network, New Philanthropy Capital, National Council of Voluntary Organisations(NCVO), Volunteering Englands, National Association for Voluntary and Community Action(NAVCA), Locality, UK Community Foundations(UKCF), Association of Charitable Foundations(ACF), Institute of Fundraising, School for Social Entrepreneurs, UnLtd, CAN, Plunkett Foundation, Social Firms UK, Social Enterprise UK, Co-operative UK.

- **사회적투자세금공제**[17]: 2014년에 발표된 제도로, 투자 대상으로 선정된 사회적기업에 투자하는 개인과 기관을 대상으로 투자에서 얻어지는 수익에 과세되는 소득세를 30%까지 감면해준다. 30% 감면 수준은 일반 스타트업의 투자 활성화를 위해 실시된 기업투자제도와 벤처캐피털공익신탁투자제도에 적용된 것과 같은 수준으로 사회적기업의 투자에 많은 일반 투자자 유치를 기대하고 있다. 투자 대상으로 선정된 사회적기업별로 최대 3년간 29만 파운드의 세금 공제 혜택을 주는 투자를 유치할 수 있다.

- **사회적인큐베이터기금Social Incubator Fund**[18]: 2013년 2월 영국 중앙정부의 국무조정실이 출연한 기금으로 1000만 파운드의 규모로 조성되었다. 2013~2014년 사이 총 3회에 걸쳐 10개의 소셜벤처 인큐베이터(창업)와 액셀러레이터(성장) 기관을 선정하여 영국 내 약 50여 개의 소셜벤처에 자금과 지원 활동을 제공하고 있다. 기금의 성격은 '소셜벤처'로 정의된 비즈니스 모델과 사회적 영향도 측면에서 단시간 내 성장 잠재력을 보유하여 사회적 투자의 대상으로 적합한 사회적기업의 창업과 성장을 지원하는 것이다(Miller and Stacey, 2014).

- **투자와계약준비기금Investment and Contract Readiness Fund**[19]: 1000만 파운드 규모로 조성된 사회적기업의 투자 유치를 위한 준비

---

17 "Guieance of Social Investment Tax Relief", Cabinet Office, HM Revenue & Customs, & HM Treasury, 영국 정부 홈페이지(https://goo.gl/gArjVX).[온라인 참조: 2015년 4월 25일]
18 www.biglotteryfund.org.uk/socialincubatorfund
19 www.beinvestmentready.org.uk

기금이다. 사회적기업의 50만 파운드 이상 투자 유치를 위한 준비 작업이나 100만 파운드 이상인 규모가 큰 공공서비스 입찰 준비 작업을 지원한다. 지원금은 5만 파운드에서 15만 파운드 규모로 소셜벤처에 지원되었다. 2012년 기금 조성 이후 2014년까지 81곳의 소셜벤처에 지원되어 총 3500만 파운드의 사회적기업 투자를 이끌어냈다.

- **큰사회기금 Big Society Capital[20]**: '큰사회기금'은 2012년 4월에 영국 시중 주요 은행의 휴면계좌에 남아 있던 1억 파운드의 자금과 영국 상업은행 네 곳에서 출연한 2억 파운드를 합쳐 조성되었다. 기금 조성을 위해 영국 의회와 정부는 2008년 휴면계좌법Domant Bank and Building Society Accounts Act을 제정하여 시중은행 휴면계좌에 남아 있는 돈을 정부가 수거하여 기금을 마련할 수 있는 법적 근거를 마련했다. 이후 조성된 기금을 사회적 투자 목적으로 운용하기 위해, 영국 정부와 독립된 민간 사회적 투자 은행으로 이 기금과 같은 이름을 갖는 빅소사이어티캐피털Big Society Capital, BSC을 설립하여 지원했다. BSC는 세계 최초로 설립된 사회적 투자를 위한 투자 은행이자 사회적 투자의 도매은행wholesaler으로서 영국에서 운영되고 있는 사회적 금융기관에 투자 기금을 지급하는 역할을 하고 있다.

- **사회적성과연계채권Social Impact Bond[21]**: 사회적성과연계채권은 공공서비스 전달 방식을 개혁하여 공공서비스의 사회적 성과를 향상시키기 위해 소개되었다. 민간 투자로 공공사업비를 조달한 후 사

---

20 www.bigsocietycapital.com
21 wikipedia, 2015b.

회적기업이나 비영리기관에 위탁하여 사업을 수행하되, 정부는 위탁 기관의 사업 후 사회적 성과 목표 달성 시에만 약정된 조건에 따라 투자자에게 투자금과 수익을 상환하는 채권이다. 영국 정부가 추진한 사회적성과연계채권 모델은 2007년 신노동당 정부의 국무조정실이 지원하여 이 모델을 제안한 사회혁신 싱크탱크 기관인 영파운데이션The Young Foundation과 사회적 금융기관인 소셜파이낸스Social Finance에 의해 만들어졌고, 2010년 3월에 신노동당 정부가 첫 번째 시범 사업을 시작했다. 이후 보수당-자유민주당 연립정부가 이를 확장하여 진행하고 있다. 연립정부는 국무조정실 내에 사회적성과연계채권센터Center for Social Impact Bond를 신설하고 정부가 참여하는 다양한 사회적성과연계채권 프로그램을 지원한다. 이와 함께 2000만 파운드 규모의 사회적성과기금Social Outcomes Fund을 조성하여 사회적성과연계채권 프로젝트나 성과중심보조금으로 계약을 맺은 공공서비스 제공 프로젝트의 초기 단계 지원금으로 사용한다.

- 제공할 권한Rigth to Provide, R2P 프로그램[22]: 2011년에 공공기관이나 공기업 내 경영진과 운영팀에 조합형 민간기업을 설립하고 동일한 공공서비스를 제공하는 권한을 부여한 프로그램이다. R2P는 주로 보건부 관장의 국가 보건서비스 소속 병원이나 보건소 등을 조합형으로 독립시키기 위해 시작된 프로그램이다. 이는 더 다양한 공공서비스의 더 효율적이고 효과적인 전달을 위해 중앙정부가 장려

---

22 Deparment of Health, 2011.

하는 공공서비스 스핀아웃 프로그램의 일환으로 진행되고 있다.

▼▼▼ 지방정부의 사회적기업 지원 정책 ▼▼▼

신노동당 정부가 실시한 국민투표를 통해 스코틀랜드의 독립의회가 만들어지고 지방분권이 실질적으로 현실화된 이후 영국은 어느 때보다 지방분권과 지방자치에 대한 욕구가 강해지고 있다. 국가민족주의에서 비롯되었던 지방분권의 열기는 이제 지역경제 활성화와 효율적인 공공서비스 제공이라는 의제 아래 연구 권여으로 번져나가고 있다. 지방정부가 지원하는 지역별 사회적기업 영역에 대한 지원은 중앙정부가 주도하는 영국 전역의 지방분권 정책에 큰 영향을 받고 있다.

신노동당 정부(1997~2010)[23]

신노동당 정부의 지역별 사회적기업 지원 정책은 통상산업부 산하 지역개발청Regional Development Agency, RDA을 통해 수행되어왔다. RDA는 지역경제 전략 수립과 운영을 위해 설립된 기관으로, 신노동당 정부가 집권한 2010년 초까지 영국 전역에 권역별로 12개의 RDA가 운영되었다. RDA는 지역경제 활성화와 지역사회 개발 전략의 하나로 사회적기업 지원을 수행했으며, 이를 위해 권역별로 '사회적기업네트워크'와 같은 협의회 설립을 지원하거나 권역의 RDA 자체 내에서 사회적기

---

23 이 항목의 전반적인 내용은 다음을 참조하여 작성했다. Bridge et al., 2014.

업 지원 프로그램을 운영했다. 대표적인 권역의 RDA 지원 활동을 살펴보면 다음과 같다.

- 잉글랜드동부개발청East of England Development Agency, EEDA: 당시 이 권역에는 사회적경제 영역에 약 3만 명의 풀타임 일자리와 1만 3500개의 파트타임 일자리가 있었으며, 영역의 총 매출액은 47억 파운드로 집계되었다. EEDA는 유럽연합의 사회적 기금 EQUAL, 소기업청이 지원하는 지역의 '비즈니스링크' 등과 파트너십을 맺고 사회적기업 지원 프로그램을 운영했다. 지역의 지역사회 개발금융기관 설립과 운영 지원, 사회적기업 전문가와 비즈니스 전문가의 협력을 통한 사회적기업 비즈니스 지원, 공공서비스 조달에서 사회적기업의 역할과 참여의 강화를 위한 지원을 수행했다.

- 이스트미들랜즈개발청East Midlands Development Agency, EMDA: EMDA는 사회적기업이스트미들랜즈Social Enterprise East Midlands, SEEM를 설립하고 파트너십을 맺었다. SEEM의 경영 지원, 교육 프로그램, 연구조사, 모범 사례 발굴과 공유 등의 활동을 벌였다.

- 런던개발청London Development Agency, LDA: LDA는 2001년 발표한 런던의 경제개발 전략에 사회적기업의 성장 지원을 포함하고 사회적기업 3개년 투자 프로그램을 발표했다. 사회적기업 중간지원기관인 런던사회적기업연합회SEL를 설립하고 경영 지원과 자금 지원을 제공했으며, 이스트런던대학교의 최초 사회적기업 석사과정 신설에 자금 지원을 했다.

이처럼 권역별로 RDA의 지원 아래 사회적기업 중간지원기관이 설립되었고, 그들이 운영하는 사회적기업 지원 프로그램은 유럽연합의 유럽사회적기금European Social Fund[24]이 제공하는 EQUAL 프로그램[25]의 일부로 선정되어 진행되는 사례가 많았다. RDA가 지원하는 지역의 중간지원기관들의 활동은 지역 내 사회적기업 간의 교류, 창업 지원, 공간 제공, 공공서비스 조달을 위한 역량 강화 등이 주를 이룬다. RDA의 사회적기업 지원 전략은 주로 이미 지역에서 활동하고 있는 사회적기업이나 시민사회의 움직임을 활성화하여 이들이 더 의미 있는 성과를 낼 수 있도록 하는 데 중점을 두고 있다. 중앙정부의 지원 전략인 사회적기업이 비즈니스를 더 길라고 사회적 성과를 내노녹 하는 일에서 조력자 역할을 하는 것과 마찬가지다.

보수당-자유민주당 연립정부(2010~2015)

앞서 기술한 것처럼 보수당-자유민주당의 사회적기업 영역 지원은 '큰 사회'라는 정책 비전 아래 강조된 시민의 참여, 공공서비스 시장의 개방, 지역사회와 지방자치단체로 더 많은 권한 이양 등에 크게 영향받았다. 구체적으로는 '지역주권법'에서 정의하고 있는 '지역사회의 입찰 권한'과 '지역사회의 도전 권한'을 통해, 지역의 사회적기업이 공공기관 소유의 자산을 소유할 수 있는 권한과 공공서비스 제공업자로 입찰할 수 있는 법적 권한을 부여받았다. 이외에도 '공공서비스(사회적가치)법'을 비롯한 공공서비스 입찰 프로세스의 개혁 정책을 통해 더 많

24 https://www.gov.uk/government/collections/european-social-fund-2007-to-2013
25 http://ec.europa.eu/employment_social/equal_consolidated/index.html

은 지역의 사회적기업이 지방정부나 중앙정부가 제공하던 공공서비스 제공 위탁업체로 참여할 수 있는 기회를 얻었다. 또한 공공기관과 공기업의 경영진과 직원을 대상으로 '제공할 권한' 프로그램을 진행하여 공공기관과 공기업의 협동조합형 민간기업으로 독립을 추진하고 있다.

이러한 중앙정부의 정책 변화는 각 지자체가 과거 신노동당 정부에서 제공하던 지역별 사회적기업 지원금이나 지원 프로그램을 운영하기 어려워진 것을 의미한다. 이제 지역에서 사회적기업 지원 정책은 단지 사회적기업의 경영 지원에서 벗어나 지역경제 활성화와 공공서비스 제공에 사회적기업이 적극 참여하여 실질적인 지역의 성과를 만들어내는 것에 집중하고 있다. 이에 따라 사회적기업 연구기관과 지원기관은 현재의 법제도와 정책 환경 아래에서 지방정부가 어떻게 사회적기업과 협력 관계를 맺고 무엇을 지원함으로써 지역의 성과를 낼 수 있을지에 관한 가이드를 발표하고 있다. 사회혁신 연구기관인 영파운데이션과 영국사회적기업연합회는 지역에 실질적 성과를 만들어내는 일에서 주목할 만한 지자체와 지역사회적기업 간의 협력과 지원 사례를 다음과 같이 보고하고 있다(Hostick-Boakye, and Hothi, 2011; SE UK, 2012b).

리더십

사회적기업은 지자체의 강력한 리더십 없이는 담당 부서의 단편적인 지원 정책으로만 남아 있기 쉽다. 사회적기업 지원을 지역경제 활성화와 특히 공공서비스 혁신의 모델로 이해하는 지자체들의 경우 사회적기업과 협업과 사회적기업 활성화를 지자체 공공서비스 전략에 포함시키고 있다. 특히 지자체 내 공무원들과 지자체 의회 의원들 간에도 이러한 지자체의 비전을 공유하는 것이 중요하다. 사회적기업의 활성화가 지자체의 궁극 목적인 공공서비스 혁신에 맞닿아 있다는 것을 모든 이해관계자들이 이해하도록 하기 위해 지자체는 자체 사회적기업 활성화 전략을 발표하여 리더십을 보이고 있다.

- **브라이턴앤드호브 시|Brighton and Hove City Council:** 민간 독립 기관인 브라이턴앤드호브비즈니스커뮤니티파트너십Brighton and Hove Business Community Partnership, BHBCP에 시의 사회적기업 전략 수립을 위탁했고, BHBCP는 전략적 지원 영역 6개를 정의했다. 이후 브라이턴앤드호브 시, BHBCP, 브라이턴대학교, 비즈니스링크, 그리고 지역의 사회적기업들이 참여하는 협의체를 구성하여 사회적기업 전략의 이행을 관리 감독하고 있다.

- **노섬벌랜드 카운티 지자체|Northumberland County Council:** '사회적기업의 날'을 지정하여 카운티 정부 내 공무원과 카운티 지역민에게 사회적기업의 역할과 가치 등을 홍보하고 있다. 고위공무원과 지역 이해관계자들과 워크숍을 진행하면서 지역발전에 연계되는 사회적기업 활성화 전략을 함께 고민하고 있다. 또한 민간기업을 통해 제공되고 있는 공공성을 갖는 지역서비스를 사회적기업을 통해 전달하는 방안과 지원 정책을 고민하는 구체적인 지원도 이행하고 있다.

- **리즈 시|Leeds City Concil:** 2005년 리즈 시는 중앙정부에서 제공하는 기본적인 복지 서비스의 혜택에서 여러 이유로 제외된 고령자나 장애인을 위해 지역에서 활발하게 운영되고 있는 사회적기업에 대한 전략적 지원을 발표했다. 이에 따라 사회적기업들의 초기 운영 자

금을 지원해주고, 이들이 제공하는 서비스의 질을 평가하여 일정 수준을 통과한 사회적기업은 시가 직접 목록을 홍보하는 마케팅 지원도 병행하고 있다. 이처럼 리즈 시는 양질의 복지 서비스 제공이라는 전략적 목표 달성을 위해 사회적기업 지원을 제공한다.

• **노슬리 지자체**Knowsley Council: 노슬리 지자체는 지역주택공익신탁Housing Trust, 상공회의소Chamber of Commerce, 노슬리지역자원봉사서비스Knowsley Community and Voluntary Service를 포함하는 지역기업과 커뮤니티단체가 참여한 노슬리파트너십을 결성했다. 노슬리파트너십은 노슬리 사회적기업팀을 출범시키고 사회적기업 활성화 전략으로 지역의 사회적기업이 공공서비스 제공 역할을 담당할 수 있는 서비스 영역을 파악했다. 청소년 서비스, 재활용 서비스, 전과자 재활 서비스, 취업교육 서비스, 돌봄 서비스 등이 지역의 사회적기업이 활발한 서비스를 제공하는 영역으로 파악되었다. 영역별로 지자체의 조달 담당 공무원과 관련 사회적기업이 참여하는 태스크 팀을 결성하여 어떤 서비스가 지역에서 필요한지, 이러한 서비스가 지역 사회적기업에 의해 제공될 수 있는지 등을 점검했다. 점검 결과에 따라 사회적기업의 역할을 정의하는 전략이 수립되었다.

조달과 입찰

지자체의 사회적기업 지원에서 가장 많이 거론되는 것이 공공서비스 외주 사업을 위한 입찰과 조달 과정이다. 사회적기업의 참여와 선정에 법적인 절차와 규제가 걸림돌이 되지 않도록 중앙정부 주도 아래 이 과정에 대한 점검이 이루어지고 있지만, 여전히 지방정부가 공공서비스 제공을 위한 외주업체로 사회적기업을 선정하는 데 어려움이 많다고 보고된다. 지자체별로 지자체 조달과 입찰 과정 전문 법조인, 공무원, 지역의 사회적기업가 들이 함께 모여 현장에서 발견되는 문제점들을 해소하기 위해 다음과 같은 노력을 기울이고 있다.

- 지자체가 발주하는 다수의 입찰과 계약에 요구되는 문서와 과정의 표준화
- 사회적기업을 외주업체로 선정 시 느끼는 불신과 위험을 없애기 위해 사회적기업이 만들어내는 사회적 성과의 명확한 보고가 가능하도록 지원하고, 보고된 사회적 성과에 근거한 외주업체 선정이 특혜나 불법이 아님을 보일 수 있어야 함
- 입찰 기회의 연간 계획표를 공표하여 소규모 사회적기업들이 입찰 준비를 충분히 할 수 있는 시간을 부여함
- 공공서비스 발주 부서와 사회적기업이 만남의 기회를 갖고 입찰 기회를 충분히 공고함
- 사회적기업 영역을 대상으로 입찰과 조달의 상세 과정을 교육함
- 수주 확률이 높은 역량 있고 규모가 있는 민간기업과 사회적기업 간의 협력 관계를 통해 사회적기업의 공공서비스 조달 기회를 확보함

이러한 노력 중 법과 절차에서 가장 복잡하고 많은 작업이 이루어져야 하는 것은 사회적기업의 사회적 성과에 대한 명확한 보고로, 사회적기업의 선정이 특혜나 불법이 아님을 일선 입찰 담당 공무원과 지자체

가 공감해야 한다. 이를 위해 입찰 공고와 계약서에 사회적 조항을 명확히 정의하고, 입찰자 선정과 계약 체결 후 이에 대한 이행이 준수되는지에 대한 객관적인 평가 방법이 모든 이해관계자들에게 동의되어야 한다. 따라서 입찰 공고나 계약서에 명시할 수 있는 '명확한 사회적 조항'이 무엇인지와 이를 객관적으로 평가할 수 있는 방법은 무엇인지에 관한 여러 연구와 시범 사업이 지자체별로 진행되고 있다.

독립기업 설립을 통한 공공서비스 제공

앞서 기술한 것처럼 공공서비스 질 향상과 예산 절감을 위해 영국 중앙정부는 정부 소유의 공공기관이나 공기업의 공공서비스 제공을 중단하고, 이들을 민간 소유의 기업으로 독립하여 공공서비스를 제공하도록 권장하고 있다. 민간기업의 공공서비스 제공 시 야기될 수 있는 공공성 훼손의 문제 때문에 정부는 공기업과 공공기관을 가급적 사회적기업과 협동조합, 상호조합 형태 기업으로 전환할 것을 장려하고 있다. 하지만 공기업과 공공기관의 민간기업 전환은 공공자금에서 독립해야 하는 사업적 위험성을 내포하고 있어, 실제로 현재 공기업과 공공기관의 운영을 책임지고 있는 관리자들이 선뜻 시도하기에는 쉽지 않은 도전이다. 이 일은 사회적기업과 협동조합으로 전환 과정과 재정적 독립이 이루어질 때까지 경영 지원을 포함한 적극적이고도 전문적인 지원이 없이는 실행되기 어렵다. 지자체들은 공기업과 공공기관의 사회적기업이나 협동조합 형태 민간기업으로 전환을 위해 전문적인 교육과 지원 프로그램을 제공하고 있다.

- **위건 지자체**Wigan Council: 공공서비스를 제공하는 공기업의 고위 관리직을 대상으로 공기업을 지자체로부터 매입하여 협동조합으로 전환하여 운영할 수 있도록 관련 전문 지식에 대한 교육과 지원을 제공하고 있다. 또한 이들 공기업의 일반 직원을 대상으로 사회적기업가 교육을 실시하여 사회적기업에 대한 이해와 사회적기업 전환 시 변화되어야 할 업무와 역량에 관한 교육을 함께 제공하고 있다.
- **체셔웨스트앤드체스터 지자체**Cheshire West and Chester Council: 지역의 사회적기업 민간협의체인 체셔앤드워링턴사회적기업파트너십Cheshire and Warrington Social Enterprise Partnership을 통해 지자체 공무원을 대상으로 사회적기업 스핀아웃 창업 기회의 절차, 운영 방식에 대한 교육을 제공하고 있다. 또한 지자체가 제공하는 다양한 공공서비스를 점검하여 어떤 서비스를 독립된 사회적기업이나 협동조합이 제공하는 것이 적절한지에 대한 진단 작업을 진행하고 있다.

컨소시엄 구성과 협력

사회적기업이 참여할 수 있는 공공서비스 제공의 기회가 존재하더라도 규모가 작은 사회적기업은 과거 사업 수행 실적이 뛰어나다 해도 입찰 기회를 놓치는 경우가 많다. 따라서 많은 사회적기업들이 규모가 더 큰 사회적기업이나 민간기업과 컨소시엄을 이루어 공공서비스 입찰에 도전한다. 하지만 소규모 사회적기업들이 큰 규모의 여타 기업을 파트너로 찾아 컨소시엄을 구성하여 공동 입찰에 도전하는 것은 쉬운 일이 아니다. 또한 컨소시엄 구성뿐 아니라 사업 수주 후 같은 프로젝트팀으로 대규모 민간기업 등과 협업하는 것에도 익숙하지 못한 사회적기업이 다수다. 이러한 어려움을 극복하기 위해 지자체가 제공하는 사회적기업 지원 프로그램은 다음과 같다.

- 컨소시엄 구성을 위한 법적 조언을 포함한 절차상 필요한 전문 정보 제공
- 사업공모전 컨소시엄 구성을 위한 파트너 파악 지원
- 공공서비스 외주 사업의 입찰 모델을 컨소시엄 구성으로 정의하여 사회적기업을 포함한 컨소시엄 팀으로 공모할 수 있는 기회를 제공
- 사회적기업 직원들의 협업을 위한 역량 개발을 위해 민간기업이나 공공기관에 단기간 근무 기회 제공
- 민간기업의 사회공헌 프로그램으로 사회적기업과 협업, 지원 연결

자산 이전과 사회적기업 창업을 통한 지역 혁신

지역주권법에서 정의하고 있는 '지역사회의 입찰 권한'과 '지역사회의 도전 권한'은 기존에 지자체 소유로 활용성이 저조한 지역 내 자산을 더 적극적으로 지역단체나 지역기업에 이전하는 법적 근거를 제공한다. 실제로 지역을 기반으로 한 커뮤니티기업들 중 지자체의 무상 자산 이전으로 유휴지나 유휴 공간을 커뮤니티를 위한 공간으로 탈바꿈시키면서 지역사회를 위한 사회적기업으로 크게 성장한 사례를 쉽게 발견할 수 있다. 이러한 사례를 더욱 활성화하고자 지자체들은 다음과 같은 지원 활동을 제공한다.

- 지역 내 지자체 소유의 유휴자산을 조사하고 목록 공개
- 사회적기업과 지역기업이 자산 관리에서 요구되는 전문 지식과 역량 교육
- 지자체 자산의 소유권이나 이용권 이전 후에도 사회적기업과 지역기업이 진행하는 커뮤니티를 위한 여러 프로그램 지속적 지원
- 지역 내 유휴자산을 활용할 수 있는 혁신적 아이디어를 공모하고 이를 실현하는 지역 내 소모임과 그룹 지원
- 지역경제에 도움이 될 수 있는 지역기업 지원. 특히 지역 내에서 돈을 순환시킬 수 있는 기업의 활동 지원

사회적기업 창업 지원과 공동 프로젝트 진행

지역의 고질적인 사회문제를 사회적기업을 통해 해결하고자 하는 지자체들은 이것을 목적으로 한 사회적기업 창업에도 적극적인 지원을 아끼지 않고 있다. 이를 위해 지역 내 사회적기업에 대한 인식을 제고하는 활동, 사회적기업 창업 자금 지원, 사회적기업 창업 후 지자체와 파트너십을 통한 공공서비스 공동 제공, 지역 사회적기업 네트워크와 연계를 통한 공공작업의 기회 발굴 등의 활동을 벌인다. 이는 이미 사업 경력이 갖추어진 사회적기업이 컨소시엄을 맺어 공공서비스 입찰에 도전하여 사업을 수주하고 공공서비스를 제공하는 경로와 달리, 더 많은 지역민들과 지역단체들이 지역의 문제를 직접 해결할 수 있는 사회적기업 모델을 기획하고 운영하는 데 지자체의 지원이 제공되는 경우다.

- **런던 바넷 구Barnet Council**: 2011년 큰사회혁신은행을 출범시키고 지역의 문제를 해결하는 지역민과 지역단체의 프로젝트에 3년간 60만 파운드를 지원한다. 프로젝트 수행 중에 다양한 경영 지원을 제공한다.

- **웨스트린지 지자체West Lindsey District Counci**: 웨스트린지 지자체와 지역 사회적기업 힐홀트우드Hill Holt Wood는 함께 지역민 취업을 위한 훈련 프로그램을 운영했다. 힐홀트우의 실업자 개인 맞춤형 훈련 프로그램이 6개월 시범사업 후 45% 취업이라는 성과를 내자, 웨스트린지 지자체는 힐홀트우드와 협력 프로그램을 확대하고 있다.

- **웨스트서식스 지자체West Sussex County Council**: 웨스트서식스 지자체는 영국 남동지역개발센터의 지역발전 전략의 일부로 2005년에 웨스트서섹스사회적기업네트워크West Sussex Social Enterprise Network, WSSEN 설립을 지원하고 지역의 사회적기업 창업과 성장을 지원하고 있다.

비즈니스 지원

전통적으로 대부분의 지자체들이 지역 내에서 활동하는 사회적기업의 비즈니스 지원을 제공하고 있다. 비즈니스 지원 활동은 사회적기업 전문가가 포진한 지자체 외부의 민간기관이 대행한다. 주로 지역 내 사회적기업 협의체, 소셜벤처 중간지원기관, 비즈니스링크[26] 지역사무소 등이 그 역할을 하고 있다. 이러한 전통적인 지원 활동은 최근 들어 중앙정부와 지방정부가 재정상 어려움을 겪으면서 점점 중단되는 프로그램들이 증가하고 있다. 지자체에서 제공하는 사회적기업 비즈니스 지원 활동을 요약하면 다음과 같다.

- 법률, 재무, 마케팅 등 비즈니스상 전문 영역의 정보와 일대일 컨설팅 제공
- 사회적기업 마크 획득 지원 활동
- 지역 내 사회적기업 목록과 활동 등을 파악하고 현황 공유
- 공공서비스 시장에서 찾을 수 있는 사회적기업의 수요를 파악하여 정보 제공
- 사회적기업 모범 사례 그림의 공유
- 지자체 홈페이지 내 사회적기업 관련 페이지 개설, 지역 내 사회적기업 활동 소개
- 지역 내 사회적기업을 위한 무상 사무 공간 제공

▼▼▼ 사회적기업 생태계 ▼▼▼

영국의 사회적기업 영역이 현재 규모로 성장하는 데는 물론 정부의 지원 정책에 힘입은 바 있지만, 부문별로 전문성을 갖춘 다양한 지원기

---

26 비즈니스링크란 신노동당 정부 시절 비즈니스 창업과 운영 관련 정보와 가이드를 제공한 서비스다. 온라인 홈페이지를 통해 정보를 제공하며 영국 전역에 권역별로 전담 직원이 상주하면서 일대일 상담 서비스를 운영한다. 보수당-자유민주당 연립정부가 집권하면서 비즈니스링크 서비스는 폐지되었다(http://en.wikipedia.org/wiki/Business_Link).

관과 민간자금 등의 활발한 지원 역시 큰 역할을 해왔다. 이 중간지원 기관과 사회적 금융기관 등은 자생적으로 생겨났거나 정부의 설립 지원으로 시작된 경우도 있지만, 대부분이 독립 민간기관으로서 영역의 목소리를 모으고 그들에게 필요한 지원을 제공하고 있다. 여기서는 영국 사회적기업 영역에서 중요한 역할을 하고 있는 지원기관을 역할에 따라 구분하고, 대표 기관과 그들의 활동을 대략적으로 살펴본다. 이러한 점검을 통해 영국 사회적기업 생태계에 대한 개괄적 이해가 가능하다(Stroyan et al., 2014; Social Life, 2014).

종사자 연합회

사회적기업 영역 생태계에서 중요한 축을 이루고 있는 지원기관은 다양한 종사자 연합회다. 정부의 사회적기업 영역에 대한 지원이 일방적으로 제공되기보다 종사자들의 목소리를 대변하고 현장의 어려움 해결에 도움을 주기 위해, 사회적기업 영역 종사자들은 부문별로 연합회를 결성하여 그들의 목소리를 정부에 전달한다. 또한 이들 종사자 연합회는 정부뿐 아니라 일반 대중을 대상으로 사회적기업 인식 제고를 위한 캠페인과 이벤트도 활발히 진행한다.

영국 사회적기업 영역은 유사하지만 조금은 다른 부문인 협동조합, 커뮤니티기업, 비영리기관의 자회사 등으로 구성되어 있다. 각 부문별로 회원을 갖는 전국 규모 연합회가 존재하며, 이들은 공통적으로 회원들의 사업 지원, 정책 개발, 정부 대 상로비, 캠페인, 정보 공유, 회원 간 교류 등의 주요 활동을 벌이고 있다. 부문별로 회원을 갖는 전국 규모 연합회 중 사회적기업 영역을 지원하는 대표 연합회를 살펴보면 다음과 같다.

- **영국사회적기업연합회**Social Enterprise UK, SE UK[27]: 2002년에 설립된 사회적기업과 사회적기업 관련 분야 주체들의 회원 조직이 다. 풀뿌리 지역단체에서부터 수백만 파운드의 수입을 올리는 사업 체를 포함한 공공, 민간 부문의 다양한 조직들이 회원으로 가입해 있 다. 영국 잉글랜드 내 사회적기업 영역의 통일된 목소리를 대표하는 기관이다.

- **스코틀랜드사회적기업연합회**Social Enterprise Scotland, SES[28]: 스 코틀랜드 지역의 사회적기업과 사회적기업 관련 분야 주체들의 회 원 조직이다. 스코틀랜드 지역의 사회적기업 영역의 의견을 조율하 고 전달하면서, 영국 중앙정부와 독립적으로 스코틀랜드 의회가 결 정하는 사회적기업 정책에 효과적으로 대응하고 있다.

- **북아일랜드사회적기업연합회**Social Enterprise Northern Ireland, SE NI[29]: SE UK와 SES와 유사한 역할을 북아일랜드에서 하고 있다. 북아일랜드 사회적기업 영역의 중간지원기관, 네트워크기관, 교육기 관 등 13개의 기관이 모여 컨소시엄을 구성하여 운영되고 있다.

- **영국소셜펌**Social Firms UK[30]: Social Firms UK는 영국 Social Firm 의 발전을 위해 설립된 회원 중심 협의체이자 지원기관이다. Social Firm이란 노동시장에서 고용 조건에 취약점을 갖고 있는 사람들을 고용하여 그들에게 양질의 일자리를 제공하는 특정 형태의 사회적

---

27 www.socialenterprise.org.uk
28 www.socialenterprisescotland.org.uk
29 www.socialenterpriseni.org
30 www.socialfirmsuk.co.uk

기업이다. Social Firms UK는 주로 정신질환과 학습장애를 가지고 있는 사람들에게 일자리를 제공하는 기업을 집중 지원하고 있다.

- **영국협동조합연합회Co-operative UK**[31]: 1889년에 설립된 Co-operative UK는 영국 내 협동조합운동의 전개와 확산을 위한 전국 단위 회원제 협동조합 연합회다. 영국 전역에서 활동 중인 협동조합과 협동조합 관련 기관 등을 회원으로 보유하고 있다. 회원을 위한 다양한 전문 서비스 지원, 정책적 제언과 정책적 영향력을 키우기 위한 지지 활동을 전개하고 있다.

- **로컬리티Locality**[32]: 로컬리티는 영국 내 700여 개의 커뮤니티단체들과 200여 개의 협력 파트너를 회원으로 하는 전국 커뮤니티단체 연합회다. 로컬리티는 지역 주도의 단체 설립을 돕고 커뮤니티 자산 소유권, 커뮤니티기업과 사회개혁을 목표로 하는 조직적 활동의 모범 사례와 아이디어를 교환하는 단체들을 지원한다. 또한 지역사회에 영향을 미치는 정부를 포함한 다양한 기관들에 지역사회의 의견을 전달하고 영향력을 행사하기 위한 여러 활동을 펼친다.

- **자원단체대표연합회Association of Chief Executives of Voluntary Organisations, ACEVO**[33]: ACEVO는 영국 내 비영리단체, 자선단체, 사회적기업의 대표, 이사진, 시니어 리더들을 회원으로 하는 전국 연합회다. 소규모의 지역 중심 풀뿌리단체의 대표로부터 대규모 기관의 대표가 모두 회원으로 가입해 있다. 회원 기관 지원 서비스, 네

---

31 www.uk.coop
32 locality.org.uk
33 www.acevo.org.uk

트워킹, 정책 지지, 리더십 개발 지원 등의 활동을 제공하고 있다. 사회적기업을 자회사로 가지고 있는 비영리기관이나 자선기관의 사회적기업 관련 의견을 대표하는 역할을 한다.

- **전국자원단체위원회**National Council of Voluntary Organisation, NCVO[34]: NCVO는 영국 내 시민사회 단체 1만 1000개를 회원으로 가진 시민사회 전체를 대표하는 기관이다. 사회적기업을 포함한 시민사회 단체 대부분이 자원봉사자와 함께 일하고 있기 때문에 NCVO는 결국 영국의 시민사회를 대표하는 단체로 간주된다. 이들 단체의 지속가능성을 위해 수익 사업을 진행하는 사회적기업을 지원하는 활동을 활발히 전개하고 있다. 회원 단체의 역량 개발을 위한 다양한 활동과 정부 정책에 관한 제언은 모두 사회적기업 지원과 연계되어 있다.

- **사회적투자포럼**Social Investment Forum, SIF [35]: 2010년에 결성된 SIF는 사회적투자지원기관Social Investment and Finance Inter-mediaries의 연합회다. 활발히 진행되고 있는 정부의 사회적 투자 지원 정책에 사회적 투자 현장 전문가들의 목소리가 반영되도록 다양한 활동을 벌이고 있다. 정보 공유, 정부 대상 로비, 회원 간 교류뿐 아니라 사회적 투자라는 새로운 시장과 산업의 표준이 확립되고 질적 향상이 이루어지도록 회원 간의 협업을 이끈다. 19개의 주요 사회적투자지원기관이 회원으로 가입해 있다.

- **지역사회개발금융협의회**Community Development Finance Asso-

---

34 www.ncvo.org.uk

35 www.socialinvestmentforum.org.uk

ciation, CDFA[36]: CDFA는 지역사회개발금융기관CDFIs의 협의회다. CDFIs는 시중 금융권에서 대출이 어려운 지역사회 내 소기업이나 자영업자 등을 대상으로 융자 사업을 벌이면서 지역사회를 기반으로 하는 사회적기업의 자금 지원에 중요한 역할을 한다. CDFA는 이런 CDFIs의 목소리를 대변하며 정책 개발, CDFIs 역량 개발 지원 프로그램, 지역금융의 경제적 영향도 연구조사를 통한 CDFIs의 영국 내 사회적 역할 홍보, CDFIs 컨소시엄 구성을 통한 사회적기업 창업 지원 프로그램 진행 등을 제공하고 있다.

비즈니스 지원

사회적기업 운영에 요구되는 다양한 비즈니스 전문 지식과 스킬을 지원하는 중간지원기관들이 사회적기업 확산에 큰 기여를 하고 있다. 종사자 연합회와 달리 특정 비즈니스 모델에 특화된 전문 지식을 가지고 회원 기업에 대한 지원을 하는 기관과, 회원제는 아니지만 사회적기업 운영 전반에 요구되는 전문 지식을 제공하는 지원센터형 기관이 운영되고 있다. 이들 기관은 개별 사회적기업을 대상으로 창업과 경영에 필요한 전문적 컨설팅을 중점적으로 제공한다.

- 웨일스협동조합센터Wales Co-operative Centre[37]: 웨일스협동조합센터는 웨일스 지역을 기반으로 하는 협동조합 중간지원기관으로 73명의 정직원이 종사하고 있으며, 이는 영국 내 협동조합과 사회적

---

36 www.cdfa.org.uk
37 www.walescooperative.org

기업 중간지원기관 중 가장 큰 규모에 속한다. 협동조합과 사회적기업의 설립과 운영을 지원하는 한편, 커뮤니티 통합이라는 큰 흐름 속에서 지역 사회문제 해결을 위한 방편으로 정보통신기술과 개인 재무관리 서비스, 협동조합 주택 서비스를 전략적으로 제공하고 있다.

• **플런킷재단Plunkett Foundation[38]**: 플런킷재단은 협동조합과 커뮤니티 자산 공동 소유를 통해 농촌 커뮤니티가 지역 문제를 스스로 해결해나가는 것을 지원하는 기관이다. 플런킷재단은 1)농촌 커뮤니티들이 직접 소유하고 운영하는 상점shop, 선술집pub, 로컬푸드 공급 협동조합 등의 설립과 운영 과정을 돕고, 2)그 외 다양한 협동조합과 커뮤니티소유기업을 시작할 수 있도록 지원하며, 3)정책 입안자, 중간지원조직, 농촌 커뮤니티의 협동조합과 커뮤니티 소유에 대한 인식을 높이고, 4)농촌 협동조합들을 국제적으로 연결하고 그들의 활동을 대변한다.

• **서포터스다이렉트Supporters Direct [39]**: 서포터스다이렉트는 영국의 스포츠클럽을 협동조합형 서포터스공익신탁Supporters Trust으로 전환하는 것을 지원하는 조직이다. 서포터스공익신탁이란 팬들이 조합원이 되어 클럽을 직접 소유하고 경영하는 협동조합형 스포츠클럽을 지칭한다. 현재 180여 개의 서포터스공익신탁을 회원 클럽으로 보유하고 있으며 총 회원 수는 40만 명을 넘는다. 서포터스공익신탁 설립과 운영 상담, 서포터스공인신탁 소유 스포츠클럽 회원 관리 상담, 서포터스공익신탁 간 교류, 커뮤니티 스포츠클럽 운영 관련 사례

---

38 www.plunkett.co.uk

39 www.supporters-direct.org

연구, 이해관계자들과 논의와 정책 제언, 정보 공유 등의 활동을 하고 있다.

- **커뮤니티액션네트워크**Community Action Network, CAN[40]: CAN 은 비영리기관이나 사회적기업의 성장과 영향력 확대를 지원하는 사회적기업이다. 사회적기업가들의 네트워크단체로 1998년 설립되었다. 2004년 처음으로 사회적기업가를 위한 열린 사무 공간인 CAN 메자닌Mezzanine을 선보이고 사회적기업가들에게 사무 공간과 자산을 제공하는 서비스를 시작했다. 2005년 국무조정실의 사회적기업 홍보를 위한 전략적 파트너로 선정되었고, 2011년 국무조정실 내 시민사회청의 전략적 파트너로 재선정되어 2014년까지 역할을 수행했다. 사회적기업을 대상으로 전문가 멘토링 서비스, 대기업 사회공헌 활동을 위한 사회적기업 매칭 프로그램 등을 함께 운영하며, 최근에는 사회적 투자 활동도 벌이고 있다.

- **CEIS(Community Enterprise in Scotland)[41]**: CEIS는 1984년에 설립된 영국 내 최대 규모의 사회적기업 대상 비즈니스 지원기관이다. 스코틀랜드에 위치하며 사회적기업 창업과 운영에 필요한 사업 계획, 재무, 마케팅, 법률 지원 등의 다양한 서비스를 상담과 워크숍 과정을 통해 제공한다. 사회적기업의 공공 영역 사업을 수주하기 위한 입찰 과정에 도움이 되는 다양한 지원을 한다.

---

40 can-online.org.uk

41 www.ceis.org.uk

창업과 성장 지원

영국의 사회적기업 창업과 성장을 위한 다양한 지원은 위에서 소개한 기관들에서도 제공한다. 이와는 구별되는 인큐베이터와 액셀러레이터 프로그램에 특화된 지원을 하는 기관이 있다. 인큐베이터 프로그램은 사회적기업 창업 아이디어를 선택하여 자금 지원과 멘토링을 제공하며, 액셀러레이터 프로그램은 초창기 단계를 지나 확장의 단계로 성장을 기대하는 사회적기업에 대한 투자 유치와 컨설팅 등을 제공한다. 단시간 내 성장 가능성이 큰 사회적기업들을 '소셜벤처'로 분류하고 이들을 집중 지원하기 위해 2013년 영국 정부가 조성한 사회적인큐베이터기금Social Incubator Fund을 지원받아 운영되고 있는 대표적인 민간 프로그램은 다음과 같다.[42]

* 베스널그린벤처Bethnal Green Ventures[43]: 베스널그린벤처는 기술을 이용하여 사회문제를 해결하는 미션을 지닌 초기 단계 소셜벤처를 지원하는 프로그램을 운영한다. 베스널그린벤처는 2008년 영국의 대표적 사회혁신 지원기관인 네스타Nesta의 지원으로 진행된 '소셜 이노베이션 캠프' 프로그램 진행의 결과로 설립되었다. 이후 2013년 2월 사회적인큐베이터기금의 지원과 네스타와 노미넷트러스트Nominet Trust의 매칭펀드로 총 180만 파운드(약 30억 원)를 조성하여 액셀러레이터 프로그램을 진행하고 있다. 총 72개 팀을 선정하여 각 팀당 1만 5000파운드의 운영 자금, 3개월간 사무 공간, 비

---

42 www.biglotteryfund.org.uk/socialincubatorfund
43 bethnalgreenventures.com

즈니스 모델 상담과 멘토링을 포함하는 집중 통합 지원을 하고 있다. 3개월의 집중 지원이 끝난 후 선정 기업들은 네스타 내 소셜벤처 사무 공간에 입주할 수 있고, 소셜벤처 동문 커뮤니티를 형성하고 정기적인 이벤트를 진행하여 소셜벤처들 간 지속적인 교류와 멘토링을 제공한다. 선정된 기업들이 후속 투자를 유치하여 성장할 수 있도록 지원 활동을 이어간다.

- **영파운데이션 액셀러레이터 프로그램**Young Foundation's Accelerator Programme[44]: 영국의 사회혁신 싱크탱크 기관인 영파운데이션은 유럽 내 사회혁신 선도 기관으로서 사회혁신 의제 발굴, 정책 연구 수행과 함께 사회혁신 프로그램을 자체 운영하고 있다. 영파운데이션이 자체 개발하고 운영해오던 사회혁신 프로그램 중 특히 보건, 교육, 주거 분야 등에서 사회적 영향도를 증명해 보인 프로그램들은 추가로 공공기관 또는 민간기관으로부터 투자를 받아 소셜벤처로 독립하여 성장한 사례들이 탄생했다. 이러한 경험과 노하우를 살려 영파운데이션은 2012년에 벤처 팀을 만들어 '액셀러레이터'라 불리는 소셜벤처 액셀러레이터 프로그램을 운영하고 있다. '액셀러레이터'는 이미 창업한 소셜벤처 중 작지만 성공적으로 활동하고 있는 기업이 성장을 가속화하도록 전략적 마케팅, 고객 니즈 분석, 재무 계획 스킬, 법무와 인사 시스템 개발 등의 네 가지 핵심 분야를 4개월간 집중 지원한다.

- **언리미티드**UnLtd: 영국의 사회적기업가를 양성하기 위해 설립된 대

---

44 www.growingsocialventures.org

표적인 기관이다. 2002년에 영국의 복권 수익금 중 1억 파운드(약 1800억 원)의 기금을 지원받아 사회적기업 관련 대표 7개 기관이 모여 설립했다. 이후 언리미티드는 이들 기관과 협력 관계를 유지하면서 매년 1,300여 명의 사회적기업가를 지원하고 있다. 특히 다양한 시상 프로그램을 운영하면서 창업 시기와 성장 시기에 들어선 사회적기업의 기업가를 선별하여 자금 지원을 비롯한 다양한 멘토링, 교류 프로그램 등을 제공한다. 언리미티드는 다양한 파트너들로부터 매칭 기금을 지원받아 창업 프로그램과 성장 프로그램을 운영하고 있는데, 사회적인큐베이션터기금과 IT기업인 웨이라Wayra와의 매칭 기금으로 웨이다인디미티드Wayra UnLtd를 설립하여, 디지털 기술을 이용하여 사회문제를 해결하는 사회적기업의 창업 지원을 하고 있다. 빅로터리펀드Big Lottery Fund('큰복권기금')의 지원으로 진행되는 빅벤처챌린지 프로그램은 사회적기업의 사회적 투자 유치를 지원하는 프로그램이다. 각 기업당 최소 5만 파운드에서 최대 50만 파운드까지 투자가 필요한 기업을 대상으로 전략 개발, 사업 재무 관리, 성장 모델과 조직 구조 관리 등의 업무를 지원하며, 언리미티드 지원금의 매칭펀드 형식으로 2만 5000파운드에서 10만 파운드 사이의 투자 유치를 지원한다.

이러한 소셜벤처 인큐베이터(창업)과 엑셀러레이터(성장) 프로그램 이외에 협동조합 부문에서도 규모가 크진 않지만 활발한 협동조합 창업과 성장 지원을 하는 대표 프로그램이 있다.

- 협동조합엔터프라이즈허브Co-operative Enterprise Hub[45]: 영국 최대 규모의 소비자협동조합인 협동조합그룹Co-operative Group 이 협동조합에 대한 지원 방식을 기존의 보조금 지급에서 교육과 컨설팅 중심으로 변경하여 시도한 프로그램이다. 영국 전역에 개별적으로 활동하던 협동조합 전문 컨설턴트들의 네트워크 거점으로, 협동조합 창업과 확장에 필요한 전문가 상담을 (예비)협동조합에 무료로 제공한다.

- 커뮤니티주식유닛Community Share Unit [46]: 커뮤니티주식유닛은 영국 지역사회지방정부부Department of Communities and Local Government, DCLG의 지원으로 시작되어, 영국협동조합연합회와 로컬리티의 파트너십으로 운영되고 있다. 커뮤니티기업의 창업과 확장 시 제기되는 투자 문제를 커뮤니티 주식을 통해 해결하기 위해 설립되었다. 주민들은 파산 위기의 지역 주점이나 지역 축구팀의 소유권을 커뮤니티 주식 발행과 공모를 통해 공동으로 소유해 지역의 오래된 전통을 지켜나가거나, 지역 내 친환경 커뮤니티 에너지 기업의 설립 등을 통해 싸고 안정된 에너지 공급을 받을 수 있다. 커뮤니티 주식유닛은 커뮤니티 주식 발행으로 커뮤니티기업의 창업이나 성장 자금을 마련한 좋은 관례의 지침을 개발하고, 정부의 정책 개정을 독려하고, 대중에게 커뮤니티 주식을 알리는 활동을 여러 파트너와 협력하여 진행한다.

---

45 www.co-operative.coop/enterprise-hub/
46 communityshares.org.uk

교육

사회적기업 영역의 교육 프로그램은 실무 중심의 현장 워크숍, 성찰 방식으로 이루어지는 프로그램, 사회적기업 운영 시 요구되는 다양한 실무 지식을 습득하는 방식의 교육 프로그램 등이 다양하게 진행된다. 긴 역사를 가지고 종합적으로 사회적기업 영역의 교육을 제공해온 기관들은 다음과 같다.

- **협동조합칼리지**Co-operative College[47]: 협동조합칼리지는 100여 년의 경험을 가진 영국 협동조합의 지식 허브로서 협동조합운동 내 교육을 핵심적인 가치로 두며, 기존 시스템 안에서 어떻게 협동이라는 가치를 접목시킬 것인지에 관한 연구에서부터 컨설팅, 협동조합 관련 자료 아카이빙 등의 활동을 벌이고 있다. 다양한 장단기 교육 프로그램, 자격증과 학위 프로그램을 제공하며, 주로 일반 비즈니스 교육과정에서 제공되지 않는 협동조합의 철학, 원칙, 민주적인 운영 방식, 조합원 훈련과 관련된 교육과정을 전문으로 개발하여 시행한다. 이러한 프로그램 콘텐츠는 글로벌 파트너를 통해 아프리카의 많은 개발도상국의 협동조합 교육 교재로 제공되거나 협동조합 교육 기관을 함께 설립하는 데 기여하기도 한다. 또한 최근에는 일반 교육 기관에서 협동조합 교육을 더 강화하고 있으며, 이는 일반 초중고등 학교의 협동조합 전환 지원 활동으로 나타나고 있다.
- **사회적기업가학교**School for Social Entrepreneurs, SSE[48]: 1997년

---

47 www.co-op.ac.uk

48 www.the-sse.org

런던에서 설립된 SSE는 약 1,300여 명의 사회적기업가를 양성한 영국에서 가장 널리 알려진 사회적기업가 특화 양성기관이다. 사회혁신 싱크탱크 기관인 영파운데이션이 설립한 학교로 강의 방식이 아닌 실제 사례와 현장 문제를 함께 해결하는 액션러닝으로 기업가들을 훈련시킨다. SSE 재학생 모두에게 멘토를 제공하며 훈련 프로그램 강사는 액션러닝과 워크숍의 조력자 역할을 한다. 런던의 첫 학교 설립 후 영국 전역에 프렌차이즈 방식으로 4개 지역에 SSE가 설립되었다. 호주의 시드니와 멜버른, 캐나다의 온타리오와 아일랜드에도 설립, 운영되고 있다.

- **사회적기업아카데미**Social Enterprise Academy[49]: 2004년 스코틀랜드 정부와 EU 기금으로 시작된 스코틀랜드의 사회적기업 특화 교육기관이다. 사회적기업 현장 교육, 리더십 교육, 이론 교육, 멘토링, 사회적 성과 측정 등 다양한 교육을 실시한다. 사회적기업가 개인, 기업체 대상의 맞춤형 교육과 초중고등학교를 대상으로 사회적기업 교육과정을 제공하고 있다.

이러한 사회적기업 특화 교육기관뿐 아니라 대학 내에서 사회적기업 관련 연구와 실무 교육을 함께 제공하는 학위 프로그램과 사회적기업 창업 지원 프로그램, 사회적기업 실무자 교육 프로그램도 점차 확대되고 있다(Universities UK, 2012).

---

49 www.socialenterprise.academy

자금 지원

사회적기업의 창업과 성장에 무엇보다 필요한 것은 자금 지원이다. 영국사회적기업연합회가 실시한 사회적기업 설문조사에 따르면 영국의 사회적기업가들에게도 자금 지원의 어려움이 사회적기업 성장에 가장 큰 걸림돌 중 하나라고 응답했다(Villeneuve-Smith and Chung, 2013). 영국 내 사회적기업의 자금 유치 경로는 여럿이 존재한다. 전통적으로는 일반 시중은행의 융자나 정부의 보조금, 자선재단의 보조금 등이 주를 이루었다. 최근에는 민간 투자자나 투자기관으로부터 투자의 형태로 사업 자금을 유치하는 사회적 투자가 새로운 경로로 활발해지고 있다. 사회적 투자의 시작과 더불어 자금 무소선식인 보소금 시급은 사라지고,[50] 벤처캐피털 형식의 자금 제공과 더불어 다양한 비즈니스 지원을 함께 하는 형식으로 진화하고 있다. 여기서는 제공된 자금을 갚을 필요가 없는 벤처캐피털 형식의 대표 자금 지원 프로그램을 소개하고, 이보다 한 단계 더 발전한 형태인 사회적 투자의 전반적인 현황은 이 다음 항목에서 더 상세히 설명한다(Social Life, 2014).

- **소규모 보조금**: 사회적기업가 양성기관인 언리미티드, 복권 수익금을 다양한 사회 프로그램에 지원하는 빅로터리펀드 등에서는 지역민들이 모여 수행하는 소규모 프로젝트, 사회적기업 창업 전 초기 아이디어를 수행해보는 소규모 프로젝트, 지역민과 사회적기업 간의 교류 이벤트 등에 500~5,000파운드의 소규모 보조금을 지원한다.

---

50 정부 지원금도 일정한 성과를 보인 후에 사업비 형식으로 지급되는 성과중심계약금이 점점 보편화되고 있다(https://goo.gl/8pNtvA).

- **경연대회 형식 도전 기금**: 야심 차고 성장 가능성이 큰 사회적기업 아이디어를 발굴하고, 초기 창업 지원과 다양한 비즈니스 지원, 컨설팅, 멘토링을 함께 지원하는 소셜벤처 경연대회 프로그램이 활발하게 진행되고 있다. 앞서 소개한 바 있는 언리미티드의 다양한 시상 프로그램이 대표적이다. 언리미티드 프로그램은 단계별로 구성되어 있는데, 소규모 보조금으로 초기 아이디어를 실현해보고 실현한 아이디어를 실제 사회적기업의 창업까지 확장하는 예비 사회적기업가에게 1만 5000파운드의 지원금을 지급한다. 이 밖에 네스타,[51] 디자인카운실Design Council 등에서도 특정 사회문제를 해결하는 경연대회를 진행하면서 수상자에게 보조금을 지원한다.

- **벤처 자선재단 기금**: 영국에서는 많은 수의 사회적 프로그램이 전통적으로 자선재단을 통해 보조금을 지원받아 진행되어왔다. 이러한 전통은 현재까지 이어지고 있지만 자선재단의 비영리기관, 풀뿌리 단체, 사회적기업가 지원 방식도 진화하여 벤처캐피털 형식으로 바뀌고 있다. 단순한 자금 지원이 아닌 전략적 조언과 역량 개발 프로그램을 함께 지원하며, 지원된 프로그램에 관한 사회적 성과 평가에도 추가 지원을 아끼지 않는다. 사회적기업과 비영리기관의 지원에 활발한 영국 내 벤처 자선재단으로는 Impetus-PEF[52]와 Impact

---

51 네스타는 사회문제 해결에 경연대회 형식을 도입하여 도전 기금을 효과적으로 배분하고 이를 기반으로 혁신적인 사회적기업을 창업하는 다양한 프로그램을 운영하면서, 이 방식의 효과성에 대한 연구를 진행하고 있다. 자세한 내용은 네스타 홈페이지의 'Centre for Challenge Prizes' 참조(http://goo.gl/wYUwCw). 경연대회 형식을 이용한 사회문제 해결에 관한 효과성에 관한 연구는 보고서 〈Social Challenge Prize Guide〉 참조(http://goo.gl/qKShce).

52 www.impetus-pef.org.uk

Ventures UK[53]가 대표적이다.

<h2 style="text-align:center">▼▼▼ 사회적 투자 ▼▼▼</h2>

사회적 투자란 사회적 성과 달성 이외에 재무적 수익을 기대하고 사회적기업에 제공되는 자본을 의미한다. 제공된 자금에 대한 원금 상환과 함께 일정한 투자 수익을 투자자에게 돌려주는 자금 지원 방식을 지칭하며 융자, 지분 투자, 채권 등의 형태가 존재한다. 영국은 일찍이 2000년에 정부와 시민사회 내 사회적기업 영역 대표들이 힘께 사회적투자태스크포스Social Investment Taskforce, SITF를 결성하여 세계 최초로 사회적 투자 시장 조성에 대한 정책 연구를 시작했다(SITF, 2010). SITF는 10년간의 연구 활동 결과를 2010년에 발표하면서 크게 다음과 같은 세 가지 주제의 정책 제안을 했다. 1)지역금융을 활성화할 수 있는 법적 제도와 기금을 조성하고, 2)시중은행의 휴면예금을 활용해 사회적 투자 은행을 설립하며, 3)사회적성과연계채권을 도입하여 사회문제를 조기에 예방하고, 창의적 방식으로 공공서비스 예산을 사용한다. SITF의 결성과 함께 본격적인 사회적 투자 시장 조성을 위해 10년간 다양한 실험이 진행되었고, 이러한 경험을 바탕으로 제안된 정책 권고가 바로 SITF 보고서에 담긴 내용이다.

이후 2010년에 집권한 보수당-자유민주당 연립정부는 사회적기업

---

53 www.impactventuresuk.com

지원 중 사회적 투자 시장 활성화 영역을 가장 적극적으로 지원한다. 앞에서 살펴보았듯이 큰사회기금, 투자와계약준비기금, 사회적성과기금 등을 조성하여 운영해오고 있고, 사회적투자세금공제와 사회적성과연계채권도 활발히 시행해오고 있다. 이처럼 정부 지원 정책의 많은 부분이 SITF의 권고 사항과 맞닿아 있으며, 지속적인 정부 정책은 사회적기업 영역의 목소리가 반영되어 진행되고 있다. 2000년 이후 본격 진행된 영국 사회적 투자 시장 조성과 활성화의 과정과 현황을 사회적 투자 시장의 수요자, 공급자, 중간지원자 세 부류로 구별하고, 각 유형별 대표 기관과 그들의 활동을 살펴본다.

사회적 투자 시장 현황

2011~2013년 사이에 발표된 복수의 연구보고서에 따르면 영국의 사회적 투자 시장의 규모는 약 1억 5000만~2억 파운드 사이로 추정된다. 이 중 지역사회개발금융협의회CDFA가 발표한 보고서에서는 지역사회개발금융기관CDFIs이 2004년 이후 2011년까지 대출한 총 금액을 약 7억 5000만 파운드로 추산하고 있다(Big Socienty Capital, 2013).

2011년 보스턴컨설팅그룹Boston Consulting Group과 영파운데이션은 2010년까지 사회적 투자를 활발히 진행하고 있는 30개의 사회적 투자기관을 대상으로 한 조사 결과를 발표했다. 이 보고서에 따르면 2010년에 제공된 사회적 투자의 90%가 가장 규모가 큰 6개 사회적 투자기관에 의해 성사되었고, 그중 40%는 한 기관이 단독으로 제공한 투자다. 같은 해 사회적 투자의 70%는 가장 규모가 큰 4개 사회적 은행 (채리티뱅크Charity Bank, 생태주택금융조합Ecology Building Society, 영국 트리오도스은행

Triodos Bank UK, 유니티신탁은행Unity Trust Bank)에 의해 이루어졌다(Brown and Norman, 2011). 이러한 결과는 정부가 2013년에 발표한 결과와 유사한데, 2011~2012년 1년간 29개 사회적 투자기관에 의해 약 765건의 투자가 이루어졌고, 그중 82%는 규모가 큰 4개 사회적 은행에 의해 제공되었다. 투자 규모가 100만 파운드 미만인 소규모 사회적 투자기관 16개가 2011~2012년간 제공한 투자의 총합은 약 600만 파운드에 못 미치는 금액으로 전체 사회적 투자 규모의 3%를 차지한다(HM Government, 2013; ICF GHK and BMG Research, 2013). 지역사회에서 활동하고 있는 규모가 작은 지역사회개발금융기관CDFIs들 대부분은 적자 상태로 운영되고 있으며, 2005년 80개까지 증가했던 CDFIs는 2011년 60개로 오히려 줄어들었다(Big Socienty Capital, 2013).

2010~2011년에 제공된 사회적 투자의 내용을 살펴보면 투자된 영역은 일자리, 교육, 환경, 보건 등 실로 다양하지만 실제 제공된 투자 형태는 다양하지 못하다. 약 84%의 투자가 투자자에게 담보나 기타 신용 장치를 통해 원금 상환이 보장되는 투자로 제공되었고, 11%의 투자가 담보 보증이 필요 없는 투자로 제공되었다(Brown and Norman, 2011). 2011~2012년의 보고서 역시 29개의 사회적 투자기관 중 90.2%가 담보 보증이 필요한 투자, 5.2%가 담보 보증이 필요 없는 투자로 제공되었다.[54] 이외에 지분 투자는 2.3%, 유사 지분 투자는 0.2%, 사회적성과 연계채권이 1.1%, 기타 방법이 1.1%로 나타났다. 또한 2011~2012년에 성사된 사회적 투자의 평균 이자율은 담보 융자의 경우 7.4%, 담보

---

[54] 2015년 사회적 투자 수요 조사에 따르면 58%가 담보 보증이 필요 없는 투자를, 27%가 담보 보증으로 가능한 투자를 원했다(Big Society Capital, 2014).

없는 융자의 경우 8.3%로 집계되었다(ICF GHK and BMG Research, 2013).

이처럼 영국 사회적 투자 시장은 세계에서 가장 선도적인 시장으로 평가받고 있지만 투자 상품의 다양성이 여전히 낮게 나타난다. 특히 담보가 부족하거나 장기간 수익을 내지 못하는 사회적기업에 대한 인내 자본을 기반으로 하는 사회적 투자는 여전히 활성화되지 못하고 있는 실정이다. 하지만 영국 정부의 사회적 투자 활성화 정책이 활발히 진행되면서 장기 융자와 담보를 요구하지 않는 신투자 상품이 속속 개발되고 있다(Big Socienty Capital, 2013).

사회적 투자 수요

사회적 투자가 활성화되기 위해서는 단지 자금을 제공할 투자자와 기금 조성만으로는 부족하다. 지속되는 정부의 긴축 재정으로 인한 보조금 삭감, 지원금에 대한 사회적 성과를 더 명확하게 파악하고자 하는 민간 기금의 변화 등이 보편화되면서 영국 사회적 영역의 기관들은 보조금 형태의 지원금이 급격하게 사라져가는 현실을 경험하고 있다. 지원금 상환이 필요 없는 보조금이 주요 수입원이던 사회적 영역 내 기관들은 지원금 상환과 더불어 투자자의 수익까지 고려해야 하는 사회적 투자를 통한 자금 제공을 꺼려한다. 사회적 기관들의 사회적 투자 수요는 점차 증가하고 있지만, 이러한 현실과 맞물려 여전히 많은 기관들이 사회적 투자에 대한 두려움을 갖고 있다.[55]

영국 신노동당 정부의 주도로 사회적 투자를 논하기 위해 2000년

---

55 사회적투자비즈니스그룹Social Investment Business Group, SIB Group의 캐롤라인 포스터Caroline Foster 인터뷰, 2012년 5월 31일.

에 결성된 사회적투자태스크포스는 10년 동안 꾸준히 정부 차원에서 사회적 투자 수요 창출 정책을 실시할 것을 제안했다. 대표적으로 2001년 언리미티드 설립을 지원하여 사회적 투자에 매력적인 사회적 기업을 발굴해 성장을 지원하는 소셜벤처 프로그램을 운영했고, 지역 공동체이익회사CIC법을 제정하여 투자 유치가 가능한 사회적기업의 새로운 법인 형태를 활성화했다. 또한 정부가 제공하는 공공서비스를 사회적기업이 위탁 사업으로 제공하도록 하기 위해, 초기 사업 시작과 운영에 필요한 자금을 융자의 형태로 사회적기업에 제공하는 퓨처빌더스기금과 어드벤처캐피털기금을 조성했다.

- 퓨처빌더스기금Futurebuilders Fund, 어드벤처캐피털기금Adventure Capital Fund, ACF [56]: 2004년 1억 2500만 파운드 규모로 조성된 퓨처빌더스기금은 공공서비스를 제공하는 사회적기업의 성장을 위해 최초로 정부 지원금을 융자 형태로 제공하는 프로그램으로 기획되었다. 퓨처빌더스를 통해 사업 자금을 지원받는 사회적기업에는 지원금을 갚을 수 있는 역량이 배양되도록 다양한 지원 프로그램이 제공된다. 또한 융자금 지원 이전 초기 사업 자금은 상환이 필요 없는 보조금으로 제공되어 사회적기업의 역량이 융자 상환이 가능하도록 성장하는 것에 지원 초점이 맞추어져 있다(UK National Advisory Board, 2014). 정부가 조성한 최초의 사회적 투자 기금인 퓨처빌더스기금은 사회적투자비즈니스그룹Social Investment

---

56 www.futurebuilders-england.org.uk

Business Group, SIB Group[57]이라는 민간 독립 중간지원기관에 의해 운용되었다. SIB Group은 정부가 커뮤니티기업 지원을 위해 2002년 출범시킨 어드벤처캐피털기금ACF이 사회적 투자 중개를 위한 전문 지원기관으로 설립한 자회사다. SIB Group은 이후 영국 최대 사회적 투자 지원기관으로 성장하여 정부 기금뿐 아니라 사회적 투자를 위한 민간 기금도 유치하며 다양한 사회적 투자 상품을 개발하고 예비 투자 대상 사회적기업을 투자 대상으로 성장시키고 있다. 2014년 10주년을 맞이한 SIB Group은 작게는 5,000파운드에서 크게는 700만 파운드까지 약 1,300건이 넘는 사회적 투자를 해왔다.

2010년 집권한 보수당-자유민주당 연립정부도 다수의 사회적 투자 수요 창출 정책을 통해 더 많은 사회적기업이 사회적 투자를 통한 자금 유치를 고려할 수 있도록, 특히 많은 투자자로부터 매력적인 투자 대상이 될 만한 역량을 강화하는 지원을 제공하고 있다. 이러한 목적으로 제공된 정부 지원 정책으로는 앞서 소개한 투자와계약준비기금, 사회적인큐베이터기금, 사회적성과기금 조성과 조달아카데미Commissioning Academy 운영, 사회적가치법 제정 등을 포함한다. 이들 정책의 특징은 1)공공서비스 제공에 사회적기업이 적극 참여할 수 있도록 기회를 확대하고, 2)이러한 기회를 이용하기 위해 필요한 사업 운영 자금을 사회적 투자를 통해 마련할 수 있도록 사회적기업을 투자의 대상으로 성장시키는 데 중점을 두는 것이다.

---

57 www.sibgroup.org.uk

이처럼 정부의 사회적 투자 창출을 위한 노력이 존재하지만 여전히 사회적 영역에서 필요한 장기 융자 또는 담보가 필요 없는 융자, 유사 지분 투자 같은 인내 자본이 요구되는 투자는 충분히 이루어지지 않고 있다. 또한 엄격한 심사 과정이나 사회적기업의 완성된 경력이 요구되지 않는 소규모 융자 상품에 대한 수요도 많지만 이를 충족시킬 공급은 현저히 부족한 실정이다(Big Society Capital, 2013a).

사회적 투자 공급

영국 내 사회적 영역의 전통적인 자금 공급자로는 정부, 자선재단, 시중은행 등을 꼽을 수 있다. 이 중 정부와 자선재단은 보조금을 지원해오던 전통적인 방식에서 벗어나 투자의 방식으로 지원금을 제공하는 쪽으로 급격히 전환하고 있다. 앞서 설명했듯이 정부는 기존에 존재하지 않던 사회적 투자 시장을 조성하고 활성화하기 위한 기본적인 기금 마련에 앞장섰다. 노동당 정부에서는 2002년 지역사회투자세금공제Community Investment Tax Relief를 도입했고, 2008년 휴면계좌법 제정으로 시중은행의 휴면계좌에 남아 있는 기금을 사회적 투자 기금으로 사용할 수 있는 법적 근거를 마련했다. 이후 보수당-자유민주당 연립정부는 2012년 6억 파운드 규모의 '큰사회기금' 조성과 함께 동일한 이름의 사회적 투자 도매은행인 빅소사이어티캐피털BSC을 설립했고, 2014년에는 사회적투자세금공제를 도입했다.

특히 '큰사회기금'으로 조성된 사회적 투자 기금 6억 파운드는 사회적 투자 시장 조성에 대한 본격적 지원을 의미하지만, 이는 보스턴컬설팅그룹의 2012년 연구조사 보고서에서 파악된 2015년 한 해 동안의 사회적 투자 수요인 7억 5000만 파운드에 못 미치는 규모다(Big Society Capital, 2013a; BCG, 2012). 따라서 정부를 포함한 사회적 투자 영역의 전문 연구기관들은 정부 이외의 가능한 사회적 투자자들을 발굴하여 사회적 투자 시장의 공급 자금을 확대하는 방안에 관한 연구들을 수행하고 있다. 특히 선한 의도를 갖고 있는 개인 투자자가 사회적 투자자로서 성장할 잠재력이 큰 것으로 전망된다(Big Society Capital, 2013a; Big Society Capital, 2014).

사회적 투자 지원기관

정부가 출연한 사회적 투자 기금인 '큰사회기금'을 운용하는 BSC가 사회적 투자 도매은행으로서 영국의 사회적 투자 시장의 전반적 확대를 위한 전략적 역할을 하고 있다. BSC는 특히 영국에서 운영되고 있는 사회적 금융기관에 투자 기금을 지급하는 역할을 하고 있다. 개별 사회적기업은 BSC를 통해 직접 투자받는 것이 아니라 BSC의 투자금을 유치한 여타 사회적투자전문중개기관Social Investment Finance Institute, SIFI으로부터 투자금을 제공받는다.

- **빅소사이어티캐피털BSC**: BSC는 영국 전역에서 활동하고 있는 SIFI를 지원하고, 사회적 투자와 관련한 인식과 신뢰를 증진시키고, 기타 사회적 투자의 전반적인 환경을 개선하는 것을 미션으로 삼는다. 이를 위해 BSC는 SIFI의 사회적 투자 중개 기능 강화를 위한 지원, 새로운 사회적 투자 상품 개발과 사회적 투자 시장 조성, 사회적 투자 시장 활성화를 위한 투자금 유입 촉진, 사회적 투자 인식과 신뢰 제

고를 위한 활동, 사회적 성과 평가를 위한 모범 사례 확립과 공유 등을 주요 과제로 삼고 있다(Big Society Capital, 2012). 사회적 투자 도매은행으로서 2013년 말까지 약 1억 4900만 파운드를 31개의 다양한 주제의 사회적 투자 기금으로 조성하고, 이를 운영할 사회적투자중개기관에 제공했다(Big Society Capital, 2013b).

BSC 이외에 사회적 투자 성격의 기금을 조성하고, 적절한 투자처인 사회적기업을 발굴하여 지원금을 배분하고, 지원받은 사회적기업이 원금 상환과 함께 사회적 성과와 재무적 수익을 낼 수 있도록 다양한 지원을 함께 제공하는 SIFI도 나수가 선문성을 갖추면서 성장하고 있다. 대표적인 SIFI들은 앞서 소개한 연합회인 사회적투자포럼SIF과 지역사회개발금융협의회CDFA 등을 결성하여 경험을 공유하고 의견을 조율하면서 정부 정책에 자신들의 의견을 제공하고 있다. SIFI는 보유하고 있는 전문 지식으로 영국 사회에서 지원 자금이 가장 필요한 지역과 프로젝트는 무엇인지, 어떤 프로젝트를 통해 기대하는 성과를 효과적으로 거둘 수 있을지, 성과를 내기 위한 지원은 무엇이며 이를 어떻게 제공할 수 있을지, 사회적 투자에 관심이 있는 투자자는 누구며 그들이 원하는 투자는 무엇인지 등을 파악하여 사회적기업에 가장 효과적인 방법으로 투자가 제공되도록 돕는다. 영국 사회적 투자 시장에서 활발한 활동을 벌이고 있는 주요 SIFI를 소개하면 다음과 같다.

- **빅로터리펀드**Big Lottery Fund, BIG[58]: 영국 정부가 운영하는 국가 복권National Lottery은 연간 수익 중 40%를 사회적 목적을 위해 사

용하는 '큰복권기금'으로 조성한다. BIG은 2004년 국무조정실 산하에 설립된 '큰복권기금' 운용 전문 국영기관이다. 영국 사회적 영역 대상 최대 규모의 보조금 제공처로, 2004년부터 총 44억 파운드 이상의 기금을 보조금 형태로 시민사회의 다양한 프로그램을 지원해 왔으며 2013~2014년에는 매년 약 6억 7000만 파운드를 시민사회에 지원했다(Big Lottery Fund, 2015). 2010년부터는 다양한 사회적 투자 기금 운용과 함께 투자자로서 역할도 수행하고 있다. 사회적 성과연계채권 프로젝트에 1100만 파운드 이상을 투자했으며, 영국 정부가 조성한 사회적인큐베이터기금 운용을 맡고 있다. BIG은 빅 소사이어티캐피털BSC 설립이 완료되기 전까지 휴면계좌를 통해 조성된 최초의 사회적 투자 기금을 운용했고 BSC 설립에도 관여했다 (Big Lottery Fund, 2013).

• **사회적투자비즈니스그룹** Social Investment Business Group, SIB Group[59]: 영국 사회적 투자 지원기관의 선도 기관으로서 노동당 정부가 조성한 퓨처빌더스기금, 커뮤니티빌더스기금을 운영하면서 주로 커뮤니티 기반의 프로젝트 운영팀을 융자와 투자가 가능한 사회적기업으로 성장하도록 지원해왔다. 정부 기금을 운용하지만 민간 독립기관으로 2003년에 설립되어 약 1,200개가 넘는 커뮤니티단체에 3200만 파운드를 보조금, 융자, 지분 투자의 형태로 지원해왔다. 영국 정부가 조성한 투자와계약준비기금을 비롯한 다수의 지역기금 Local Impact Funds을 운용하고 있고, 지원자 대상 비즈니스 지원,

---

58 www.biglotteryfund.org.uk
59 www.sibgroup.org.uk

성과 평가 지원 등을 함께 수행하고 있다.

    이상의 두 기관은 정부가 조성한 사회적 투자 기금을 운용하는 대표 기관이다. 가장 긴 역사와 함께 현재 사회적 투자 시장에서 가장 큰 규모의 융자를 제공하고 있는 사회적 금융기관으로는 채리티뱅크, 트리오도스은행, 유니티신탁은행 등이 있으며, 소규모의 지역사회적 금융기관으로는 지역사회개발금융협의회CDFA의 회원인 지역사회개발금융기관CDFIs 등이 있다. 시중은행도 사회적 투자 상품을 만들어 운용하고 있는데 대표적인 운용 기금으로 스코틀랜드 왕립은행Royal Bank of Scotland의 마이크로파이낸스기금이 있고, 런던 시 금융 지역의 금융기관 연합회인 시티오브런던City of London도 2000만 파운드의 사회적 투자 기금을 조성하여 운용하고 있다. 사회적성과연계채권 운용 전문 기관인 소셜파이낸스, 혁신적인 투자 상품을 운용하는 네스타도 활발한 사회적 투자 지원을 하고 있다. 자선재단의 사회적 투자 지원기관 역할을 하고 있는 자선원조재단Charities Aid Foundation, CAF의 자회사 벤처섬Venturesome, 에스메페어베언자선재단Esmée Fairbairn Foundation의 사회적 투자 운용팀, 10년 이상 사회적기업 지원 활동을 벌이면서 사회적 융자와 투자를 지원하고 있는 브리지스벤처스Bridges Ventures, 캔인베스트CAN Invest, 빅이슈인베스트Big Issue Invest, 클리어리소ClearlySo도 활발한 활동을 벌이고 있다.

    사회적 투자의 성장에는 투자 대상인 사회적기업의 재정적 수익과 함께 사회적 성과를 만들어내고 입증해 보이는 과정이 요구된다. 투명하고 명확하고 납득이 가는 사회적 성과 평가가 어느 때보다 중요하며,

이를 위한 전문기관도 사회적 투자 활성화를 위한 활발한 활동을 하고 있다. 특히 표준화되지 못하고 중구난방 식으로 존재하는 수많은 사회적 성과 평가 방법의 통일된 절차와 지표를 만들기 위해, 사회적기업 영역의 대표 기관들이 모여 사회적 성과 평가 방법을 개발, 배포, 교육하는 '인스파이어링 임팩트Inspiring Impact'[60] 프로그램이 진행되고 있다. 이와 함께 사회적증권거래소Social Stock Exchange[61]는 사회적 투자자들을 위해 투자 대상 기업을 심사한 후 보고서 발행을 통해 사회적 투자자들을 유치하는 지원을 제공한다.

60 inspiringimpact.org

61 socialstockexchange.com

참고문헌 ···

Alock, P. et al., "Start-up and Growth: National Evaluation of the Social Enterprise Investment Fund (SEIF)", The Third Sector Research Centre, 2012(http://goo.gl/bSAHVo).[온라인 참조: 2015년 5월 25일]

Anthony Collins Solicitors, "Working with the Public Sector – Busting the Myths: A guide for social enterprise and contracting public bodies", Social Enterprise UK, 2014(http://goo.gl/fZs2PR).[온라인 참조 2015년 4월 25일]

Big Lottery Fund, "Big Lottery Fund facts", Big Lottery Fund 홈페이지, 2015(https://goo.gl/q7Sv9j).[온라인 참조: 2015년 5월 25일]

─────, "BIG on Social Investment", Big Lottery Fund, 2013.

Big Society Capital, "Social Investment Compendium: Portfolio of research and intelligence on the social investment market, 2014 edition", 2014(http://goo.gl/Hdg0vO).[온라인 참조: 2015년 5월 24일]

─────, "Social Investment Compendium: Portfolio of research and intelligence on the social investment market", October 2013(2013a)(http://goo.gl/yAjnB0).[온라인 참조: 2015년 5월 24일]

─────, "Social Investment from Ambition to Action: annual reveiew 2013", 2013(2013b)(http://goo.gl/GhO8Wp).[온라인 참조: 2015년 4월 24일]

Boston Consulting Group(BCG), "The First Billion: A forecast of social investment demand", September 2012, Boston Consulting Group & Big Society Capital, 2012(https://goo.gl/ABEmSC).[온라인 참조: 2015년 5월 27일]

Bridge et al, "Chapter 9: Advancing the Social Economy", Understanding The Social Economy and The Third Sector, 2nd Edition, Palgrave Macmillan, 2014.

Brown, A. and Norman, W., "Lighting the Touchpaper: Growing the market for Social Investment in England", Boston Consulting Group and Young Foundation, November 2011(https://goo.gl/iKkLd8).[온라인 참조: 2015년 5월 24일]

Cabinet Office, "Social Enterprise: Market Trends Based upon the BIS Small Business Survey 2012", Cabinet Office, May 2013(https://goo.gl/ZE4tdN).[온라인 참조: 2015년 5월 17일]

─────, Policy: Social Enterprise, Cabinet Office 홈페이지, 2015(https://goo.gl/gV1Idq).[온라인 참조 2015년 4월 25일]

Charity Commission(CC), "Charity types: how to choose a structure", 영국 중앙정부

홈페이지, 2014(https://goo.gl/78pa3t).[온라인 참조: 2015년 5월 15일]

Community Action Southwark(CAS), "Registered Society: Co-operative and Community Benefit Society", Community Action Southwark 홈페이지, 2014(http://goo.gl/yYD2CL).[온라인 참조: 2015년 5월 15일]

Cook, M., "Localism Bill: What it measn for social enterprise", Guardian Online, 17 December 2010(http://goo.gl/688cMr).[온라인 참조 2015년 4월 25일]

Co-operative UK(CoopUK), "An Introduction to the Co-operative and Community Benefit Societies Act 2014", Co-operative UK 홈페이지, 2014(http://www.uk.coop/coopsact).[온라인 참조: 2015년 5월 15일]

Department of Business Innovation and Skills(DBIS), "A Guide to Legal Forms for Social Enterprise", 2011(https://goo.gl/E1Isd2).[온라인 참조: 2015년 5월 17일]

Department of Communities and Local Government(DCLG), "Decentralisation and the Localism Bill: an essential guide", Department of Communities and Local Government (DCLG), HM Government 홈페이지, 2010(https://goo.gl/w3lRtm).[온라인 참조: 2015년 5월 17일]

Department of Health, Right to provide: guidance for health and social care staff, HM Government 홈페이지, 2011(https://goo.gl/BHeAYb).[온라인 참조: 2015년 5월 30일]

Department of Trade and Industry(DTI), "A progress reports on Social Enterprise: A Strategy for Success", Department of Trade and Industry, 2003(http://goo.gl/QJ6o2E).[온라인 참조: 2015년 5월 10일]

─────, "Social Enterprise: A Strategy for Success", Department of Trade and Industry, 2002(http://goo.gl/BvHrAH).[온라인 참조: 2015년 5월 10일]

HM Government, "Building a Stronger Civil Society: a strategy for voluntary and community groups, charities and social enterprises", Office for Civil Society, 2010(https://goo.gl/F3rHn).[온라인 참조: 2015년 4월 17일]

─────, "Growing the social investment market: 2013 progress update", HM Government, 2013(https://goo.gl/JqUiJJ).[온라인 참조: 2015년 5월 24일]

─────, "Growing the social investment market: 2014 progress update", HM Government, 2014(https://goo.gl/068BOh).[온라인 참조: 2015년 5월 24일]

Hostick-Boakye, S., and Hothi, M., "Grow Your Own, How local authorities can support social enterprise", Young Foundation, 2011(http://goo.gl/aIum1F).[온라인 참조: 2015년 5월 30일]

ICF GHK and BMG Research, "Growing the Social Investment Market: The Land-

scape and Economic Impact", City of London, July 2013(https://goo.gl/hAjzCD).
[온라인 참조: 2015년 5월 24일]

Legislation, "Co-operative and Community Benefit Societies Act 2014", 2014(http://
goo.gl/rKWumU).[온라인 참조: 2015년 5월 17일]

Lyon, F., Teasdale, S., and Baldock, R., "Approaches to measuring the scale of the
social enterprise sector in the UK", Third Sector Research Centre Working Paper
43, 2010(http://goo.gl/N8zqKd).[온라인 참조: 2015년 5월 17일]

Miller, P., and Stacey, J., "Good Innovation: The Craft of supporting early-stage so-
cial ventures", Nesta, 2014(https://goo.gl/SjGE6Y).[온라인 참조: 2015년 4월 22일]

National Association for Voluntary and Community Action(NAVCA), "Localism:NAV-
CA briefings", NAVCA 홈페이지, 2015(http://goo.gl/h92uqN).[온라인 참조: 2015년
5월 10일]

Office of the Third Sector(OTS), "Social enterprise action plan: Scaling new heights",
Office of the Third Sector, Cabinet Office, 2006(http://goo.gl/1qtvdR).[온라인 참조:
2015년 5월 10일]

Park, C., and Wilding, M., "Social enterprise policy design: Constructing social en-
terprise in the UK and Korea", International Journal of Welfare, No.22, 2013,
pp.236~247.

Pioneering Post, "What charities need to know about Charitable Incorporated Or-
ganisations", Pioneering Post 온라인, 19 Februaray 2013(http://goo.gl/jc0kV8).

Pratt, T., "Q&A: Setting up a Community Interest Company", Guardian 온라인, 1 De-
cember 2009(http://goo.gl/BLouSH).

Raine, J., and Staite, C., "The world will be your oyster? Reflections on The Localism
Act 2011", Institute of Local Government Studies, University of Birmingham, Feb
2011(http://goo.gl/fMPzFP).[온라인 참조: 2015년 4월 25일]

Ridley-Duff, R. and Bull, M., Understanding Social Enterprise: Theory and Practice,
London:Sage Publication, 2011.

Ridley-Duff, R. and Southcombe, C., "The Social Enterprise Mark: A critical review
of its conceptual dimensions", Institute for Small Business & Entrepreneurship,
9~10 November 2011(http://shura.shu.ac.uk/4052/).[온라인 참조: 2015년 5월 17일]

Social Enterprise Mark(SEM), "Social Enterprise Mark Criteria", 2015(http://goo.gl/
qD2gzo).[온라인 참조: 2015년 5월 17일]

Social Enterprise UK(SE UK), , "Start your social enterprise", Social Enterprise UK,
2012a(http://goo.gl/Zw3TtN).[온라인 참조: 2015년 5월 17일]

————, "Social Value Act", Social Enterprise UK 홈페이지, 2015(http://goo.gl/kW-8WNX).[온라인 참조: 2015년 4월 25일]

————, "The People's Business: State of Social Enterprise Survey 2013", Social Enterprise UK, 2013(http://goo.gl/KiW4ah).[온라인 참조: 2015년 5월 19일]

————, "The social enterprise guide for pope in local government", Social Enterprise UK, 2012b(http://goo.gl/qZhOnj).[온라인 참조: 2015년 5월 30일]

Social Investment Taskforce(SITF), "Social Investment Ten Years On: Final Report of the Social Investment Task Force", 2010(http://goo.gl/vDrFXD).[온라인 참조: 2015년 5월 22일]

Social Life, "Scoping the social enterprise economy in the UK", 비공개 내부 보고서, 2014.

Somers, A., "The emergence of social enterprise policy in New Labour's second term", Phd Thesis, Goldsmiths, University of London, 2013(http://research.gold.ac.uk/8051/).[온라인 참조: 2015년 5월 1일]

Stroyan, Henry and BWB, "A map of social enterprises and their eco-systems in Europe(Country Report: United Kingdom)", Europen Commision, 2014(http://goo.gl/KFn7VD).[온라인 참조: 2015년 4월 24일]

Teasdale, S., "What's in a name? Making sense of social enterprise discourses", Public Policy and Administration, 2011(http://goo.gl/yYD2CL).[온라인 참조: 2015년 4월 24일]

Teasdale, S., et al., "Playing with Numbers: A methodological critique of the social enterprise growth myth", Journal of Social Entrepreneurship, Vol.2, No.1, 2013(http://goo.gl/dxDJJS).[온라인 참조: 2015년 5월 18일]

The Office of the Regulator of Community Interest Companies(ORCIC), "Operational Report: Second Quarter 2014 – 2015", The Office of the Regulator of Community Interest Company 홈페이지, 2014(https://goo.gl/MDO3Z5).[온라인 참조: 2015년 5월 17일]

UK National Advisory Board To The Social Impact Investment Taskforce Established under the UK's Presidency of the G8, "Building a social impact investment market: The UK experience", September 2014(http://goo.gl/OXjh0d).[온라인 참조: 2015년 5월 25일]

Universities UK, "Universities enabling social enterprise: Delivering benefits for all", Universities UK 홈페이지, 2012(http://goo.gl/pcg3N4).[온라인 참조: 2015년 5월 22일]

Villeneuve-Smith, F., and Chung, C., "State of Social Enterprise Survey", London: Social Enterprise UK and Royal Bank of Scotland, 2013.

Wikipedia,, "Social Enterprise London", 2015a(http://goo.gl/aZ5pCa).[온라인 참조: 2015년 5월 8일]

————, "Social Impact Bond", 2015b(http://goo.gl/Az3LpK).[온라인 참조: 2015년 4월 26일]

_김정원

비즈니스 모델로 본 영국 사회적기업

1판 1쇄 펴냄 2015년 10월 30일
1판 3쇄 펴냄 2018년 3월 30일

지은이 장종익, 오창호, 황세원 외
펴낸이 안지미

펴낸곳 알마 출판사
출판등록 2006년 6월 22일 제406-2006-000044호
주소 (우)03990 서울시 마포구 연남로 1길 8, 4~5층
전화 02.324.3800 판매 02.324.2844 편집
전송 02.324.1144

전자우편 alma@almabook.com
페이스북 /almabooks
트위터 @alma_books
인스타그램 @alma_books

ISBN 979-11-85430-81-2 93320

이 책의 내용을 이용하려면 반드시 저작권자와 알마 출판사의 동의를 받아야 합니다.

이 도서의 국립중앙도서관 출판시도서목록(CIP)은 서지정보유통지원시스템 홈페이지(http://
seoji.nl.go.kr)와 국가자료공동목록시스템(http://www.nl.go.kr/kolisnet)에서 이용하실 수
있습니다.(CIP제어번호: 2015028401)

알마는 아이쿱생협과 더불어 협동조합의 가치를 실천하는 출판사입니다.

종이 표지_한창 실키카펫 210g/㎡ 본문_전주 미유 95g/㎡